이덕일의 역사특강 2

부자의 길,
이성계와 이방원

조선시대 홍문관은 옥같이 귀한 사람과 글이 있는 곳이라 하여 옥당玉堂이라 불렸습니다.
도서출판 옥당은 옥 같은 글로 세상에 이로운 책을 만들고자 합니다.

부자의 길, 이성계와 이방원

지은이 이덕일
사 진 권태균

1판 1쇄 발행 2014년 4월 10일
1판 5쇄 발행 2014년 4월 30일

발행처 도서출판 옥당
발행인 신은영

등록번호 제300-2008-26호
등록일자 2008년 1월 18일

주소 경기도 고양시 일산동구 무궁화로 11 한라밀라트 B동 215호
전화 (02)722-6826 팩스 (031)911-6486

값은 표지에 있습니다.
ISBN 978-89-93952-54-4 03900

이메일 coolsey@okdangbooks.com
홈페이지 www.okdangbooks.com

이 도서의 국립중앙도서관 출판시도서목록(CIP)은 서지정보유통지원시스템 홈페이지(http://seoji.nl.go.kr)와
국가자료공동목록시스템(http://www.nl.go.kr/kolisnet)에서 이용하실 수 있습니다.
(CIP제어번호: CIP2014009937)

부자의 길,

이성계와
이방원

이덕일 지음 | **권태균** 사진

옥당

이성계 · 이방원 부자를 둘러싼
조선 초기 파란의 역사와 만난다!

운명의 날

태조 7년(1398) 8월 26일은 이성계, 이방원, 정도전 모두에게 운명의 날이었습니다. 조선이 개국한 날 못지않은 비중으로 조선의 미래를 결정한 날, 바로 1차 왕자의 난이 일어난 날입니다. 1차 왕자의 난은 이방원의 선제공격으로 시작되었습니다. 이날 세자 방석과 정도전이 비명횡사하지만, 사실상 방원이 칼을 겨눈 대상은 부친 이성계입니다. 개국 동지 정도전과 개국시조 이성계에게 칼을 겨누어야 했던 방원은 그리스 신화의 오이디푸스 못지않은 서사 드라마의 주인공입니다.

방원이 고려 왕조에서 과거에 급제했던 우왕 9년(1383)만 해도 부

친에게 칼을 겨누는 운명이 될 줄은 생각도 못했을 것입니다. 자신의
급제 소식을 듣고 대궐을 향해 거듭 절하는 아버지를 보면서 방원은
무슨 생각을 했을까요? 북방의 홍건적과 남방의 왜구를 격퇴해 전
국적 무명武名을 얻었지만, 개성의 문벌들에게 이성계 집안은 여전히
변방 출신의 무장 집안에 지나지 않았습니다. 방원의 과거 급제가 이
성계 집안의 변방 콤플렉스를 씻어준 것이죠. 이때만 해도 방원은 유
학에 밝은 문신으로 성공하고 말겠다고 굳게 다짐했을 것입니다.

그러나 바로 그해 정도전이 부친 이성계를 만나면서 방원의 운명
도 개국이라는 거대한 흐름 속으로 끌려 들어갑니다. 불우했던 지식
인 정도전의 머릿속 구상은 이성계를 만나서 현실적 힘으로 전환됩
니다. 정도전의 토지 개혁을 통한 개국 프로그램은 이성계의 군사력
과 결합하면서 기존 체제를 뒤엎는 혁명 이론이 되었고, 이성계의 군
사력은 혁명 무력으로 전환되었죠.

그리고 5년 후, 위화도 회군이 일어납니다. 이 사건은 돌아올 수
없는 다리를 건넜음을 뜻합니다. 위화도 회군은 회군 당사자들뿐만
아니라 모든 고려 사람들에게 선택을 강요했습니다. "고려 왕조를
존속시킬 것인가? 새 왕조를 개창할 것인가?"

위화도 회군은 끝이 아니라 새로운 시작이었습니다. 하지만 위화
도 회군으로 정국이 근본적으로 변했다는 사실을 인정하지 않는 사
람들이 있었습니다. 정몽주鄭夢周처럼 위화도 회군에는 찬성했으면서

도 개국에는 반대한 인물도 있었습니다. 정몽주가 신흥사대부들의 스승 격이던 이색李穡과 결탁하면서 새 왕조 개창 세력들과의 한판 승부가 불가피해졌습니다.

정몽주뿐만 아니라 정도전의 스승이기도 했던 이색은 위화도 회군 직후 조민수와 손을 잡고 우왕禑王의 아들 창왕昌王을 옹립합니다. 고려 왕조를 계속 유지시키겠다는 뜻이었죠. 이색은 자신이 직접 사신으로 명나라 남경南京까지 가서 감국監國을 요청했습니다. 명나라의 후원을 얻어 고려 왕실을 보존하려는 의도였습니다. 이때 방원은 이색의 서장관으로 남경까지 따라갑니다. 《고려사》〈이색 열전〉에는 이색이 명나라에 있을 때 이성계가 변란을 일으킬까 두려워 아들 한 명을 데려가겠다고 청했다는 기록이 있습니다. 그러나 저는 오히려 이성계가 방원을 대동시켜 이색의 행위를 감시했다고 보고 있습니다.

이색의 변심과 정도전의 위기

위화도 회군 후에도 고려 왕실을 지키려 했던 이색이나 정몽주의 충절은 높이 살 수 있습니다. 그러나 고려 왕조를 지키기 위해서는 명나라의 후원을 얻는 것보다 훨씬 더 중요한 것이 있었습니다. 바로 토지 개혁이었죠.

《고려사》〈이색 열전〉에 따르면, 원나라 국자감 생원으로 있던 이

색이 공민왕 원년(1352) 부친 이곡李穀의 상을 당하자 급히 귀국해 상을 치르면서 도중에 상소를 올려 토지 개혁을 주장했다고 전하고 있습니다. 이 상소에서 이색은 "토지의 경계를 바르게 하고, 정전井田을 균등하게 하는 것이 정사의 급선무"라면서 권세가들이 빼앗은 토지를 바로잡아서 경작하는 백성들을 편안하게 한다면 사람들이 기뻐할 것이라고 말했습니다.

이후 이색은 수상의 지위에까지 올라갑니다만, 이때는 이미 토지 개혁에 대한 생각이 바뀌어 있었습니다. 우리는 밖에 있을 때는 온갖 개혁안을 토로하다가 막상 한자리하게 되면 입장이 바뀌는 사람들을 너무 많이 봐왔는데, 이색도 토지 개혁에 관한 한 다르지 않았습니다. 그래서 위화도 회군 이후 오사충鳴思忠과 방원의 동서이기도 했던 조박趙璞 등이 '사전私田의 폐단 때문에 국고가 고갈되고 민생이 피해를 입어서 토지 제도를 바로잡으려 했지만 이색은 수상이면서도 안 된다고 우겼다'고 탄핵하기도 했습니다.

진부한 표현대로 한 줌밖에 안 되는 구가세족들이 고려의 토지를 다 차지해서 많은 백성이 도탄에 빠져 있는 상황을 그대로 둔 채 고려 왕조를 존속시킬 수 있는 방법은 없었습니다. 백성들은 아무 힘이 없는 것처럼 보이지만, 맹자孟子가 "구민丘民, 즉 들판의 백성을 얻는 자가 천자가 된다"라고 말한 것처럼 파탄 난 고려 백성들의 삶을 해결하지 않고 고려 왕조를 유지할 수는 없었습니다. 그러나 이색은 재야 시절의 초심을 상실한 채 지주들끼리 토지를 합리적으로 재분배하는 것으로 토지 문제를 해결하자고 주장했습니다. 8~9명이나 되는 한 땅의 주인을 한 명으로 조정하는 것으로 토지 문제를 해결하자는 주장입니다. 이때의 이색에게는 맹자가 말한 구민은 보이지 않고, 양반들과 지주들만 보였던 것입니다.

역성혁명파에서 이색이 조민수와 손잡고 옹립한 창왕을 내쫓고 공양왕을 즉위시키자 이색은 정몽주와 손잡고 공양왕의 왕권을 강화하려 했습니다. 이에 힘입은 공양왕은 세자를 명나라 남경에 보내 자신은 물론 세자의 차기 왕위까지 보장받으려 했습니다. 한발 더 나아가 정몽주는 역성혁명파 전체를 제거하려고 시도합니다. 일견 무모해 보이는 정몽주의 공격은 이색을 비롯한 고려 왕조 존속파와 공양왕의 지지를 받으면서 한때 역성혁명파를 위기로 몰고 갔습니다. 귀양에 처해진 정도전은 사형 위기까지 몰렸습니다.

세자 책봉 문제로 엇갈리는 운명

이때 방원이 등장합니다. 방원은 복잡한 정세를 단순화해 해석하는 능력이 있습니다. 또한 뚜렷한 목표의식과 악역을 마다하지 않는 배짱도 있었습니다. 이방원은 이성계에게 정몽주를 제거해야 한다고 주장했고, 이성계가 거절하자 이성계의 의형제 이지란과 이성계의

이복동생 이화에게 정몽주 제거를 요청했습니다. 모두 거절하자 이방원은 스스로 악역을 맡아서 정몽주를 제거했고, 일거에 판세를 바꾸었습니다. 이 일격으로 반 역성혁명파는 무너졌고, 정도전은 사형의 위기에서 벗어났습니다. 그래서 방원은 정도전의 생명의 은인이기도 합니다. 정몽주 제거 직후 고려는 무너졌고, 조선이 개창되었습니다.

이런 점에서 정도전과 이방원은 함께 갈 수 있었던 사이입니다. 이방원은 정도전을 잘 알고 있었습니다. 방원은 정도전의 개국 프로그램이 새 왕조를 개창했다는 사실을 잘 알고 있었습니다. 역사의 모든 비극적 사건에는 '만약'이 존재합니다. 만약 이성계가 개국 후 방원을 후사로 삼았다면 어떻게 되었을까요? 이방원과 정도전은 좋은 파트너가 되었을 가능성이 큽니다. 그러나 이성계는 막내 방석을 후사로 선택했고, 개국에 가장 공이 큰 방원을 소외시켰습니다. 이때 정도전이 방석을 적극적으로 밀었다는 기록은 없습니다만, 방원을 지지했다는 기록도 없습니다. 만약 이때 정도전이 적극적으로 방원을 밀었다면 상황은 달라질 수 있었습니다. 이성계에게 정도전은 백관을 이끌고 국왕으로 추대한 배극렴裵克廉이나 토지 개혁 상소를 올려 회군 정국을 토지 개혁 정국으로 바꾼 조준趙浚과는 다른 의미, 다른 등급의 인물입니다.

조준이 아니라 정도전이 "때가 평안할 때는 적장자를 세우고, 세상이 어지러울 때는 공이 많은 인물을 후사로 세워야 합니다"라고 이성계에게 권유했다면 상황은 달라졌을 것입니다. 그러나 정도전은 굳이 이성계와 부인 강씨가 선택한 방석을 거부하지 않았고, 결국 이색이나 정몽주처럼 방원의 적이 되었습니다. 이는 토지 개혁을 통한 개국 프로그램을 만든 승부사 정도전답지 않은 선택입니다. 토지 개혁을 통한 개국 프로그램이란 구민을 얻어 천자가 되겠다는 정면승부입니다. 그러나 정도전은 이렇게 개국한 나라의 후사를 후처 소생의 막내로 결정하는 것을 반대하지 않았습니다. 이 선택이 정도전의 운명을 비극으로 몰고 간 것입니다.

운명의 그날 밤, 정도전은 자신에게 어떤 일이 일어날지 모르는 채 송현松峴 근처에 있던 남은의 첩 집에 모여서 술을 마시고 있었습니다. 《태조실록》은 정도전 등이 방원의 동복형제를 죽이려고 했기 때문에 방원이 살기 위해서 선제공격한 것이라고 적고 있지만, 이는 방원 측에서 자신들의 쿠데타를 합리화하기 위해 만든 말입니다. 하지만 선제공격했다고 해도 소수파인 방원이 승리하기는 쉽지 않은 상황이었습니다. 그리고 이성계가 병석에 누운 상태가 아니었다면 성공할 가능성은 전무했죠. 또 세자 방석이 조금만 더 역량이 있었다면 결과는 또 달라졌을 것입니다.

그러나 방원에게는 선택의 여지가 없었습니다. 그는 일단 목표를 세우면 행동을 망설이지 않았습니다. 1차 왕자의 난 때 방원이 주저

했다면 병석의 부친에게 칼을 겨누어야 했을지도 모릅니다. 그리고 그런 과감한 행동의 결과, 조선의 권력을 차지할 수 있었습니다.

이방원의 눈물

이방원은 모순의 인물입니다. 부친에게 칼을 겨누었고, "내가 좋아서 한 것이 아니라 천사天使, 즉 하늘이 시킨 것이다"라고 합리화했습니다. 자신도 천명을 받았다는 것이죠. 그러나 이 이야기는 이긴 자를 하늘의 이름으로 합리화하는 결과론적 성격이 강합니다.

천명이 정치 이론으로 성립할 수 있다면 그것은 무엇으로 가시화될 수 있을까요? 천명은 예나 지금이나 넘쳐나기 마련인 정권에 아부하는 식자識者들의 말장난이 아니라 구체적인 정책으로 나타나야 합니다.

새 왕조 조선은 혁명적 토지 개혁의 결과물로 탄생한 나라입니다. 그러나 노비 문제에는 거의 손을 대지 못했습니다. 이에 태종 이방원은 양반 사대부들의 집요한 반대를 무릅쓰고 종부법從父法을 제정함으로써 노비 문제를 전향적으로 해결했습니다. 또한 처남 네 명을 비롯해 측근 중의 측근 이숙번도 숙청하고, 세종의 장인 심온도 숙청함으로써 고위 벼슬아치들을 법의 지배 아래 두었습니다.

정도전이 토지 개혁으로 이성계에게 개국의 천명이 내렸음을 입증했다면 이방원은 공신들을 숙청하고 종부법을 제정해 자신에게 천명이 내렸음을 입증했다고 볼 수 있습니다. 이성계와 정도전의 토지 개혁에 이방원의 공신 숙청, 종부법 등이 더해져 보다 완벽한 나라가 되었다고 볼 수 있습니다.

그러나 모든 악역을 천명이었다고 합리화하더라도 부왕에게 칼을 겨누었던 것은 재위 기간 내내 태종의 콤플렉스였습니다. 그는 세자 양녕을 충녕으로 갈아치우고 왕위까지 충녕에게 물려주면서 그 소회를 승지들에게 이렇게 말했습니다.

> 비록 내 몸은 나라의 주인 되는 영예에 있었어도 어버이를 뵙지 못하고, 혹은 백관들을 거느리고 전殿에 나아갔다가도 들어가 뵙지 못하고 돌아 나왔다. 그럴 때마다 왕위를 헌신짝처럼 버리고 필마匹馬를 타고 관원 한 명만 거느리고 조석으로 아버지를 모셔서(昏定晨省) 내 마음을 나타내고 싶었다.
>
> 《태종실록》 18년 8월 8일

왕위를 헌신짝같이 버리고 싶었지만 하늘의 명령 때문에 할 수 없이 부친에게 칼을 겨누었다는 말입니다. 그는 왕위 이양을 말리는 신하들에게 "18년 동안 호랑이를 탔으니 족하다"라고 말했습니다. 부왕을 내쫓고 오른 왕위를 호랑이 등에 올라탄 것으로 여겼던 태종

이방원, 그래서 그는 왕위를 수도하는 것처럼 수행하는 것으로 천명을 가시화했습니다.

1차 왕자의 난 당시 실록은 점占치는 사람 안식安植이 "세자(방석)의 이모형異母兄 중에서 천명을 받을 사람이 하나뿐이 아니다"라고 말했다고 전합니다. 점치는 사람의 입을 빌려서 방원이 천명을 받았다고 말하는 것입니다. 백성들은 태종이 세상을 떠난 음력 5월 10일 내리는 비를 풍년의 조짐인 '태종우太宗雨'라고 기뻐하는 것으로 천명의 소재를 확인해주었습니다. 이성계와 정도전이 고려 말의 구민들을 얻었다면 이방원은 조선 초의 구민들을 얻은 것입니다.

이미지의 정치가 난무하는 지금 태종은, 아니 이성계와 정도전은 우리에게 묻고 있는지도 모릅니다. 누가 극심한 양극화에 시달리는 현 사회의 문제점을 정면에서 해결하는 것으로 천명을 가시화할 것인지를, 누가 수많은 비난을 무릅쓰면서 악역의 길을 묵묵히 걷는 것으로 구민들에게 천명의 소재를 확인받을 것인지를.

2014년 4월

천고遷固 이덕일 기記

【 차 례 】

6장 새로운 시대의 시작

1장

이성계 일가의 등장

🐉 하늘의 명을 받다

오늘은 태조 이성계와 태종 이방원에 대해 생각해보겠습니다. 이성계를 생각하면 먼저 개국開國이 떠오를 것입니다. 그래서 천명天命에 대해 검토하는 것으로 이야기를 풀어갈까 합니다. 천명이란 무엇일까요? 하늘이 세상을 직접 통치해야 하는데 그럴 수 없으니 한 사람에게 명을 내려 대신 세상을 다스리게 한다는 유가儒家 사상입니다. 《논어論語》 9장이 〈자한子罕〉 편인데, "공자는 이익과 천명과 인에 대해서는 드물게 말씀하셨다〔子, 罕言利與命與仁〕"로 시작합니다. 그냥 명命이라고 썼지만 천명이라는 뜻으로 쓰입니다. 공자는 천명에 대해서는 드물게 말씀하셨는데, 그중 《사기史記》 〈공자 세가孔子世家〉에서 명에 대해 한 이야기 중에 가슴에 와 닿는 구절이 있습니다.

공자가 지금의 산시성(山西省) 북부에 있던 북방의 맹주 진晉나라에 가기 위해 황하에 도착했습니다. 진나라의 실권자 조간자趙簡子를 만나려는 길입니다. 그런데 공자가 황하에 도착했을 때 조간자가 진나라의 대부 두명독竇鳴犢과 순화舜華를 살해했다는 소식을 들었습니다. 그러자 공자는 황하를 바라보면서 "아름다운 물이 넓고도 넓구나. 구丘(공자)가 이 물을 건너지 못하는 것이 운명인가!(美哉水, 洋洋乎! 丘之不濟此, 命也夫)"(《사기》〈공자 세가〉)라고 한탄했습니다. 이때의 '운명인가'를 '천명인가'로 해석해도 마찬가지 뜻입니다. 조간자가 덕 있는 대부 두 사람을 죽였으니 그에게 가서 몸을 의탁할 수는 없다는 뜻이죠. 그래서 하늘은 자신에게 황하를 건너는 명을 주지 않았다는 한탄인 것입니다. 이처럼 황하 하나 건너는 것에도 명을 언급할 정도니 나라를 개창하기 위해서는 얼마나 큰 명을 받아야 하는지 짐작할만합니다.

이성계를 추대한 역성혁명파는 이성계가 천명을 받았다는 여러 일화를 남겼습니다. 그래야 조선 개창이 하늘의 뜻으로 합리화되기 때문이지요. 세종대왕이 《용비어천가龍飛御天歌》를 만든 것은 새로 만든 훈민정음을 시험해보려는 뜻도 있었지만, 조선 건국을 정당화하기 위한 의도도 강했습니다. 그래서 《용비어천가》에는 천명에 관한 이야기가 여러 번 나옵니다.

《용비어천가》 1장은 "해동海東 육룡六龍이 나르샤 일마다 천복天福이시니 고성古聖이 동부同符하시니"라는 노래입니다. 해동 육룡은 이성계의 4대조 조상인 목조穆祖, 익조翼祖, 도조度祖, 환조桓祖와 태조 이성계, 태종 이방원을 뜻합니다. 2대 임금 정종은 빠졌습니다. 이 여

▲ 《용비어천가》 판본

섯 인물에게 천명을 내렸다는 것입니다. 예를 하나 들어보겠습니다.《용비어천가》13장은 "노래를 부르는 이 많되 천명을 모르셨는데, 하늘이 꿈으로 알리시니"라고 노래하고 있습니다. 이성계가 요동정벌의 명을 받고 위화도에 갔을 때 많은 사람이 노래를 불렀답니다. "서경성 밖에 불빛이요, 안주성 밖에 연기로다. 이 원수(이성계) 그 사이에 다니시니, 우리 백성을 구하시옵소서"라는 노래였습니다. 이성계는 아직 확신이 없었는데, 꿈에 하늘에서 금척金尺(금으로 만든 자)을 내려주면서 "공의 자질이 문무文武를 겸했고 백성들이 모두 심복하니, 이 자를 가지고 나라를 바로잡을 이가 공이 아니면 누가 있겠는가?"라고 말했다는 것입니다. 금척으로 천명이 내렸음을 알렸다는 것이죠.《용비어천가》83장이 이 금척에 대한 노래입니다. 이 노래는 아주 재미있습니다.

"군위君位를 보배라 할새 큰 명命을 알리려고 바다 위에 금탑이 솟게 하시니 / 자(尺)로서 제도가 생길새 인정仁政을 맡기시려고 하늘 위에서 금척을 내리시니."

앞 구절은 고려 태조 왕건에 대한 이야기이고, 뒤 구절은 조선 태조 이성계에 대한 이야기입니다. 고려 태조가 왕위에 오르기 전에 9

층 금탑이 바다 가운데 우뚝 서 있는 것을 보고 그 위에 올라가는 꿈을 꾸었다는 것입니다. 왕건에게 천명이 내려서 고려가 건국될 것을 미리 말해주었다는 것이지요. 그러나 이제 고려의 명운은 다하고, 태조 이성계의 꿈에 천명을 내리는 금척이 내려왔습니다. 정도전鄭道傳의《삼봉집三峰集》에 악장樂章 몇 수가 실려 있는데, 그중 하나가 〈몽금척夢金尺〉입니다. 정도전은 〈몽금척〉 서문에서 이렇게 말했습니다.

> 전하께서 잠저潛邸(즉위 전의 집)에 계실 때 꿈에 신인神人이 금척을 받들고 하늘에서 내려와 "경 시중慶侍中(경복흥)은 맑은 덕이 있지만 장차 늙어서 혼미해질 것이고, 최삼사崔三司(최영)는 곧다는 이름이 있지만 너무 융통성이 없다"라고 말하고, 전하에게 "문무를 겸한 자질이 있고 덕과 지식도 있으니 백성들의 신망이 속했다"라고 말하면서 금척을 주었다.
>
> 《삼봉집》 〈몽금척〉

이를 '금척설화'라고 하는데,《용비어천가》의 많은 내용이 중국 사례를 가져온 것이지만, 금척설화는 우리 고유의 것입니다. 금척설화의 시조는 신라 시조 박혁거세입니다. 경주시 건천읍 금척리에 금척리 고분군이 있는데, 그곳에 박혁거세 임금에게 죽은 사람을 살리고 병든 사람을 고칠 수 있는 금척을 하늘에서 내려주었다는 내용의 안내문이 있습니다. 조선 후기의 경주 풍속을 이야기한《동경잡기東京雜記》에 '금척원金尺院'이라는 항목이 있는데, 바로 이 이야기입니다. 박혁거세가 꿈속에서 신인에게 금척을 받았는데, 이것이 병을 고치는 신기神器이자 왕위의 표시라는 것입니다. 이런 사례를 볼 때, 조선 개창 세력이 신라의 개국 전설을 차용했다는 사실을 짐작할 수 있습니다. 이성계에게 내렸다는 천명은 대부분 이런 종류입니다.

이성계가 천명을 받았다는 또 다른 일화로 '닭 우는 소리와 세 서까래' 이야기가 있습니다. 이성계가 안변安邊에 살 때, 수많은 집의 닭이 한꺼번에 우는데 허물어진 집에 가서 세 서까래를 지고 나오는 꿈을 꾸었다는 것입니다. 이성계는 설봉산雪峰山에 주석駐錫하는 이승異僧에게 해몽을 청했습니다. 이승은 "닭들이 한꺼번에 운 것은 고귀위高貴位라는 뜻이요, 세 서까래를 진 것은 임금 왕王 자"라고 풀이했습니다. 닭 우는 소리를 나타내는 의성어 '꼬끼오'를 한문으로 옮기면 고귀위, 즉 높고 귀한 지위인 왕이 된다는 뜻이고, 몸에 서까래 세 개를 지면 임금 왕 자가 되니 이 역시 이성계가 왕이 된다는 천명의 일종이라는 것입니다. 이 일화는 이수광의 《지봉유설芝峯類說》이나 홍만종洪萬宗의 《순오지旬五志》 등 조선 선비들의 여러 문집에 실려 있습니다.

그러나 이 이야기의 원작은 따로 있습니다. 고려의 8대 임금이 현종顯宗(992~1031)인데, 《고려사高麗史》〈현종 총서〉에 나오는 이야기입니다. 현종은 대량원군大良院君 시절, 천추태후가 쫓아내는 바람에 개경의 숭교사崇教寺에 가서 승려가 되었습니다. 대량원군이 숭교사에 있을 때 한 승려가 꿈을 꿨는데, 사찰 뜰에 큰 별이 떨어지더니 용으로 변했다가 다시 사람으로 변했는데 그가 바로 대량원군이었다는 이야기입니다.

천추태후는 목종 9년(1006)에는 대량원군을 지금의 서울시 은평구 진관외동에 있는 삼각산 신혈사神穴寺로 다시 쫓아냈습니다. 신혈사로 간 대량원군은 꿈속에서 닭 우는 소리와 다듬이 소리를 들었습니다. 술사術士에게 뜻을 묻자 "닭 우는 소리는 고귀워요, 다듬이 소리는 어근당御近當이니, 이는 즉위할 징조"라고 답했다는 것이 《고려사》〈현종 총서〉의 기록입니다. 다듬이 소리의 의성어가 '어근당'인지는 불분명합니다만, 어근당의 '어御' 자를 '다스리다'라는 뜻으로 보면 임금이 다스릴 때가 가까웠다는 뜻이고, '영접하다'라는 뜻으로 보면 임금을 모실 사람들이 가까이 이르렀다는 뜻입니다. 어쨌든 '닭 우는 소리와 세 서까래'의 원전은 《고려사》라는 이야기지요.

이는 이성계를 비롯한 역성혁명파가 천명이라는 명분을 만들기 위해 고심했다는 증거입니다. 이외에도 조선의 건국 조짐에 대한 이야기들은 많이 전해오고 있습니다. 고려 말과 조선 초의 문신이었던 권근權近(1352~1409)은 태조 이성계의 건원릉신도비명建元陵神道碑銘에 이런 이야기를 적었습니다. 고려와 조선에는 천문과 역수曆數 등을 보던 서운관書雲觀이라는 기관이 있었습니다. 권근은 건원릉신도비명에서 "예전부터 고려 서운관에 전하던 비기秘記《구변진단지도九變震檀之圖》에 '나무를 세워 아들을 얻는다'라는 말이 있었다"라고 기록하고 있습니다. '진단'은 우리나라를 뜻합니다. 진단이 아홉 번 변한다는 '구변진단지도'는 '우리나라 형세가 아홉 번 변한다는 그림'을 뜻합니다. 일종의 미래를 예언하는 도참서圖讖書죠. '나무를 세워 아들을 얻는다'라는 말은 한자로 '건목득자建木得子'라고 합니다. 목자木子는 '이李' 자를 파자破字한 것으로, 이 이야기 역시 이씨가 개국한다는 뜻입니다. 목자득국木子得國과 마찬가지 이야기죠. 이씨가 나라를 세운다는 내용의 비기를 고려 서운관에서 몰래 감추어두었다는 내용인데, 《구변진단지도》를 직접 보고 한 이야기가 아니라 들은 이야기를 전한 것으로 역시 근거는 없습니다.

고려 서운관 이야기는 또 있습니다. 선조 때의 문신 이정형李廷馨 (1549~1607)은 《동각잡기東閣雜記》에서 조선의 왕실 이야기를 담은 '본조선원보록本朝璿源寶錄'이라는 항목을 서술했습니다. 선원의 '선璿' 자는 아름다운 옥이라는 뜻으로, 임금의 집안을 뜻하는 말입니다. 즉, '본조선원보록'은 조선 임금 집안의 보배로운 족보라는 뜻인데, 여기에서 이정형은 "고려 서운관에 '왕씨가 멸망하고 이씨가 흥한다[王氏滅李氏興]'라는 말이 있었지만, 고려가 멸망할 때까지 비밀로 하고 발설하지 않았다"라고 말하고 있습니다. '본조선원보록'은 이성계가 잠저에 있을 때의 일도 적고 있습니다. 어떤 사람이 지리산 바윗돌 속에서 얻었다는 글을 바치고 사라졌는데, "목자가 돼지를 타고 내려와 삼한三韓의 지경을 바로잡는다[木子乘猪下, 復正三韓境]"라는 내용이라는 것입니다. 이 역시 목자득국의 일종입니다. 이런 것들을 모두 이성계에게 천명이 내렸다는 증거로 보았던 것입니다.

그런데 천명에는 이외에도 몇 가지 뜻이 더 있습니다. 개인적으로 해석할 때 천명은 하늘이 준 인간의 수명을 뜻합니다. 죽을 때 "천명이 다했다"라고 말하는 것은 이 때문입니다. 철학적으로 천명은 하늘에서 인간에게 내린 본성을 뜻합니다. 《예기禮記》〈중용中庸〉 편의 첫머리는 천명으로 시작합니다.

> 하늘의 명을 성性이라 하고, 성을 따르는 것을 도道라 하며, 도를 닦는 것을 교敎라 한다. 도라는 것은 잠시라도 떨어질 수 없는 것

이다. 떨어질 수 있다면 도가 아니다.

天命之謂性, 率性之謂道, 脩道之謂敎, 道也者不可須臾離也, 可離非道也.

《예기》〈중용〉

여기에서 성리학의 성性이란 말이 나옵니다. 하늘이 인간에게 내린 본성이란 뜻입니다.

천명은 새 나라를 개창하라는 명령뿐만 아니라 중요한 정치 현안에 대한 하늘의 명령을 뜻하기도 합니다. 동양 사상을 이야기할 때는 공자를 빼놓을 수 없는데, 공자가 편찬한 책 중에《서경書經》이 있습니다. 요순堯舜 시절부터 주周나라 때까지 임금들의 말이나 행동을 사관史官이 기록한 내용을 바탕으로 공자가 정리한 책입니다. 그중《서경》〈반경盤庚〉 편은 상商나라가 은殷으로 천도遷都하는 과정을 설명한 이야기입니다. 상나라는 조을祖乙 임금 때부터 경耿이란 곳에 도읍하고 있었는데, 하수河水, 즉 황하가 무너졌습니다. 그래서 반경 임금이 은으로 천도하려고 하는데 반대가 극심합니다. 기존 도읍을 옮기려고 하면 대가大家와 세족世族들의 반대가 거세게 마련입니다. 과거 노무현 대통령 시절, 수도를 세종시로 옮기려고 할 때도 반대가 극심했습니다.

전 세계에서 우리나라만큼 수도권 집중화가 심한 나라가 없습니다. 그래서 서울공화국이란 말이 나오는 것입니다. 이 문제는 반드시 해결해야 하는 과제입니다만, 천도는 은나라 때나 노무현 대통령 때나 쉽지 않았습니다. 수도 이전 반대에는 다양한 명분이 등장합니다. 그중에는 단순히 기득권 수호 차원에서 반대한다고만은 볼 수 없는 내용들도 있습니다. 통일을 대비하려면 서울보다 더 남쪽으로 내려가서는 안 된다는 말 같은 경우, 꽤 일리 있습니다. 그러나 당시 수도 이전 예정지였던 세종시는 역대 여러 예언가들이 후보로 꼽은 지역이었습니다. 증산교를 개창한 강일순姜一淳(1871~1909), 즉 강증산 선생은 "만국활계萬國活計 남조선南朝鮮이요, 청풍명월淸風明月 금산사金山寺라"라는 말을 남겼습니다. 이를 일각에서는 남조선과 북조선이 생길 것을 예견한 것이고, 청풍명월이 충청도를 가리키는 것이니 충청도에 수도가 올 것을 예견한 증거라고 말하기도 합니다. 그래서 증산교의 정통을 자부하는 교단은 현재도 대전 지역에 본부가 있습니다. 금산사는 석가모니불을 모시는 대웅전이 없는 대신 미륵불을 모신 미륵전이 있는 특이한 사찰로, 미륵불이 머물 곳을 뜻한다고 합니다.

지난 2004년 헌법재판소는 행정수도 이전 특별법을 위헌이라고 판결했습니다. "수도가 서울이라는 것은 불문헌법이므로 수도 이전은 헌법 개정 사안"이라는 것이었죠. 법이란 상식이자 논리인데, 성문헌법을 택하고 있는 나라에서 느닷없이 불문헌법, 관습헌법을 들고 나왔으니 그만큼 논리가 약했다는 이야기입니다. 다시 말하면 현재의 대한민국 헌법으로는 수도 이전을 막을 조항이 없다는 뜻인데, 불문헌법 따위의 있지도 않은 법조문을 끌어들여서 수도 이전을 위헌이라고 판결한 것을 보고 구차하다는 생각이 들었습니다. 그만큼 수도 이전은 격렬한 저항을 받게 되어 있는데, 상나라 때도 마찬가지였습니다.

다시 《서경》〈반경〉 편으로 돌아가겠습니다. 은나라는 동이족東夷族 국가이기 때문에 크게 보면 우리 민족의 선조 이야기이기도 합니다. 반경 임금의 천도 계획을 대가, 세족들이 갖가지 명분을 들어 반대하자 멋모르는 백성들까지 부화뇌동하면서 사회가 시끄러워졌습니다. 이때 군주는 외로운 결단을 해야 합니다. 이때의 외로운 결단은 '천하가 모두 반대해도 내가 옳다'라는 독선적 결단을 뜻하는 것이 아니라, 천명에 바탕을 둔 결단을 뜻합니다.

〈반경〉편은 상·중·하로 나뉘어 있는데, 상편은 반경 임금이 군신들에게 고한 말이고, 중편은 서민들에게 고한 말이며, 하편은 백관百官과 족성族姓들에게 고한 말입니다. 그 상편에 "선왕이 유복하시어든 각근천명하신대(先王有服, 恪謹天命)"라는 말이 있습니다. 여기서 복服은 옷이 아니라 일이라는 뜻으로, "선왕께서는 일이 있으면 천명을 공경하고 삼가셨다"라고 해석할 수 있습니다. 여기서 말하는 일이 곧 천도를 뜻하는 것입니다. 반경 임금은 천도하라는 것이 하늘의 명이기 때문에 선왕께서도 다섯 번이나 천도하셨다고 설득했습니다. 반경 임금은 도읍을 옮기고 선왕의 대업을 이어받아 천하의 백성들을 편안하게 하기 위해 천도하는 것이라고 설득했습니다. 불문헌법 같은 이야기 하지 말라는 말처럼 들리죠? 이처럼 천명은 모두가 반대하는 일을 군주가 고독한 결단으로 시행할 때 사용하는 말이기도 합니다.

《태조실록》에는 유독 천명이라는 말이 많이 나옵니다. 이성계에게 사람들이 "천명과 인심이 이미 모두 태조에게 소속되었는데, 어찌 빨리 왕위에 오르라고 권하지 않을 수 있을까?(天命人心, 已有所屬, 何不亟爲勸進)"(《태조실록》〈총서〉)라고 말했다는 이야기 등이 자주 나옵니다. 이성계는 왕위에 오르고 싶지 않았는데 천명이 내리고 인심이 원해서 할 수 없이 왕위에 올랐다는 이야기입니다. 이는 이성계가 원한 그림입니다. 이성계는 할 수 없이 왕위에 오르게 되었다는 그림을 원했습니다. 왕씨 천하 474년 끝에 이씨 천하를 열면서 백관의 추대를 바랐으니 이성계는 보통 사람이 아닙니다.

그런데 천명이라는 것은 눈에 보이는 것이 아닙니다. 고려 서운관에 있었다는 비기도 직접 본 사람은 없고, 모두 '카더라'라는 이야기입니다. 또한 꿈 이야기는 이성계 본인만이 진짜인지 아닌지 알고 있는 이야기입니다. 그래서 원래 천명이란 없다는 이야기도 있었습니다. 전국戰國 말엽에서 한나라 초기까지 초나라 지역에서 유행했던 시가를 묶은《초사楚辭》〈천문天問〉편에 "천명은 변화가 심해서 종잡을 수 없다. 어찌 누구를 벌하고, 어찌 누구를 돕겠는가?(天命反側, 何罰何佑)"라는 말이 나옵니다. 천명은 없다는 이야기입니다.

모든 사물에는 양면성이 있습니다. 이 양면성에서 통일적 원칙을 찾아내는 것이 학문이기도 합니다. 이성계에게 천명은 체제 변혁의 논리였습니다. 그러나 천명은 때로 체제 옹호의 수단이 되기도 합니다. 송나라 때의 학자인 나대경羅大經(1196~1242)은《학림옥로鶴林玉露》에서 "모든 사람이 천명을 받는데, 이는 바꿀 수 없는 것"이라고 주장하기도 했습니다. 그는 "또한 인생에는 빈부와 귀천, 요절과 장수長壽, 현명함과 어리석음이 있는데, 이는 모두 타고난 성품이고, 분수가 있다. 각자가 정해진 바가 있으니 이를 천명이라고 이르는데, 고칠 수 없는 것이다(且人之生也, 貧富貴賤, 夭壽賢愚, 稟性賦分, 各自有定, 謂之天命, 不可改也)"라고 말했습니다. 모든 사람의 인생에는 이미 하늘이 정해준 천명이 있다는 사상입니다.

천명에 이처럼 양면성이 있듯 풍수도 마찬가지입니다. 풍수를 체제 변혁 논리로 사용하려는 사람들은 늘 '왕이 날 자리'를 찾는 것에서 체제 변혁을 시작합니다. 그런데 사실 풍수만큼 가진 자를 위한 학문도 없습니다. 왕후장상이 날 좋은 땅이 있어도 그것을 살만한 재력이 있는 사람에게나 의미가 있습니다. 남의 산에 몰래 묘를 썼다가는 치도곤당하기 십상이지요.

반면 풍수를 하는 사람 중에는 중인이나 노비가 많았습니다. 조선 전기 유명한 풍수가였던 목효지睦孝智는 노비 출신이었습니다. 세종 23년(1441) 단종의 모후母后 권씨가 세상을 떠나자 나라에서는 당시 풍수에 능하다고 알려진 최양선崔揚善에게 장지 간택을 맡겼습니다. 최양선이 안산 고읍에 묏자리를 정하자 목효지가 반대하고 나섰습니다. 그 자리는 청룡이 물길과 함께 달아나서 세자(문종)의 아들에게 좋지 않을 것이라는 이유였습니다. 세종은 목효지의 상소를 보고 놀라서 재조사하게 했지만, 수양대군이 나서서 최양선이 정했던 안산 고읍에 그냥 묻고 맙니다. 목효지는 왕위를 노리던 수양대군에게 미운 털이 박혔고, 세조가 즉위하던 1455년에 사형당하고 맙니다. 이 사례를 보면서 궁금했던 기억이 납니다. 만약 세종이 이때 목효지의 상소에 따라 권씨의 무덤을 청룡이 성하는 쪽으로 옮겼으면 단종애사端宗哀史는 없었을까요?

조선 후기에도 여러 풍수가가 활약했습니다. 그중 노론에서 경종을 독살하고 연잉군, 즉 훗날의 영조를 추대하려고 한다고 고변告變했던 목호룡睦虎龍도 서자 출신의 지관地官입니다. 목효지와 같은 목씨라는 점이 이채롭습니다. 목호룡은 영조의 어머니 최씨의 묏자리를 봐줬던 지관 출신입니다. 그런데 그는 왜 정작 자신이 묏자리를 봐준 사람의 아들이 왕이 될 징조는 보지 못했던 것일까요? 목호룡은 이 고변으로 쓰러지려는 사직을 붙들어 일으켰다는 공로로 부사공신扶社功臣이 되고 동성군東城君에 봉해졌지만, 영조가 즉위하자마자 사형당하고 말았습니다.

그런데 조선 왕조는 개국 초기에 전국에서 왕이 날만한 자리는 모두 봉표지封標地로 삼아 무덤을 못 쓰게 막아놓았습니다. 그래서 조선 왕조를 뒤엎고 새로운 왕조를 열려면 이 봉표지 이외의 지역을 찾아야만 했습니다. 그러나 그런 용한 지관이 없었던지, 일본에게 멸망할 때까지 조선을 뒤엎을 새 왕조는 나타나지 않았습니다. 풍수는 동양에서 오랜 전통을 가진 학문이기 때문에 상당한 이론적 토대를 갖고 있습니다. 다만 그것이 실제로 왕조 교체의 수단으로 사용될 수 있을지는 검증해보아야 할 문제지요.

🐙 무학대사와의 만남

이성계가 풍수에 관심이 많았다는 이야기는 많습니다만, 이 역시 모두 후대의 사료들입니다. 그중 하나가 조선 후기인 영조 24년 (1748) 함경도 출신의 승지 위창조魏昌祖가 바친 《북로릉전지北路陵殿志》이야기입니다. 《북로릉전지》는 함경도에 있는 이성계 선조들의 무덤에 대한 이야기로, 이성계가 부친 이자춘李子春의 장지를 구한 일화가 나옵니다. 이성계는 공민왕 9년(1360) 부친이 사망했을 때 명당을 구하지 못해 애를 태웠습니다. 그때 이성계의 가동家僮이 사제師弟 관계인 두 승려가 나누는 대화를 우연히 듣게 됩니다. 스승이 제자에게 동산東山을 가리키며 "여기에 왕이 날 땅이 있는데 너도 아느냐?" 라고 물었습니다. 제자는 "동산은 세 갈래로 나뉘어 있는데, 그중에서 가운데 낙맥落脈인 짧은 산기슭이 정혈正穴인 것 같습니다"라고 대답했습니다. 그러자 스승은 "네가 아직 자세히 알지는 못하는구나. 사람에게 비유해서 말해주겠다. 사람이 두 손을 쓰지만 오른손이 긴요한 것처럼 오른편 산기슭이 진혈이다"라고 정정해주었습니다.

가동은 바로 이성계에게 달려가 이 말을 전했고, 이성계는 급히 말을 달려 함관령咸關嶺 밑에서 두 승려를 만날 수 있었습니다. 이성계가 두 승려에게 절하면서 간절히 청하자 승려가 '왕이 날' 장지를 가르쳐주었다는 이야기입니다. 이 이야기는 조선 후기 영조 때 기록된 것이지만, 내용은 조선 건국 전의 이야기입니다. 《북로릉전지》보다 150여 년 전에 문신 차천로車天輅(1556~1615)가 편찬한 《오산설림五山說林》에도 두 승려 이야기가 나옵니다. 거기에는 다음과 같은 이야기가 추가됩니다.

이성계는 두 승려를 극진히 대접하고 장지를 알려달라고 애걸했습니다. 그러자 두 승려는 산에 지팡이를 꽂고 이렇게 말했습니다.

"첫째 혈에는 왕후王侯, 곧 임금의 조짐이 있고, 둘째 혈은 장상將相의 자리이니 하나를 택하시오."

첫 번째는 임금의 자리이고, 두 번째는 재상의 자리라는 이야기입니다. 이성계는 첫째 혈을 택했습니다. 놀란 노승이 "너무 지나치지 않은가?"라고 탓했습니다. 그러나 이성계는 굴하지 않고 이렇게 대답했습니다.

"사람의 일이란 상上을 얻으려 하면 겨우 하下를 얻게 되는 법입니다. 왕후의 자리를 얻고자 해야 재상이라도 되지 않겠습니까?"

그러자 두 승려가 웃으며 "원대로 하시오"라고 승낙하고 가버렸다는 것입니다. 이때의 노승이 바로 나옹懶翁(1320~1376)이고, 젊은 승려가 무학無學(1327~1405)이었습니다.

이성계의 아버지 이자춘이 세상을 떠난 것은 이성계가 만 스물다섯 살 때의 일입니다. 이 일화들이 사실이라면 이성계는 만 스물다섯 살 때 이미 개국을 꿈꾸었다는 이야기가 됩니다. 조선 개국 31년 전의 일입니다. 그래서 저는 이 일화의 사실성에 의문을 갖습니다. 더구나 나옹화상은 원래 법명이 혜근惠勤으로, 훗날 고려 공민왕의 왕사王師가 되는 인물입니다. 나옹화상이 실제로 왕씨가 아닌 이씨 성에게 왕이 날 자리를 점지해주었다면 나중에 공민왕의 왕사가 되고 난 후에 이에 대한 대책을 수립했을 것입니다. 또한 나옹화상이 실제로 왕씨 성이 아닌 다른 성씨에게 왕이 날 자리를 점지해주었다면 그는 고려 왕실에 대해 불만이 많은 인물이어야 합니다.

그러나 나옹화상은 불교국가 고려의 혜택을 많이 본 인물입니다. 나옹화상은 충목왕 3년(1347)에 원나라의 수도였던 연경燕京(북경)으로 가 법원사法源寺라는 절에서 인도 출신 지공화상指空和尚에게 불법을 전수받았다고 전해집니다. 나옹화상은 원나라 각지를 주유하면서 무상無相과 고목영枯木榮 같은 당시 고승들을 만났습니다. 그런데 나옹화상이 원나라 각지를 장기간 주유하는 이런 자금이 어디에서 나왔겠습니까? 나옹은 실력도 있어서 원나라 순제順帝가 연경의 광제선

사廣濟禪寺의 주지로 임명하기도 했습니다. 요즘으로 말하면, 당시 세계의 중심이었던 원나라 수도에서도 알아주던 국제적인 승려였습니다.

나옹은 공민왕 7년(1358) 귀국하는데, 귀국하자마자 공민왕과 공민왕의 어머니인 태후의 요청으로 황해도 해주海州 신광사神光寺에 주석하게 됩니다. 이때 홍건적紅巾賊이 쳐들어왔는데, 나옹화상을 보고는 침향沈香을 바치며 절하고 물러갔다는 일화가 전합니다. 홍건적도 불교 신자였던 모양입니다. 나옹은 이성계를 만난 이듬해인 공민왕 10년(1361)부터는 경기도 용문산, 이천의 원적산과 금강산 등지를 주유하다가 현재의 양주 회암사檜巖寺의 주지가 되었습니다. 나옹은 회암사의 주지가 되어 절을 중수하는데, 이 중수 자금 역시 고려 왕실에서 나왔을 가능성이 큽니다.

나옹화상은 우왕 2년(1376) 여주 신륵사에서 쉰여섯의 나이로 입적하는데, 제가 나옹화상이 이성계의 부친 장지를 점지해주었다는 일화에 의문을 품은 계기가 있습니다. 이미 폐사지가 된 회암사를 보고 느낀 의문입니다. 조선이 아무리 성리학 국가라 해도 태조 이성계에게 왕이 될 장지를 점지해주어서 조선 건국의 씨앗을 배태하게 했다면 폐사가 되지는 않았을 것입니다. 회암사가 고려 말 전국 사찰의 총본산으로 승려 수가 무려 3,000여 명에 이르렀다는 점도 나옹이 조선 개창을 저지했으면 했지, 도와주지는 않았을 것이라는 생각이 들게 합니다. 불교국가 고려의 왕사가 억불抑佛을 주장하는 유학자들이 나라를 개창하게 도와줄 이유가 없기 때문입니다.

실제로 《태조실록》에는 나옹화상에 대한 이야기가 거의 나오지 않습니다. 그나마도 나옹이 이성계의 스승이었다는 이야기는 나오지 않고, 대사헌 남재南在가 "나옹이 공민왕의 국사國師였지만 나라의 멸망을 막지는 못했다"면서 "불교의 인과응보설이 믿을 것이 못 된다"라고 비판하는 대목이 나옵니다. 여기에서도 고려의 멸망을 막지 못한 인물로 나오지, 새 나라 개창을 도와준 인물로 나오지는 않습니다. 따라서 앞의 일화는 이성계 일파가 나옹의 명성을 조선 개창에 이용하기 위해 만든 가짜일 가능성이 큽니다.

내친김에 나옹의 제자라는 무학에 대해서도 알아볼까요? 무학은 여러모로 수수께끼 같은 인물입니다. 무학은 법명이 자초自超인데, 나옹처럼 원나라 연경으로 가서 공부했습니다. 이때 연경에서 나옹을 만나 제자가 되었다는 이야기가 전해집니다. 귀국 후 경남 양산 천성산의 원효암에 주석하던 나옹을 찾아가자 나옹이 불자拂子, 즉 먼지떨이를 법을 전하는 표시로 주었다고 합니다. 법을 전하는 표시로 등을 전하는 전등傳燈이나 의발衣鉢 등을 전했다는 이야기는 들어봤어도, 먼지떨이를 주었다는 이야기는 들어보지 못했지만, 그 뒤 나옹이 왕사로 책봉되면서 무학에게 의발을 전했다는 이야기가 다시 전하는 것을 보면 사실인 것으로 보입니다. 무학은 나옹이 국사가 되기 전에 해주 신광사로 찾아갔지만, 나옹의 제자들과 마찰이 생겨 여주 고달산高達山으로 들어갔습니다. 저는 나옹과 무학 사이의 본질이 이 일화가 아닐까 생각합니다. 나옹과 무학은 그리 가까운 사이가 아니었을 개연성이 크다는 뜻입니다.

회암사를 크게 중창한 나옹이 무학을 수좌로 삼고자 했으나 사양했다는 이야기나, 공양왕이 무학을 왕사로 삼고자 했으나 사양했다는 이야기 등이 전하는데, 과연 사실일까 의심이 듭니다.《고려사》를 찾아보니 무학대사 이야기는 딱 한 번 나옵니다. 공양왕 4년(1392) 5월, 공양왕과 순비順妃가 승려 자초를 해온정解慍亭에서 인견引見했다는 기록입니다. 이때는 조선이 개창되기 불과 두 달 전입니다. 고려왕실을 지키려고 했던 온건개혁과 정몽주마저 한 달 전 이방원에게 격살되어서 조선 개창은 이미 기정사실이 되었을 때입니다. 공양왕과 무학은 무슨 대화를 나누었을까요? 이때쯤이면 무학은 이미 강을 건넌 사람입니다. 저는 나옹이 고려 왕실에 속한 사람이라면 무학은 조선 왕실에 속한 사람이라고 봅니다. 무학만으로는 조금 약한 감이 있기 때문에 나옹을 끼워 넣은 것이 아닐까 생각합니다. 그러나 무학이 풍수에 능했던 것은 사실입니다. 그리고 이성계는 무학을 신임해서 즉위한 해 10월, 무학을 왕사로 삼기도 했습니다.

이성계는 조금 복잡한 인물입니다. 무학대사를 왕사로 삼을 정도로 불심이 깊었지만, 유학자 정도전의 계책을 좇아서 불교국가 고려를 무너뜨리고 조선을 개창했습니다. 이성계는 도읍을 옮길 때 무학대사의 견해를 크게 중시했습니다.《태조실록》3년(1394) 8월 조에는 이성계가 신하들에게 한양이 도읍으로 적당한지 묻는 기사가 나옵니다. 이성계가 먼저 풍수에 능한 윤신달尹莘達에게 묻자 윤신달은 "우리나라 경내에서는 송경松京, 즉 개경이 제일 좋고 한양이 다음인데, 다만 건방乾方, 즉 북쪽이 낮은 것이 한입니다"라고 답했습니다. 이성계는 이렇게 답합니다.

"송경이라고 부족한 점이 없겠는가? 지금 한양의 형세를 보니 왕도로 삼을만하다. 더구나 조운漕運하는 배가 통하고, 사방 여러 고을과 이수里數도 고르니 인사人事에도 또한 편리할 것이다."

이성계는 단지 풍수만을 보고 한양을 도읍으로 정한 것이 아니라, 조운하는 배가 통하고 사방의 고을과도 거리가 적당하다는 여러 가지 이유를 들어서 한양을 도읍으로 정하고 싶어 한 것입니다. 이성계는 이때 무학에게 "이 땅이 어떠한가?"라고 물었고, 무학은 이렇게 대답합니다.

"이곳은 사면이 높고 아름다우며 가운데가 평평해서 성읍城邑이 되기에 마땅합니다. 그러나 여러 사람의 의견을 따라서 결정하소서."

이런 기록으로 볼 때, 무학이 한양 천도에 일정한 역할을 했다는 것은 사실입니다. 그리고 이성계가 무학대사를 높인 것도 사실입니다. 이성계는 재위 6년(1397), 경기도 백성들을 징발해서 왕사 자초의 부도浮屠를 회암사 북쪽에 세우게 합니다. 살아 있는 승려의 부도를 왜 미리 만들었을까요? 유교국가 조선에서 불교의 운명이 걱정되었기 때문은 아닐까요? 아니면 유교국가 조선에서 승려로 왕사 노릇하고 있는 무학의 운명을 짐작했기 때문은 아닐까요? 무학은 태종 5년(1405) 세상을 떠나는데, 다행히도 이성계가 상왕으로 생존해 있을 때였습니다. 그래서 그의 유골을 미리 준비한 부도에 안치했습니다. 이때도 유학을 신봉하는 신하들의 반대가 심했습니다. 《태종실록》에는 태종 이방원이 무학을 비난했다는 기사가 나옵니다. 무학이 세상을 떠난 지 9년 째 되던 태종 14년(1414) 6월, 태종은 편전便殿에서 정사를 보다가 이런 말을 했다고 합니다.

"불씨佛氏의 도는 그 유래가 오래되었다. 나는 이를 헐뜯지도 않고, 기리지도 않으려 한다. 그러나 그 도를 다하는 사람이면 나는 당연히 존경하며 높이겠다. 지난날 승려 자초는 사람들이 모두 숭앙했지만, 끝내 득도한 경험이 없었다. 나는 이런 무리를 길 가는 사람같이 본다. 만약 지공 같다면 어찌 높이고 섬기지 않겠는가?"

태종의 무학 비판에 모든 신하가 "옳습니다"라고 동조했다는 것이 《태종실록》의 기사입니다. 지공은 고려 말의 저명한 승려였습니다. 시종 태종을 옹호하는 견지에서 작성된 《태종실록》은 태종이 불교에 옹호적인 기사가 나오면 모두 이성계의 압력으로 돌렸습니다. 그러나 과연 그러한가 의심 가는 대목도 있습니다. 태종은 재위 10년(1410) 7월, 고 무학대사에게 시호를 내리고 변계량卞季良에게 비명을 짓게 했습니다. 이에 대해 사관은 "상왕이 무학을 존경하고 신임해서 극력 청했기 때문에 이런 명이 있었다"라고 덧붙였습니다. 그런데 이성계는 태종 8년(1408) 5월 세상을 떠났으니 이미 이 세상 사람이 아닙니다. 그렇다면 무학에게 시호를 내리고 변계량에게 비명을 짓게 한 것은 과연 누구의 의지였을까요? 이미 죽은 이성계였을까요, 산 이방원이었을까요? 생각할수록 묘한 생각이 드는 부자지간입니다. 이성계는 과연 만 스물다섯 살 때 개국을 꿈꾸었을까요?

고려 조정에 첫선을 보이다

이성계는 만 스물한 살 때인 공민왕 5년(1356) 고려 조정에 첫선을 보입니다. 《태조실록》은 이성계가 고려 조정에 등장하는 장면을 '격구擊毬'와 함께 묘사하고 있습니다. 격구란 말을 타고 골프채 같은 것으로 공을 쳐서 문 안에 넣는 경기인데, 쉽게 말해 말 타고 하는 골프라고 보면 될 것입니다. 그러나 골프는 놀이나 운동이지만 격구는 무예에 가깝습니다. 말도 잘 타고, 공도 잘 쳐 넣어야 하므로 웬만한 무예 실력이 없으면 잘하기 어려운 경기죠.

고려는 단오절端午節에 국왕이 직접 참관하는 대대적인 격구 행사를 했습니다. 한때 우리나라에서도 골프가 상류층의 전유물이었던 것처럼 격구 역시 많은 돈이 필요했습니다. 격구 하는 사람들의 사치가 얼마나 심한지 말안장 한 개의 값이 중인中人 열 집안의 재산에 해당했다는 기록이 있을 정도입니다.

이성계는 어릴 때부터 격구를 좋아했습니다.《동국여지승람東國輿地勝覽》'함경도 함흥부' 조를 보면 운전사雲田社라는 곳이 나오는데, 이성계가 함흥에 살 때의 집입니다. 이성계의 집에서 동쪽으로 2리 지점에 바닷가에 접해 있고 푸른 잔디가 10여 리 펼쳐져 있는 곳이 있는데, 이를 송원松原이라고 불렀습니다. 이름을 보면 소나무가 많은 들판이었던 것 같은데, 여기에서 태조가 소싯적에 격구를 했다고 합니다. 이성계는 이처럼 들판의 사람이자 무예의 사람이었습니다.

《태조실록》은 이성계가 고려 조정에 첫선을 보였을 때 '전고前古에 듣지 못한' 활약을 펼쳤다고 전하고 있는데, 아마 공민왕도 이성계의 격구 솜씨에 감탄했을 것입니다. 공민왕은 이때 이자춘의 벼슬을 태중대부 사복경太中大夫司僕卿으로 올려주고, 집 한 채를 하사했습니다. 이렇게 이성계 일가는 개경에도 집을 갖게 되었습니다. 공민왕은 이성계에게도 벼슬을 내리는데, 이때만 해도 만 스물한 살의 이 격구 천재가 36년 후 고려의 500년 왕업을 끝장낼 줄은 꿈에도 몰랐을 것입니

▲ **격구 하는 모습** 격구는 중국 당나라 때 성행했으며, 왕족들도 즐긴 경기였다.

다. 이렇게 이성계는 격구 천재로 고려 조정에 첫선을 보였습니다.

이성계의 인생에서 중요한 순간이 바로 이 대목입니다. 이성계는 만 스물한 살 때에야 고려인이 된 것입니다. 그 전까지 이성계는 원元나라 사람이었지 고려 사람이 아니었습니다. 이성계의 본관은 다 아시다시피 전주입니다. 현재 전주에 경기전慶基殿이 있는데, 태조 이성계의 영정을 보관했던 곳입니다. 신숙주申叔舟가 찬술한《영모록永慕錄》을 보면, 당시 열성列聖 어진御眞 봉안처에서 보관하던 태조 어진이 무려 26축이나 되었다고 합니다. 현재 전해지는 어진은 1872년 박기준朴基駿, 조중묵趙重默 등이 모사한 이모移模본입니다.

조선은 역대 임금들의 어진을 모두 그렸습니다. 어진을 그리는 도화서圖畵署의 화가에게 지방의 현감 벼슬을 주기도 했습니다. 중인 신분으로 지방관까지 나갔으면 꽤 출세한 셈이죠. 김홍도金弘道는 정조의 어진을 두 번이나 그리는데, 그 상으로 충청도 연풍현감이 되었습니다. 그러나 애석하게도 김홍도가 그린 정조 어진도 남아 있지 않습니다. 현재 여러 장 남아 있는 고종 어진을 제외하면 다 사라지고 태조와 영조 두 분의 어진만 제대로 남아 있습니다. 철종 어진은 반쯤 불탄 채 남아 있고, 태조 어진도 여러 차례 난리를 겪으며 이리저리 떠돌아다녔습니다. 임진왜란 때는 정읍 내장산을 거쳐 아산 등지로 피난했다가 묘향산 보현사에 안치되기도 했었죠.

고종은 왕권 강화 운동의 일환으로 여러 어진을 제작했는데, 태조와 영조 어진을 모사하고, 정조 · 순조 · 익종의 어진을 다시 그렸습니다. 이때 고종의 어진을 그린 사람은 휴버트 보스Hubert Vos라는 미국 화가인데, 그는 수기에서 자신이 고종의 어진을 그릴 때 환관들이 뒤에서 엿보면서 자신의 그림이 진짜 살아 있는 사람이라고 여기는 것 같았다고 말했습니다. 살아 있는 사람으로 여겼다기보다는 처음 보는 서양화 기법이 조선과 달랐기에 엿보았던 것이겠죠.

전주 경기전에 이성계의 어진을 모신 것은 전주가 이성계 집안의 고향이기 때문입니다.《용비어천가》1장은 "해동 육룡이 나르샤 일마다 천복이시니"로 시작합니다. 육룡은 '목조, 익조, 도조, 환조, 태조, 태종'을 뜻하는데, 이는 이성계가 즉위 후 4대조인 고조부 이안사李安社부터 목조로 추존했음을 뜻합니다. 제후는 4대 조를 추존한다는 원칙 때문만이 아니라 이안사가 건국의 기틀을 다져놓았다는 인식이 있었기 때문입니다.《용비어천가》3장도 이안사에 대한 노래입니다. "우리 시조가 경흥慶興에 살으샤 왕업王業을 여시니"라고 노래했는데, 이안사가 전주에서 경흥으로 이사한 것이 왕업의 기초

▲ **태조 이성계 어진** 전주 한옥마을 내 경기전에 있다.

가 되었다는 해석이지요. 《태조실록》에 따르면 이안사는 전주에 있을 때 관기官妓를 두고 산성별감과 다툼이 생겨 삼척으로 이주합니다. 이때 170호를 거느리고 이주했다고 전해지는데, 일가친척이 170호나 되었을 것 같지는 않죠? 《태조실록》은 백성들이 자원해서 따라 이사했다고 전합니다. 사실이라면 대단한 지도력이라고 하지 않을 수 없습니다. 현재 강원도 삼척시 미로면에 준경묘濬慶墓가 있는데, 목조 이안사의 부친 이양무李陽武의 묘입니다. 이안사가 삼척으로 이주했을 때 세상을 떠난 것이죠.

그런데 이안사는 삼척에서도 편하게 지내지 못합니다. 전주의 산성별감이 안렴사按廉使로 승진해 삼척으로 오게 되었기 때문입니다. 그래서 이안사는 배를 타고 함경도 덕원으로 이주했는데, 170가구가 또 따라왔습니다. 고려 말에는 덕원을 의주宜州라고 했는데, 고려에서는 이안사를 의주병마사로 삼아서 남하하는 원나라 군사를 방어하게 했습니다. 그러나 산성별감을 피해 삼척을 거쳐서 덕원까지 쫓겨 간 이안사는 목숨 걸고 고려를 지킬 생각이 없었습니다. 때마침 원나라 장군 산길散吉이 거듭 사람을 보내서 항복하라고 청하자 이안사는 1,000여 호를 거느리고 항복합니다. 그리고 경흥에서 동쪽으로 30리 떨어진 오동斡東으로 이사하는데, 이곳이 현재의 중국 연길延吉 부근입니다. 이안사는 여기에서 산길의 지원을 받아 원나라 오동천호소斡東千戶所의 수천호首千戶 겸 다루가치(達魯花赤)가 됩니다. 고려를 버리고 원나라를 택한 것인데, 이것이 바로 조선 개창의 기원이 되었다는 인식이 《용비어천가》에 담겨 있는 것입니다.

《용비어천가》4장은 "야인野人 사이에 가사 야인이 가래거늘(해롭게 함) 덕원 옮으심도 하늘의 뜻이시니……"라고 노래하고 있는데, 이는 이안사와 아들 이행리李行里에 관한 노래입니다. 훗날 익조로 추존된 이성계의 증조할아버지 이행리는 원 세조 12년(1275, 충렬왕 1년) 아버지의 관직을 이어받았는데, 이때 이행리를 시기해서 죽이려는 원나라 사람들이 있었습니다. 이행리도 부친처럼 맞서 싸우는 대신 피신하는 길을 택해서 경흥에서 동쪽으로 60리 거리의 적도赤島로 이주했다가 다시 덕원으로 이주했는데, 이때 따라오는 백성들이 많아서 시장처럼 북적였다고 합니다. 이 말이 사실이라면 이성계 집안은 사람을 끄는 데 천부적인 재주가 있었다고 봐야겠지요.

고려가 원나라에 항복하면서 원나라에 귀화한 이성계 집안은 날개를 달게 되었습니다. 이행리는 충렬왕 7년(1281) 3월, 개경에 와서 충렬왕을 알현했습니다.《고려사》에 따르면, 동북면에서 온 이행리가 공손하게 절하자 충렬왕은 "경은 본래 사족士族 집안이니 근본을 잊을 리가 있겠느냐? 지금 경의 행동거지를 보니 마음속에 보존한 것이 있음을 충분히 알겠다"라고 칭찬했다고 전합니다.

역사에는 변수가 많습니다. 이성계도 까딱했으면 집안의 정통을 잇지 못할뻔했습니다. 이성계의 부친인 이자춘(환조)은 장남이 아니었기 때문입니다. 이행리의 아들 이춘李椿이 도조로 추존되는데, 장남은 이자춘이 아니라 이자흥李子興이었습니다. 그래서 정상적으로라면 이춘의 원나라 관직은 장남 이자흥이 잇게 되어 있었습니다. 그런데 이춘이 원 순제 지정至正 2년(1342) 7월에 세상을 떠나는 데 이어 장남 이자흥도 두 달 후에 죽고 맙니다. 원나라는 이자흥의 아들 이천주李天柱가 어리다는 이유로 숙부 이자춘에게 임시로 관직을 이어받게 했습니다.

그런데 이춘의 계처繼妻, 즉 아내가 죽은 후 맞은 아내는 쌍성총관雙城摠管의 딸 조씨趙氏였습니다. 조씨는 이자춘의 관직이 임시인 점을 이용해 자신의 아들에게 계승시키려고 움직였습니다. 그러나 이자춘은 이 공세를 막아냈고, 관직계승권 싸움에서 승리했습니다.

그래서 《용비어천가》 8장에서 "세자(환조)를 하늘이 가리사 제명帝命(원 황제의 명)이 나리시어 성자聖子를 내셨나이다"라고 노래한 것입니다. 《용비어천가》는 이성계 일가가 원나라에서 성장했음을 감추지 않고 있습니다. 역사를 외곡歪曲해(발음은 왜곡이 아니라 외곡이 맞는다_저자 주) 처음부터 고려를 위해서 일부러 원나라에 들어갔던 것이라고 합리화하지 않았습니다. 지금 생각하면 그리 자랑스럽지 못한 역사 같은데도 그대로 쓰고 있습니다. 또한 장자長子가 아닌 이자춘이 종통을 이은 것은 하늘의 간택뿐만 아니라 원나라 황제의 명령 덕분이라고 밝히고 있습니다. 이성계 가문은 단순히 원나라에 부역한 집안이 아닙니다. 최근 이성계 가문이 동북 만주 대부분을 지배했던 칭기즈칸成吉思汗의 막냇동생 테무게 옷치긴鐵木哥斡赤斤 가문의 통치 지역 내에 있던 고려계 몽골 군벌이라고 보는 논문도 나왔습니다(윤은숙, 〈몽·원 제국기 옷치긴가家의 동북 만주 지배-중앙정부와의 관계 추이를 중심으로〉, 강원대학교). 이성계 가문이 단순한 부역 세력이 아니라 원나라 변방의 군벌 집안이었다는 것입니다. 그러니 그 관직을 이으려고 다툼까지 발생한 것입니다.

이렇게 천호 자리를 둘러싼 싸움에서 승리했지만, 이자춘은 곧 원나라를 등지게 됩니다. 이 무렵 원나라의 이주민 대우 정책이 바뀌었기 때문입니다. 이때 원나라는 랴오양성〔遼陽省〕 등 3성의 호적인 삼성조마호계三省照磨戶計를 새로 작성하면서 원주민과 이주민을 구분해 원주민을 우대하는 정책을 취했습니다. 그러자 이주민 세력의 대표격인 이자춘이 반발하고 나선 것입니다. 제국이 개방적에서 폐쇄적으로 변하는 것은 망한다는 신호입니다. 아니나 다를까 중원 각지에서 봉기가 일어나기 시작했습니다. 원나라가 혼란에 빠지자 공민왕은 북방 강역을 되찾으려는 북강회수北疆回收운동을 일으켰습니다. 원나라의 삼성조마호계에 불만이 많던 이자춘이 공민왕의 북강회수운동에 가담해 고려가 99년 만에 동북면 지역을 회수하는 데 큰 공을 세우면서 부원 세력이라는 꼬리표를 떼고 친 고려 세력으로 전환하는 대역전극이 펼쳐지는 것입니다.

공민왕 4년(1355) 이자춘이 입조했을 때 공민왕은 "네 할아버지와 아버지는 몸은 비록 밖(원나라)에 있었지만 마음은 우리 왕실에 있었으므로 우리 할아버지〔祖考〕께서도 총애하고 가상히 여겼다"면서 "내가 너를 성취시켜 주겠다"라고 회유했습니다. 그리고 이듬해 이자춘을 태중대부 사복경으로 올리고 집 한 채를 하사하는데, 이때 이성계가 고려 조정에 격구 천재로 첫선을 보였던 것입니다.

저는 이때 이성계의 나이가 만 스물한 살이라는 점에 주목해야 한다고 생각합니다. 그 전까지 이성계는 원나라 사람으로 지냈습니다. 아버지나 할아버지로부터 "우리 집안은 원래 고려 출신이다"라는 말은 들었겠지만, 원나라 땅에서 나고 자랐습니다. 만 스물한 살이면 이미 세계관이 다 형성되었을 때입니다. 일찍 결혼했던 당시는 지금 사람들보다 의식세계가 더 빨리 자랐습니다.

▲ 이성계 호적 원본 국립중앙박물관 소장

　공민왕은 꺼져가던 고려 왕실의 불길을 되살리던 마지막 촛불 같
은 군주입니다. 이 무렵의 공민왕은 북강회수운동에 성공해서 동북
면을 되찾음으로써 한창 기세가 오르던 때였습니다. 이때 이성계가
고려를 무너뜨리고 새 나라를 개창하겠다는 꿈을 꾸지는 못했을 것
입니다. 그러나 이미 세계관이 다 형성된 이성계로서는 고려를 위해
목숨 바치겠다는 생각도 하지 않았을 것입니다. 이성계에게 고려는
마더랜드Motherland가 아니었습니다. 이성계에게는 고려 왕실에 대한
충성심이 없었습니다. 이것이 최영崔瑩과 운명이 엇갈리게 만든 큰 갈
림길이라고 저는 생각합니다. 고려 명가 출신인 최영은 고려 왕실과
운명을 함께할 자세가 되어 있었습니다. 그러나 이성계는 아니었죠.
　이자춘은 이성계가 고려 조정에 첫선을 보인 지 4년 후인 공민왕

9년(1360)에 세상을 떠났습니다. 나옹과 무학의 이야기가 사실이라면 이성계는 이미 이때 고려를 삼킬 꿈을 꾸었다는 것인데, 실제일 가능성은 낮습니다. 다만 풍수 같은 좌도左道를 좋아했던 이성계가 부친의 장지를 명당으로 썼을 가능성은 있습니다. 그것이 나중에 개국을 합리화하는 나옹과 무학의 이야기로 와전되었을 가능성이 있죠. 물론 이성계가 부친의 장지를 잘 썼기 때문에 개국에 성공한 것은 아닙니다.

🐲 최고의 활 솜씨로 무명을 떨치다

우리나라에는 신궁神弓 계보가 있습니다. 우리나라 양궁 선수들이 올림픽에서 금메달을 싹쓸이하는 것은 이런 DNA가 피에 흐르기 때문입니다. 《삼국사기三國史記》는 활 잘 쏘는 사람을 부여말로 주몽朱蒙이라고 했다고 말하고 있습니다. 주몽이 부여에 있던 일곱 살 때 스스로 활과 화살을 만들어 쏘았는데 백발백중이었다는 이야기죠. 올림픽에서 금메달 딴 선수들이 현대판 주몽이라면 이성계는 여말선초麗末鮮初, 즉 고려 말 조선 초의 주몽이었습니다.

《태조실록》〈총서〉에 이런 이야기가 전합니다. 우왕 3년(1377), 경상도 원수元帥 우인열禹仁烈이 이성계와 서청西廳에 마주 앉아 있는데, 쥐 세 마리가 처마를 타고 달아났습니다. 이성계가 아이에게 활과 고도리高刀里 세 개를 가져오라고 말했습니다. 고도리는 작은 새를 잡는 데 쓰는 살을 뜻합니다. 아이가 고도리 세 개를 가져오자 이성계는 "맞히기만 하고 상하게 하지는 않을 것이오"라고 말했습니다. 이 성계가 고도리로 다시 나온 쥐를 맞혀 떨어뜨렸지만, 쥐는 죽지 않고 달아났습니다. 다른 두 마리도 마찬가지였습니다.

《태조실록》〈총서〉는 이 밖에도 이성계의 신기에 가까운 활쏘기 일화를 여러 번 전하고 있습니다. 의안대군과의 일화도 그중 하나입니다. 조선 초에 의안대군은 두 사람이 있었습니다. 한 명의 의안대군宜安大君은 신덕왕후神德王后 강씨의 아들 방석芳碩이고, 또 한 명의 의안대군義安大君은 이성계의 이복동생 이화李和입니다. 이화는 이성계의 부친 이자춘이 첩이었던 정안옹주定安翁主 김씨에게서 낳은 이복동생입니다.

이성계가 젊었을 때 담 모퉁이에 까마귀 다섯 마리가 나란히 앉아 있었습니다. 김씨가 쏘라고 말하자 이성계가 화살 한 대를 쐈는데, 까마귀 다섯 마리가 모두 떨어졌습니다.《태조실록》은 김씨가 이성계에게 "절대로 이 일을 누설하지 말라"고 당부했다고 전하고 있습니다. 만약 이 일화가 사실이라면 김씨는 이성계의 비범한 능력이 혹시 화가 되지는 않을까 우려한 현명한 여인이 됩니다.《태조실록》은 또 이성계가 냇물에 목욕하고 난 후 냇가 근방 큰 숲에서 잇따라 나오는 담비 스무 마리를 모두 맞혔다는 이야기며, 노루 일곱 마리를 잡은 이야기 등을 전하고 있습니다.

이성계가 사용하던 화살이 대초명적大哨鳴鏑인데, 싸리나무로 살대를 만들고, 학鶴의 깃으로 깃을 만들고, 순록의 뿔로 깍지를 만들어 살촉과 살대가 보통 화살보다 무겁고 길었습니다. 활의 힘도 보통 활보다 배는 셌습니다. 그래서 이자춘이 이성계의 화살을 보고 '사람이

▲ 함흥본궁에 있던 이성계의 활과 화살

쓸 것이 못 된다'고 버렸는데, 이성계가 바로 그 화살 한 대로 노루 한 마리를 잡았다는 이야기가 전해집니다.

이성계는 남보다 배는 강한 활을 사용할 만큼 힘이 장사였습니다. 《동각잡기》에는 이성계가 함흥에서 큰 소 두 마리의 싸움을 말렸다는 이야기가 전해집니다. 큰 소 두 마리가 싸우는데 불을 붙여 던져도 떨어지지 않았습니다. 그때 이성계가 양손으로 두 소를 붙드니 더이상 싸우지 못했다는 이야기입니다.

그러나 활을 잘 쏜다고, 또는 힘이 장사라고 모두 새 나라를 개창한다면 나라는 몇 년에 한 번씩 개국되어야 할 것입니다. 또한 전통사회에서 힘이 센 사람은 출세하기보다는 비참한 운명을 맞는 경우가 많았습니다. '처녀 장사와 오빠 이야기'라는 설화가 있습니다. 옛

날 한 홀어머니에게 힘이 장사인 아들과 역시 힘이 장사인 딸이 있었습니다. 장사인 오누이는 한집에서 함께 살 수 없다면서 내기를 해 지는 사람이 죽기로 했습니다. 오빠는 굽이 석 자 세 치나 되는 쇠로 만든 나막신을 신고 서울까지 갔다 오고, 그동안 누이는 치마로 돌을 날라서 성을 쌓는 내기였습니다. 누이가 성을 다 쌓기 전에 오빠가 돌아오면 오빠가 이기고, 오빠가 돌아오기 전에 성을 다 쌓으면 누이가 이기는 내기였습니다. 내기가 시작되었는데, 누이가 워낙 장사였기 때문에 오빠를 이길 것 같았습니다. 그러자 홀어머니는 아들을 살리기 위해 딸에게 팥죽을 갖다 주었습니다. 딸이 뜨거운 팥죽을 먹느라 시간을 끄는 동안 아들이 먼저 돌아왔고, 결국 누이가 죽고 말았습니다. 오빠는 나중에 반칙으로 이긴 것을 알고 자살하고 말았고, 졸지에 아들과 딸을 모두 잃은 어머니 역시 자살했다는 이야기입니다.

전국 몇 곳에 이런 종류의 설화가 남아 있는데, 재미있는 것은 오누이 장사 설화에서는 누이가 더 힘센 장사로 나온다는 것입니다. 또 다른 곳에 전해지는 이야기 중에는 오빠가 씨름판에서 승승장구하면서 힘자랑을 하자 누이가 남장을 하고 가서 오빠를 꺾는다는 이야기도 있습니다. 민중들이 만든 이 설화는 조선 사회에 대해 많은 의미를 함축하고 있습니다. '실제로 더 강한 존재는 남성이 아니라 여성이다. 약자가 실제로는 강자다'라는 의미가 담겨 있는 것이죠. 그런데 여성 장사는 오빠를 일방적으로 지원하는 어머니라는 제도에 의해 억압당하고 반칙을 겪다가 억울하게 죽어갑니다. 억울하게 죽어간 여성 장사를 기리는 민중들의 마음이 이런 설화를 만든 것입니다.

이 이야기뿐만 아니라 조선에서 전해지는 장사 이야기는 대부분 비극으로 끝납니다. 오누이 장사 설화는 익명입니다만, 실제 이름이 전해지는 장사들의 운명은 대부분 비극으로 막을 내립니다. 충청도에서는 임진왜란 때 민중 봉기를 일으켰다가 실패한 이몽학李夢鶴이 불운의 장사로 전해집니다. 남이南怡 장군도 마찬가지고요. 전라북도에서는 정여립鄭汝立이, 전라남도에서는 김덕령金德齡이 비운의 장사로 나타나지요. 특히 선조처럼 무능하고 시기심 많은 국왕 시대에는 장사들의 비극이 잇따릅니다. 제주도에는 겨드랑이에 날개를 달고 태어난 오찰방吳察訪이란 장사가 있습니다. 나라에 큰 공을 세웠지만 제주도 출신이라는 이유로 종6품 찰방에 그친 인물입니다. 지역 차별, 섬 차별을 나타내는 인물로, 모두 불운의 장사에 대한 동정입니다.

그러니 힘이 세다고 좋은 것만은 아닙니다. 남이나 김덕령처럼 나라에 충성을 다했지만 불우하게 처형되는 경우도 많습니다. 정안옹주 김씨가 이성계에게 화살 한 대로 까마귀 다섯 마리 잡은 것을 절대로 발설하지 말라고 신신당부했던 것이 사실은 현명한 처신입니다.

🦎 고려의 계속되는 내우외환

그러나 시대가 이성계를 불러냈습니다. 이성계는 고려로 귀화한 후 혁혁한 무공을 쌓으며 무장으로 이름을 날립니다. 이성계는 부친 이자춘이 사망한 이듬해인 공민왕 10년(1361) 8월, 고려로 귀화한 후 첫 전공을 세웁니다. 독로강만호禿魯江萬戶 박의朴儀가 반란을 일으켰는데, 동북면상만호東北面上萬戶 이성계가 공민왕의 명으로 1,500여 명을 거느리고 강계江界로 도망간 박의 일당을 잡아 죽인 것입니다. 이 무렵 고려는 글자 그대로 내우외환內憂外患을 겪습니다. 이성계는 박의 일당의 반란 같은 내우와 북쪽의 홍건적, 남쪽의 왜구 침략 같은 외환을 극복하면서 전국적인 무명武名을 날리게 됩니다. 이성계가 박의 일당을 토벌한 것은 그해 10월 18일인데, 그 이틀 후에는 홍건적이 쳐들어왔습니다. 홍건적이라는 한족漢族 출신 농민들이 반원反元 봉기를 일으킨 것입니다. 머리에 붉은 두건을 써서 홍건적이라고 불리는데, 좋게 보면 한족 부흥군인 셈입니다.

반성潘誠, 관선생關先生, 사유沙劉 등이 이끄는 홍건적 10만 명은 삽시간에 삭주朔州를 함락했습니다. 고려 군사는 안주安州를 습격한 홍건적에게 패배해서 상장군 이음李蔭, 조천주趙天柱 등이 전사하고, 지휘사指揮使 김경제金景磾가 포로로 잡히기까지 했습니다. 이때 홍건적은 자신들의 군사 100만 명이 올 것이니 빨리 항복하라고 위협합니다. 결국 그해 11월, 공민왕은 남쪽으로 피난을 떠나고 맙니다. 공민왕은 지금의 경상도 안동인 복주福州까지 파천하는데, 홍건적은 왕이 떠난 개경을 함락하고 수개월 동안 머물렀습니다.《고려사》에는 이때 홍건적들이 소와 말을 죽여서 그 가죽으로 성을 쌓고, 남녀를 불태워 죽이는 등 잔학한 짓을 저질렀다고 적고 있습니다.

전쟁은 이듬해까지 계속됩니다. 고려에서는 참지정사參知政事 안우安祐를 상원수로 삼고, 각 도에서 모두 20만 명을 징발해 수도 탈환을 결의했습니다. 드디어 공민왕 11년(1362) 1월 17일, 안우와 이방실李芳實, 최영 등이 이끄는 고려 군사 20만 명이 개경을 포위했고, 다음 날 격전이 벌어지는데,《고려사》는 이때 이성계가 휘하의 친병親兵

2,000명을 거느리고 선봉으로 나서서 홍건적을 대파했다고 전하고 있습니다. 이 전투에서 고려 군사는 홍건적 10만 명의 목을 베는 대승을 거두는데, 이때 관선생, 사유 등도 죽고 맙니다. 잔당 10여만 명은 압록강을 건너 도주합니다.

이때만 해도 이성계는 여러 무장 중 한 명에 불과했지만, 저는 이성계가 이 사건으로 고려의 실체를 똑똑하게 목도했다고 보고 있습니다. 고려 왕조가 무너질 수도 있다고 보았다는 이야기입니다. 홍건적 때문에 공민왕이 경상도까지 피신하는 상황입니다. 공민왕은 비운의 임금이죠. 서울시 마포구 창전동에 공민왕 사당이 있습니다. 정확한 기록은 전해지지 않지만, 조선 초 서강 일대에 양곡 창고를 지으려고 할 때 한 노인의 꿈에 공민왕이 나타나 이곳에 사당을 짓고 제사를 지내라고 현몽現夢했다는 이야기가 전해집니다. 조선에서 군이 공민왕의 사당을 헐지 않고 내버려둔 이유가 궁금합니다만, 이성계 일파가 우왕과 창왕은 신우辛禑, 신창辛昌이라 부르며 신돈의 자식으로 비하했지만, 공민왕은 그 정통성을 인정했기 때문이 아닌가 생각됩니다.

겨우 홍건적의 침입을 격퇴했지만 고려의 내우외환은 계속됩니다. 다음 달인 공민왕 11년(1362) 2월에는 원나라 장수 나하추納哈出가 침략합니다. 이때 이성계 일가와 비슷한 배경을 지녔지만 이후 행로는 전혀 달랐던 조소생趙小生 일가가 등장합니다. 조소생의 증조부 조휘趙暉는 고려 말에 원나라에 귀화해서 쌍성총관이 되었습니다. 이성계 일가가 원나라 벼슬을 세습한 것처럼 조휘 일가도 쌍성총관부가 존속하던 1세기 동안 총관직을 세습했습니다. 조소생은 공민왕이

▲ **공민왕 사당** 서울시 마포구 창전동 소재

쌍성수복운동을 전개할 때 쌍성총관으로 있었습니다. 공민왕의 쌍
성수복운동을 둘러싸고 조소생 일가는 두 파로 갈라지는데, 숙부
조돈趙暾은 쌍성을 고려에 넘겨주자고 주장하는 투항파입니다. 좋
게 말하면 친 고려 세력이죠. 조카 조소생은 항명파입니다. 그는 숙
부 조돈을 감금하고 천호 탁도경卓都卿과 함께 공민왕에게 저항했
습니다.

　이성계 일가는 이때 공민왕 편에 가담해서 부원 세력에서 친 고려
세력으로 전환되지만, 조소생은 끝까지 원나라를 지지합니다. 그러
나 조돈이 탈출해서 고려군에게 협력하자 쌍성 사람들도 잇따라 고
려에 귀순했습니다. 그러자 조소생은 만주로 도주했는데, 공민왕이
숙부 조돈을 보내 회유했지만 계속 거절했습니다. 그러다가 급기야

원나라 장수 나하추를 끌어들여 고려를 침략한 것입니다. 이때 나하추는 정식 원나라 무장이라기보다는 원나라가 약화되자 심양瀋陽을 점령하고 행성승상行省丞相을 자칭했던 일종의 변방 세력입니다.

이 싸움에서 이성계는 독자적인 무명을 날리기 시작합니다. 공민왕은 부친의 관직을 이어받은 이성계를 동북면병마사로 삼아 원나라를 격퇴하라고 명했습니다. 세종 때 편찬한 《고려사》 등이 이 전투에 대해 자세하게 적고 있는 이유가 있습니다. 이안사가 경흥으로 이주한 것이 개국의 터전이 되었다면 이성계가 나하추와의 전투에서 무공을 세운 것이 조선을 건국하는 시발이 되었다고 보기 때문입니다. 정도전은 태조 2년(1393) 〈납씨곡納氏曲〉, 즉 〈납씨가〉를 짓는데, "공을 이룸이 이 거사擧事에 있었으니, 이를 천년만년 전하리이다"라고 노래한 것도 이 때문입니다. 나하추와의 전투가 조선 개창의 주요한 자산이 되었다는 것입니다.

이때도 이성계의 신기에 가까운 활 실력이 등장합니다. 나하추의 부하 중에 갑옷과 투구는 물론 얼굴을 가리는 면구面具와 턱을 가리는 이갑頤甲까지 두른 장수가 있었습니다. 이성계가 먼저 말을 쏘니 그 장수가 말고삐를 당기느라 입이 벌어졌는데, 이성계는 그 틈에 입을 쏴 죽입니다. 이성계는 이런 식의 전투 방식을 황산전투에서 왜구와 싸울 때 적장 아지발도〔阿只拔都〕에게 다시 한 번 사용합니다.

🐚 승승장구하는 이성계

나하추와의 싸움에서 본격적인 무술 실력을 선보인 이성계는 승승장구합니다. 이를 계기로 천명이 내렸다는 식의 견강부회牽强附會가 등장하기 시작합니다. 이성계가 사망한 이듬해인 태종 9년(1409) 태조의 무덤인 건원릉에 세운 비석에도 그런 인식이 보입니다. 건원릉 신도비명을 쓴 인물은 권근입니다. 권근은 이 비문에서 "하늘이 유덕자有德者에게 나라를 다스리는 치운治運을 내릴 때는 반드시 먼저 이적異蹟을 나타내서 그 부명符命(천명)을 밝게 한다"면서 중국 역대 왕조에서 나타난 이적에 대해 설명했습니다.

하夏나라에는 현규玄圭를 내려준 이적이 있었고, 주나라에는 협복協卜의 꿈을 내려주었다고 말했습니다. 현규의 현은 '검을 현玄' 자이고, 규圭는 신하들이 왕을 뵐 때 손에 쥐는 물건인 홀笏을 뜻합니다. 요堯임금이 우禹임금에게 천하를 물려준다는 의미로 이 현규를 하사했다는 것입니다. 협복은 주나라 문왕文王이 사냥을 나갈 때 강태공姜太公을 얻는 꿈을 꾸었다는 뜻입니다. 이성계가 하늘로부터 천명을 받고 강태공 같은 여러 인재를 얻어 개국에 성공했다는 뜻이지요.

동양 유학사회에서 강태공은 인재 등용의 전범으로 자주 인용됩니다. 강태공은 낚시꾼의 대명사로 불립니다. 그는 나이 팔순에 이르기까지 위수渭水에서 낚시하다 발탁되었다는 인물입니다. 강태공은 태공망太公望이라고도 불리는데, 문왕의 조부 태공太公이 늘 얻기를 바랐던 인물이란 뜻입니다. 위수에서 10년 동안 낚시했지만 정작 낚

▲ **건원릉신도비** 경기도 구리시 소재

싯바늘은 곧게 편 것을 사용해서 고기 잡는 것이 목적은 아니었다고 합니다. 자신을 알아줄 군왕이 나타나기를 기다리면서 때를 낚고 있었다는 것이지요. 강태공은 문왕이 죽은 후 무왕武王을 도와 목야牧野 전투에서 은나라 주왕紂王의 군대를 물리쳐 주나라가 천하를 차지하는 데 결정적 공을 세운 인물입니다.

권근은 건원릉신도비명에서 하나라의 현규와 주나라의 협복의 사례를 든 후, 이는 "모두 하늘이 준 것(天授)이지 사람의 계획에서 나온 것이 아니다"라고 말했습니다. 권근은 이 비문에서 이성계가 공민왕 10년(1361) 홍건적을 물리치고, 그 이듬해 나하추를 격퇴했으며, 또 그 이듬해에는 위왕僞王 탑첩목塔帖木을 물리쳐 쫓았다고, 해마다 계속되는 이성계의 무공을 기렸습니다. 이런 무공 때문에 백성들은 "공민왕이 믿고 의지함이 더욱 두터워졌고, 벼슬이 여러 번 승진해 장將·상相에 이르게 되었다"라고 말했습니다. 이성계는 동북면병마사를 맡아 북쪽에서 쳐들어오는 홍건적과 원나라 잔존 세력들을 무찌르면서 전국적인 무장으로 성장하기 시작했던 것입니다.

그러나 이성계가 전국적인 무명을 떨친 것은 이때로부터 17년 후인 우왕 6년(1380)의 일입니다. 그 전까지 이성계는 북방으로 쳐들어오는 홍건적, 나하추 등을 격퇴하는 동북면의 장수였을 뿐, 고려 남방의 백성들과는 별다른 관계가 없었습니다. 그런데 우왕 6년 전라도 운봉에서 벌어진 운봉전투에서 이성계는 명실상부한 전국구 무장으로 떠오릅니다.

그해 8월 왜구가 500척의 배를 타고 건너와서 진포鎭浦에 배를 진주시키고 충청·전라·경상도의 하삼도下三道를 노략질했습니다. 고려가 혼란에 빠지면서 왜구는 동북면까지 출몰할 정도로 기세를 올렸는데, 정규 군사 체제가 무너진 고려는 거의 속수무책이었습니다. 《태조실록》을 보면, 왜구가 연해沿海의 주군州郡을 도륙하고 불살라 거의 다 없어지게 되었으며, 죽인 백성들의 시체가 산과 들판을 덮고, 곡식을 배로 운반하는데 땅에 떨어진 쌀이 한 자 정도였다고 말하고 있습니다. 또한 두세 살 되는 여자아이를 사로잡아 머리를 깎고 배를 가른 후 깨끗이 씻어서 쌀, 술과 함께 하늘에 제사를 지내니 삼도의 연해 지방이 텅 비게 되었다고 참상을 전하고 있습니다. 그래서 북방 장수 이성계가 남방까지 진출하게 됩니다.

우왕은 이성계를 삼도 도순찰사로 삼아서 왜구를 토벌하게 했는데, 적의 기세가 강성해서 많은 장수가 두려움을 느낄 정도였습니다. 이성계는 운봉에서 왜적과 접전을 벌이는데, 뒤에서 달려드는 적장의 창에 크게 다칠뻔했으나 여진족 출신의 의형제 이두란李豆蘭(이지란, 퉁두란)이 먼저 활로 쏴서 죽이는 바람에 겨우 무사했을 정도로 격렬한 전투였습니다. 이때도 이성계의 신궁 솜씨가 유감없이 발휘됩니다. 적장 중에 아지발도라는 백마 탄 소년 장수가 있었는데, 그 역시 나하추의 장수처럼 얼굴까지 갑옷으로 가린 난공불락의 장수였습니다. 이성계는 의형제 이지란에게 "내가 투구 꼭지를 맞혀 떨어뜨리면 네가 쏴라"라고 말한 후 활을 쏴서 투구 꼭지를 맞혀 떨어뜨렸고, 그 틈에 이지란이 쏴 죽입니다. 이 일화는 이지란으로 대표되는 여진족 부대가 이성계 부대의 일원으로 참가했음을 말해주고 있습니다. 이성계 부대는 기마병 위주의 여진족, 몽골족 등이 포함된 다민족 혼성 부대였기에 강했던 것입니다. 이성계 부대는 동이족 연합 부대였던 셈입니다.

선조 8년(1575) 전라도 관찰사 박계현朴啓賢의 치계馳啓로 전투 현장인 운봉 동쪽 16리 지점에 황산대첩비를 세우는데, 대제학 김귀영金貴榮이 비문을 썼습니다. 김귀영은 비문에서 "성스러운 무력의 크고 맑은 공이 높고도 넓으셔서 만민이 영원히 의지하게 되었다"라고 칭송하고 있습니다. 이때의 승전으로 이성계는 북쪽 백성들뿐만 아니라 남쪽 백성들에게도 무명을 날리게 되어 '만민이 의지하는' 무장으로 승격하게 되었던 것입니다.

다산茶山 정약용丁若鏞은 〈황산대첩비를 읽고서(讀荒山大捷碑)〉라는 시를 남겼습니다. 정약용은 이 시에서 "이 거사로 한밤중 골짝에 있던 배 이미 자리 옮겨 / 위화도 회군할 때를 기다릴 것도 없었도다(此擧夜堅舟已徙 不待威化回軍時)"라고 노래했습니다. 황산대첩으로 이미 이성계에게 천명이 내렸다는 사실이 입증되었다는 것입니다. 위화도 회군까지 기다릴 것도 없었다는 것이죠. 그래서 정약용은 황산대첩비 발문에서 "신무神武로써 승리를 거둔 것이지 인력人力이 아니다"라며 천명의 결과라고 해석하고 있습니다. 앞서 권근이 건원릉신도비명에서 "모두 하늘이 준 것이지 사람의 계획에서 나온 것이 아니다"라고 말했던 것처럼 운봉대첩은 조선 사람들이 천명의 결과로 해석하는 계기가 되었습니다.

그러나 이는 훗날 조선 건국을 합리화하기 위해 견강부회했다고 볼 수 있습니다. 운봉전투에 참여한 왜구는 이미 진포전투에서 나세羅世, 최무선崔茂宣 등이 이끄는 고려군의 화포 공격에 무너지고 남은 패잔병에 불과했습니다. 그러나 어쨌든 운봉전투가 이성계에게 전국적 무명을 안겨주었다는 사실은 분명합니다.

여담 같습니다만, 저는 우리나라 사람들과 중국인, 일본인들이 역사를 바라보는 자세가 조금 다르다고 생각합니다. 일본은 대한제국을 강제 점령한 후 반反시국적인 고적古蹟을 파괴한다는 명목으로 황산대첩비를 깨뜨렸습니다. 그래서 현재 운봉에는 깨진 비석을 모아놓은 파비각破碑閣이 있습니다. 일제는 대한제국을 점령한 후 '문록·경장文祿慶長의 역役'에서 완수하지 못했던 과업을 완수했다고 자랑스러워했습니다. 여기서 '문록의 역'은 임진왜란을 뜻하고, '경장의 역'은 정유재란을 뜻합니다. 이때 점령하지 못했던 조선을 뒤늦게 점령했다는 뜻입니다.

일제는 러일전쟁 이후 조선에 통감부를 세워 실제로 통치하기 시작하는데, 이때 통감부를 세운 곳이 남산 아래 왜성대倭城臺 자리입니다. 현재 서울시 중구 예장동과 회현동 1가에 걸쳐 있는 지역인데, 임진왜란 때 일본 침략군의 실질적 사령관 격이었던 마시타 나가모리(增田長盛)(1545~1615)가 주둔했던 곳입니다. 마시타 나가모리는 원래 오다 노부나가(織田信長)의 가신이었다가 도요토미 히데요시(豊臣秀吉)의 가신으로 말을 갈아탄 인물입니다. 임진왜란 때 왜군이 주둔했던 곳이어서 왜성대라고 불렸는데, 통감부를 그 자리에 세웠던 것입니다. 그러고는 300년 전 임진왜란 때 못다 이룬 꿈을 이루었다고 기뻐했다는 것입니다. 한심한 역사 인식이죠.

저는 또 중국의 옛 실크로드 답사를 갔다가 크게 놀란 적이 있습니다. 설인귀薛仁貴가 서쪽 강역을 정벌했다는 서정西征 동상이 서 있는 것입니다. 설인귀는 당나라 때 인물입니다. 평민 출신이라 중국인

▲ 설인귀 동상

들 사이에 인기가 있는 인물이죠. 그런데 당나라 때 설인귀가 이 지역을 침략한 것을 기념하는 동상을 최근에 세워놓았습니다. 이 지역을 아직도 정복의 관점으로 바라보고 있는 중국공산당의 역사 인식은 무척 우려스럽습니다.

뿐만 아니라 간쑤성〔甘肅省〕 서북부에 주천시酒泉市가 있습니다. 주천이라는 이름은 고조선을 침공했던 한漢나라 무제武帝와 관련 있습니다. 중국과 흉노의 역사는 중국 기록만 남아 있어서 흉노에게는 크게 불리합니다. 그러나 사실 고대 중국과 흉노의 역사는 시종 흉노의 우위로 진행됩니다. 한 고조漢高祖 유방이 흉노 정벌에 나섰다가 백등산白登山에서 포위되어 목숨을 겨우 건지고 빠져나왔을 정도입니다. 이때부터 한나라는 매년 막대한 공물貢物을 흉노에게 바치면서 평화를 구걸해야 했습니다. 그러다가 한 무제가 장수를 보내 흉노 정벌에 나선 것입니다.

한 무제는 순체荀彘와 양복楊僕, 두 장군을 보내 고조선을 침략하기 10여 년 전인 원수元狩 2년(기원전 121)에 곽거병霍去病을 보내 흉노를 공격했습니다. 곽거병이 대승을 거두자 크게 기뻐한 한 무제는 부상으로 술을 내렸습니다. 그런데 곽거병은 일종의 쇼맨십에 능한 장군

62

입니다. 그는 이 술을 혼자 마실 수 없다면서 우물에 부었습니다. 그리고 그 물을 떠서 전 군사와 함께 마신 후 '술 샘'이라는 뜻의 주천으로 이름을 바꾸었던 것입니다.

하지만 주천이라는 이름은 그리 오래가지 못하고, 이후 녹복祿福, 숙주肅州 등으로 불렸습니다. 쑨원(孫文)과 장제스(蔣介石) 때는 안숙도安肅道 등으로 불리다가 1949년 다시 주천이라고 개명합니다. 그런데 이곳을 주천 시로 다시 명명한 것은 다름 아닌 중국공산당 정부입니다. 저는 수없이 중국 답사를 하면서 중국공산당이 과연 프롤레타리아트 계급의 계급정당인가에 심한 회의를 품게 되었습니다. 계급 정당이라기보다는 한족의 민족당이 계급 정당의 외피를 입고 소수민족 지역을 식민통치하는 것이 아닌가 하는 생각이 들 때도 많았습니다. 말로는 민족 화합을 이야기하면서 실제로는 2,100년 전에 한족이 흉노를 정벌한 것을 기념해서 주천이란 이름을 다시 사용한 것입니다. 이런 나라에서 동북공정을 진행하고 있습니다. 그러나 우리는 아직 내부의 식민사학이 정리되지 않았고, 이를 극복하는 논리를 만들기 위해 설립한 동북아역사재단 같은 국가 기관이 오히려 국민 세금으로 동북공정에 동조하는 매국적 행태를 보이고 있습니다.

이성계가 홍건적과 왜구를 몰아내며 전국적 무명을 얻은 과정을 설명하다 보니 떠오른 단상들입니다. 우리 이웃 국가들, 만만한 상대가 아닙니다. 사대주의를 청산하고 빨리 정신 차려야 합니다.

🦟 무너지는 군사제도, 몰락하는 고려 사회

운봉전투로 이성계가 전국적 무명을 얻은 것은 사실이지만, 그 정도 무명을 가진 인물은 많았습니다. 《동국여지승람》 '양주목楊州牧 건원릉' 조에는 재미있는 일화가 실려 있습니다. 이성계가 정승이 되었을 때 "꿈에 신인이 금척을 내려주면서 '시중 경복흥은 청백하지만 늙었고, 도통都統 최영은 강직하지만 조금 어리석으니 이 자를 가지고 정국正國할 자는 공公이 아니면 누구겠는가'라고 말했다"는 것입니다. 이와 비슷한 이야기가 여러 서적에 실려 있습니다. 금척에 대해서는 앞에서도 말씀드렸습니다만, 꿈이라는 것은 본인 외에는 아무도 사실 여부를 알 수 없는 것입니다. 그러나 이 꿈의 사실 여부는 둘째 치더라도 당시 고려에는 이성계 외에 시중 경복흥과 최영이 전국적 명성을 얻고 있었음을 말해주는 것입니다. 경복흥이나 최영이 아니라 이성계에게 천명이 내려진 것은 경복흥이나 최영에게 하자가 있어서가 아닙니다. 두 사람은 근본적으로 고려 왕실의 사람들이지만 이성계는 아니라는 점이 더 큰 이유일 것입니다. 고려의 위기를 바라보는 시각이 근본적으로 달랐던 것입니다.

당시 왜구가 동북면까지 나타날 정도로 고려의 군사력이 약했던 데는 이유가 있었습니다. 그 이유를 알아야 조선 건국을 이해할 수 있습니다. 사실 고려는 이성계에게 무너졌다기보다는 스스로 무너졌다고 해도 과언이 아닙니다. 나라가, 체제가 무너지고 있는 것을 눈 뜨고 뻔히 보면서도 문제를 해결하지도 못하고, 일으켜 세우지도 못했기 때문입니다.

왜구가 빠르고 날쌔기는 하지만 일본 열도 전체의 군사는 아닙니다. 이런 왜구가 동북면부터 하삼도까지 노략질했다는 것은 고려의 정규 군사 체제가 무너졌다는 것을 뜻합니다. 고려의 정규 군사 체제가 왜 무너졌는지를 이해하는 것이 변방의 무장 이성계가 어떻게 개국시조가 될 수 있었는가를 이해하는 관건이 됩니다.

농업국가는 토지를 가지고 나라를 운영합니다. 군대를 운영하는 것도 토지를 가지고 하는 것이죠. 고려는 병농일치의 군사제도를 갖고 있었습니다. 토지제도는 전시과 제도였죠. 전시과 제도는 기본적으로 벼슬아치들에게 벼슬의 대가로 농토인 전지田地와 땔감 채취지인 시지柴地를 나누어 주는 것인데, 일반 관료들뿐 아니라 군인들에게도 군인전軍人田이라는 농지를 나누어 주어서 그 대가로 군역을 수행하게 했습니다. 요즘으로 말하면 직업군인 제도를 유지한 것입니다. 그런데 고려 후기 권문세족, 즉 구가세족들이 광범위하게 남의 토지를 침탈하면서 군인전까지 대부분 이들의 수중으로 들어가게 됩니다. 《정도전과 그의 시대》에서 전시과가 성립되고 무너지는 과정에 대해서는 자세하게 말씀드렸으니, 여기서는 군인전에 대해서만 말씀드리겠습니다.

목종穆宗 1년(998)에 고친 개정전시과改定田柴科에서는 기마병인 마군馬軍과 보병인 보군步軍에게 군인전을 주었는데, 마군에게는 17과로 23결의 토지를, 보군에게는 18과로 20결의 토지를 주었습니다. 78년 후인 문종 30년(1076)에 개정전시과를 다시 고쳐서 경정전시과更定田柴科를 제정했는데, 이때 마군에게는 15과로 25결을 주었고, 역군役軍

과 보군에게는 16과로 22결의 토지를 주었습니다. 1과에 해당하는 중서령中書令과 문하시중門下侍中이 전지 100결, 시지 50결을 받았는데, 지금의 총리급에 해당하는 이들에게 전지 100결을 주고 일반 군인들에게 그 4분의 1 정도를 주었으니 적게 준 것은 아니었다고 생각됩니다. 고려의 군사제도는 이처럼 직업군인인 부병府兵들에게 군인전을 주는 대신 병역에 종사하게 한 제도입니다.

고려는 무장이었던 왕건이 개국했기 때문에 군인들에게 세심하게 신경을 썼습니다. 군인들에게는 군인전을 주면서 군역을 세습시켜 국방의 안정을 꾀했습니다. 그런데 군인이 자식 없이 죽었거나 전사했을 경우 그 부인의 생계가 곤란해지기 때문에 구분전口分田을 나누어 주었습니다. 6·7품관 군인의 처에게는 8결의 구분전을 지급했고, 8품관 이하의 전망戰亡 군인, 즉 전장에서 죽은 군인의 처에게는 5결의 구분전을 지급했습니다. 또한 자손이나 친족이 없는 70세 이상의 퇴역 군인에게도 5결을 지급했습니다. 고려는 이처럼 나라를 지키는 군인들을 세심하게 배려했습니다. 그런데 고려 말 권문세족들이 남의 토지를 침탈하면서 심지어 1품 벼슬아치도 토지를 받지 못하는 상황이 되었습니다. 총리가 봉급을 받지 못할 정도니 군인들은 말할 것도 없겠죠. 군인전이 사라지니 군사들도 사라졌습니다. 직업군인들에게 주는 봉급이 군인전인데, 봉급이 사라졌으니 직업군인도 사라지게 된 것은 당연하지요. 사실상 군사제도가 무너진 것입니다.

그래서 일본에서 왜구가 건너와서 마음대로 노략질해도 이를 막을 군대가 없었던 것입니다. 이때 고려 왕실에서 뼈를 깎는 자세로 개혁에 나섰다면 상황은 달라졌을 것입니다. 그래서 고려의 충선왕忠

宣王을 비롯한 여러 임금이 위로부터의 개혁에 나섰지만 결국 실패했고, 군사제도 자체가 유명무실한 상황이 지속되었습니다.

변방 무장 출신인 이성계가 500년 가까이 유지되던 왕실을 차지할 수 있겠다고 마음먹게 된 배경도 바로 군사제도가 붕괴된 것을 목도했기 때문입니다. 구가세족들이 군인전까지 모두 차지했으니 중앙군이 사실상 해체되었고, 홍건적이나 왜구가 쳐들어오면 그때그때 농민들을 징발해서 대처하는 수밖에 없게 되었습니다. 이런 상황에서 이성계는 아주 유리한 위치에 있을 수 있었습니다. 사병 덕분이었죠. 동북면 지역은 이자춘이 공민왕의 북강회수운동에 가담하기 전까지 원나라 지역이었습니다. 이 지역의 군사들은 사실상 이성계 집안의 사병이나 마찬가지였습니다.

이성계에게 더욱 유리했던 것은 여진족, 즉 만주족과 몽골족이 이성계에게 가담했다는 점입니다. 이성계가 살던 함흥에는 달단동韃靼洞이라는 마을이 있었는데, 달단은 몽골족을 뜻합니다. 즉, 달단동은 몽골족들이 모여 살던 마을입니다. 이성계의 의형제였던 개국공신 이지란은 만주족이고, 이지란의 부인은 이성계의 부인 신덕왕후 강씨의 조카딸입니다. 이때만 해도 동북면 지역에서는 우리 한족들이 몽골족, 만주족(여진족)과 같은 마을에 살면서 서로 혼인하기도 했습니다. 중국에서 볼 때는 동이족으로 모두 같은 민족이었습니다. 같은 민족 내에서 겨레의 갈래가 조금 달랐던 정도지요. 신궁 이성계가 이끄는 몽골족·만주족과의 연합 혼성 부대가 강할 것은 불 보듯 뻔한 일입니다. 이성계의 친병 중에 가별치加別赤라는 것이 있습니다. 가별초家別抄라고도 부르는 가별치는 여진족으로 이루어진 군사입니다.

이성계에게 이런 친병이 있었던 반면, 고려의 군대는 사실상 무너졌습니다. 군사제도가 무너지면서 고려는 큰 위기에 빠집니다. 이때 이성계와 최영, 경복흥이 고려를 대하는 자세는 사뭇 달랐습니다.

경복흥과 최영은 모두 고려 왕실에 속한 사람들이었습니다. 이성계는 공민왕 5년(1356) 부친 이자춘을 따라 처음 개경에 갔던 만 스물한 살 때까지는 원나라에 속했던 인물입니다. 이자춘이 원나라 벼슬을 세습하기 위해 부친의 후처와 다퉜던 것처럼 원나라에 속했고, 원나라에서 벼슬하던 집안입니다. 비록 공민왕의 북강회수운동에 가담해 친 고려 세력으로 전환했지만, 원래 원나라의 후원으로 성장했던 집안입니다. 그래서 이성계 집안 사람들은 고려 왕실에 충성해야 한다는 의식이 강하지 않았습니다. 이성계도 마찬가지였죠.

우리나라의 흥망성쇠는 항상 동아시아적 관점에서 바라봐야 합니다. 이때는 동북아의 질서가 크게 바뀌는 원·명元明 교체기였습니다. 원나라의 지방 장악력이 현저하게 떨어졌기에 홍건적 등이 일어났던 것입니다. 왜구도 마찬가지입니다. 여·원 연합군이 두 차례나 일본을 정벌했던 때 같았으면 왜구는 꿈도 꾸지 못했을 것입니다. 원·명 교체기라는 동북아의 큰 혼란기 속에서 이성계는 고려의 허약함을 보았고, 전국적 명성을 얻게 되자 왕이 될 수 있다는 꿈을 꾸었습니다. 다른 인물들보다 유리했던 것은 이성계에게는 사병이 있었다는 점입니다. 눈보라 휘몰아치는 북방에서 같이 격구도 하고 사냥도 하면서 자란 이들의 의리는 남다른 것이었습니다.

그러나 근본적인 문제가 있었습니다. 한 나라를 무너뜨리는 것, 즉 구체제를 무너뜨리는 것은 무력만으로도 가능합니다. 그러나 새 나라를 개창하는 것, 즉 신체제를 수립하는 것은 군사력만으로는 불가능합니다. 반드시 새 나라의 이념과 통치 시스템이 필요했습니다. 이성계를 개국 군주로 만들어준 토대는 하늘에서 내린 천명이 아니라 고려 말의 혼란입니다. 그리고 고려 왕실과 지배층이 이런 혼란을 뼈를 깎는 개혁을 통해 수습하지 못했기 때문입니다. 이성계를 개국 군주로 만들어준 1등 공신은 고려의 혼란을 방치한 고려의 지배층이었습니다. 그들은 나라를 개혁하기는커녕 나라가 곧 무너지는데도 자기 땅 늘리기에만 급급했습니다. 그 틈을 한 불우한 사상가, 불우한 지식인이 파고들었습니다. 바로 새 나라 건국의 이념을 제공하고 통치 시스템을 제공했던 정도전이라는 사상가였습니다.

🐘 말 위의 사람 이성계, 서재의 사람 정도전

《고려사》는 이성계의 군사를 여러 번 친병이라고 표현하고 있습니다. 박의를 잡아 죽일 때도, 홍건적과 싸울 때도 친병을 수하에 거느리고 싸웠다고 기록하고 있습니다. 위화도에서 회군할 때도 마찬가지였습니다. 위화도에서 회군할 때의 기록을 보면, 군중軍中에 "이성계 수하의 친병들이 동북면을 향해서 이미 말에 올랐다"라는 말이 퍼져 있었다고 합니다.

친병이란 무슨 뜻일까요? 사실상 사병이란 뜻입니다. 동북면 출신의 사병들이죠. 한족뿐만 아니라 여진족 가별초와 몽골족으로 구성된 사병들입니다. 이렇게 보면 공민왕이 북강회수운동 때 동북면의 이자춘을 끌어들인 것이 결국 자신의 왕조를 무너뜨릴 사병을 초청한 격이 됩니다.

그런데 이 친병의 숫자는 얼마나 되었을까요? 과연 이성계가 이 친병으로 고려를 무너뜨리고 조선을 개창한 것일까요? 《고려사》는 박의와 싸울 때는 이성계의 친병이 1,500명이고, 홍건적과 싸울 때는 2,000명이었다고 말하고 있습니다. 1,500~2,000명의 군사로 어엿한 왕조를 무너뜨릴 수는 없습니다. 홍건적과 싸울 때 고려 군사는 20만 명이었습니다. 문제는 이 20만 명이 대부분 징발한 농민들이라는 것입니다. 권문세족들의 광범위한 토지 탈점으로 전시과 체제가 무너져 군인전까지 사라지는 바람에 고려의 중앙군은 사실상 해체되고 말았습니다. 이런 상황에서 일사불란하게 움직이는 수천 명의 사병들은 큰 힘이 될 수밖에 없습니다. 그러나 아무리 중앙군이 해체되었다고 해도 20만 명의 농민군을 모을 수 있는 나라가 고려였습니다. 그래서 농민층의 동향이 중요한 것입니다.

농민들이 어디로 가담하느냐에 따라 판이 결정됩니다. 너도나도 천명을 받았다고 주장할 때 누가 실제로 천명을 받았는지 어떻게 알겠습니까? 천명을 받는 것, 즉 수명受命의 척도는 바로 민심입니다. 민심은 천심이란 말이 그래서 나온 것입니다. 그런데 민심을 어떻게 얻습니까? 그때고 지금이고 진정한 민심은 이미지가 아니라 정책으로 얻어야 하는 것입니다. 정책의 뒷받침이 없는 이미지 정치는 일종의 사기입니다. 그것도 나라를 훔치려는 큰 사기죠.

이성계에게 가장 필요했던 것은 민심을 모을 수 있는 이념이었고, 정책이었습니다. 이성계에게는 많은 참모가 있었습니다. 즉위 직후 책봉한 개국공신만 쉰두 명입니다. 이런 공신을 정공신正功臣이라고 합니다. 그 밖에 원종原從공신이 있는데, 원종공신은 보통 지지 세력을 확산하기 위해 만드는 것으로, 태조 이성계 때 무려 1,396명의 원종공신을 책봉했습니다.

이 많은 공신 중에서 정도전을 으뜸으로 치는 데는 이유가 있습니다. 배극렴裵克廉이 앞장서서 이성계를 추대했음에도 배극렴이 아니라 정도전이 실세였던 이유도 이 때문입니다. 바로 정도전이 이성계에게 개국 이념과 그를 실현할 수 있는 새 정책을 제시했기 때문입니다. 이는 말 위의 사람인 이성계의 머릿속에서 나올 수 있는 것이 아니었습니다. 말 위의 사람인 이성계는 홍건적이나 왜구가 쳐들어왔을 때 온몸이 피 칠갑이 되도록 싸워서 백성의 칭송을 얻을 수 있었습니다. 그러나 백성의 칭송을 듣는다고 왕이 될 수 있는 것은 아닙니다. 새 나라를 개창하는 데 필요한 이념과 정책은 서재에 있는 지식인의 머릿속에서 나올 수 있는 것입니다. 물론 잘못된 현실을 옹호하는 체제 내적內賊인 사이비 지식인이 아니라 공자나 맹자처럼 잘못된 현실에 분개하고 이를 바로잡기 위해 몸을 던지려는 진짜 지식인의 머릿속에서 나오는 것이죠. 정도전이 바로 이를 제시했기에 그를 공신 중에서도 으뜸으로 치는 것입니다.

《태조실록》과 정도전의 문집인 《삼봉집》은 물론 《용비어천가》에도 이성계와 정도전이 만나는 장면이 실려 있습니다. 두 사람의 만남이 그만큼 중요하다는 뜻입니다. 만 8년 동안 유배와 유랑을 거듭하던 정도전이 함길도 함주에서 동북면도지휘사 이성계를 만난 것은 우왕 9년(1383) 가을입니다. 이때 정도전은 이성계의 군대를 보고 "이 군대로 무슨 일인들 성공하지 못하겠습니까?"라고 말했습니다. 이성계는 정도전보다 일곱 살이 많습니다. 이성계가 "무슨 뜻인가?"라고 묻자 정도전은 "왜구를 동남방에서 치는 것을 뜻합니다"라고 답했습니다. 동문서답 같습니다. 그러나 이는 동문서답이 아니라, 석가모니가 연꽃을 대중에게 들어 보이니 가섭이 미소 지었다는 염화시중拈華示衆이나 이심전심以心傳心으로 해석해야 합니다. 저는 늘 왜 우리는 같은 한자 문화권인데 이런 사자성어를 많이 만들지 못할까 아쉬웠습니다. 이성계와 정도전의 만남은 '이심정심李心鄭心'이라고 불러도 전혀 어색하지 않습니다.

정도전은 경상도에 쳐들어온 왜구를 치는 것을 뜻한다고 답했지만, 만 8년 세월을 유배와 유랑으로 보낸 정도전이, 그것도 인생의 황금기인 30대를 불우하게 보낸, 벼슬 없는 백두白頭 정도전이 동남방의 왜구를 치자고 함길도 함주까지 이성계를 찾아왔을 리는 만무합니다.

이때 정도전이 소나무 껍질을 벗기고 시를 썼는데, 그 마지막 구절이 '인간부앙편진종人間俯仰便陳蹤'이라는 것입니다. 해석하기가 조금 난해한 구절입니다. "인간을 굽어보면 문득 지난 일이네", 또는 "인간사 굽어보면 문득 늘어놓은 발자취일세" 정도로 해석할 수 있는데, 어떤 본에는 '베풀 진, 늘어설 진陳' 자가 '티끌 진塵' 자로 쓰여 있기도 합니다. '티끌 진' 자로 보면 해석하기가 조금 쉬워집니다. "인간을 굽어보면 문득 티끌의 자취일세"라고 해석할 수 있지요. 이를 모두 '태조에게 천명이 있음'을 빗긴 말이었다고 해석하고 있습니다. 인생은 순식간에 지나가니 작은 일에 구애받지 말고 대사를 이루라는 뜻도 되고, 고려 왕조 500년 왕업이 티끌로 사라질 것이라는 뜻도 될 수 있지요.

《태조실록》,《삼봉집》,《용비어천가》가 모두 이 만남을 기록하고 있는 것은 두 사람의 만남이 사실상 조선 개국의 계기였다고 보기 때문입니다. 이 만남을 계기로 이성계가 개국을 결심했다고 보는 것이지요. 왜 그렇게 해석했을까요? 그 전까지 이성계의 군사력은 변방의 외적을 막는 고려 군사력의 일부였습니다. 여차하면 고려를 무너뜨리는 쪽으로 나아갈 수는 있겠죠. 그러나 한 나라를 무너뜨리는 것과 새 나라를 세우는 것은 차원이 다른 문제입니다. 뚜렷한 이념과 정책이 없을 경우, 농민군 이자성李自成이 북경의 자금성紫禁城을 점령하고도 결국 청나라에게 다시 내줄 수밖에 없었던 것처럼 반란군으로 끝나기 십상입니다. 정도전은 이성계의 군대에게 이념과 정책의 외피를 입혔습니다. 그래서 이성계의 군대는 정도전 머릿속의 이념, 정책과 결합하면서 비로소 혁명 무력으로 전환될 수 있었던 것입니다.

말 위의 사람 이성계와 서재의 사람 정도전이 만나면서 판이 질적으로 달라졌습니다. 우왕 1년(1375)에 유배형에 처해졌던 정도전이 만 8년에 걸친 기나긴 유랑 끝에 던진 승부수가 말 위의 사람 이성계를 만나는 것이었습니다. 이성계가 갖고 있는 군사력을 혁명 무력으로 전환시키는 것이었죠.《태조실록》7년의 〈정도전 졸기〉는 정도전을 비난하고 있는데, 개국할 즈음에 정도전이 취중에 가끔 "한 고조가 장자방張子房을 쓴 것이 아니라, 장자방이 한 고조를 쓴 것이다"라고 말한 것 때문입니다. 한 고조 유방劉邦이 장자방, 즉 장량張良을 쓴

것이 아니라 장량이 한 고조를 써서 한나라를 개국한 것처럼 이성계
가 자신을 쓴 것이 아니라 자신이 이성계를 써서 조선을 개국했다는
자부심이지요. 당시에는 정도전이 순수한 충성이 아니었다고 비난하
기 위해 적어놓은 구절이었지만, 지금은 칭찬으로 들립니다. 두 사람
이 만난 때가 우왕 9년, 즉 1383년입니다. 두 사람이 만난 지 햇수로
10년 만인 1392년에 고려의 474년 왕업이 무너지고 조선이 개창되
니 대단한 만남입니다.

🦎 군신 관계를 넘어서 동지로

저는 이성계와 정도전, 두 사람 모두 대단하다고 생각합니다. 두
사람은 역사에서 볼 수 있는 수장과 참모의 이상적인 형태를 보여주
었습니다. 이성계는 자신보다 일곱 살이 어린 정도전을 스승으로 대
접했습니다. 이성계는 정도전을 왕사로 높였고, 개국 후에도 이런 자
세를 유지했습니다. 태조 6년(1397) 12월, 이성계는 정도전을 동북면
도선무순찰사東北面都宣撫巡察使로 삼아서 북쪽으로 보냈습니다. 본격적
인 북벌 준비를 하게 한 것입니다. 이때 이성계는 중추원 부사副使 신
극공辛克恭 편에 정도전에게 가죽 옷 등을 보내면서 자신을 임금이 아
니라 '송헌거사松軒居士'라고 호칭했습니다. 군신 관계를 넘어선 사이
로 생각한다는 뜻입니다. 군신 관계를 뛰어넘는 동지라는 뜻이자 왕
사에 대한 존경의 표시지요.

그런데 이성계는 정도전을 왜 그리 높이 산 것일까요? 정도전이

개국 플랜을 갖고 있었기 때문입니다. 정도전의 개국 플랜은 무엇이었을까요? 그 핵심은 혁명적인 개혁입니다. 저는 정도전과 이성계의 개국 이념을 정도전이 쓴 《조선경국전朝鮮經國典》〈부전賦典〉의 한 구절에서 찾습니다. 여기에서 정도전은 "전하께서는 잠저에 계실 때 친히 그 폐단을 보시고 개연히 사전私田 혁파를 자신의 소임으로 여기셨다"라고 말합니다. 잠저란 잠룡潛龍이라는 용어에서 유래한 말로, 즉위하기 전에 살던 집을 말합니다. '잠룡복호潛龍伏虎'라고도 합니다. '물속의 용, 엎드린 호랑이'라는 뜻이지요. 이 구절을 읽고 저는 정도전이 이성계를 데리고 사전의 폐단으로 고통받는 백성들의 실생활을 목도하게 하는 장면이 떠올랐습니다.

고려 말, 정치적으로는 도평의사사를 장악하고 경제적으로는 거대한 농장을 장악해서 고려의 정치·경제적 권력을 독점한 세력이 권문세족, 정도전의 표현에 따르면 구가세족입니다. 농업국가 고려를 지탱하던 토지제도인 전시과 체제를 무너뜨린 세력도 이들입니다. 이들은 때로는 나라로부터 받은 사전賜田이란 명목으로, 때로는 권력을 동원해 백성들의 토지를 빼앗았습니다. 그래서 《고려사》에서 "당시 권귀權貴와 환관들이 모두 사전을 받아 많은 것은 2,000~3,000결에 이르렀는데, 각기 좋은 땅을 차지하고도 모두 부역賦役은 한 푼도 내지 않았다"라고 비판하는 것입니다.

이때의 1결이란 쌀 300말 정도가 나는 농지 면적을 말합니다. 정확하지는 않지만 세종 때의 전분田分 6등급에 따르면, 1결의 면적은 1등급의 경우 약 3,300평(약 1만 제곱미터) 정도입니다. 그러니 3,000결이면 무려 약 1,000만 평의 토지를 장악하고도 세금 한 푼 안 냈다는 말입니다.

그런데 농토는 한정되어 있는 유한재有限財입니다. 이 땅이 다 어디에서 났겠습니까? 당연히 농민들로부터 빼앗은 것이죠. 그래서《고려사》〈식화지〉에는 "권세가들이 남의 땅을 조상으로부터 물려받은 땅이라고 우기면서 주인을 내쫓고 땅을 빼앗아 한 땅의 주인이 대여섯 명이 넘기도 하여 전호들은 세금으로 소출의 8~9할을 내야 한다"라는 말도 있습니다.

가난한 농민들은 10분의 1의 세금만 납부하고 나머지를 다 가져도 생활이 그리 넉넉하지는 못할 것입니다. 그런데 소출의 8~9할을 세금으로 납부하면 무엇으로 먹고살겠습니까? 그러니 백성들은 농지에서 쫓겨나 타향 각지를 유랑하거나 권세가들에게 투탁投託해서 스스로 노비가 되는 수밖에 없었습니다. 권세가들이 농민들의 토지를 빼앗고 집안의 노비로 만든 것은 그보다 더 많았습니다. 권세가들이 자유민인 양인良人들을 억눌러서 노비로 만드는 것을 '누를 압壓' 자를 써서 '압량위천壓良爲賤'이라고 합니다. 그러니 나라에 세금을 납부하는 양민良民들은 점차 사라지고 노비들만 득실거리게 되었습니다. 나라에 세금을 바칠 양민들이 사라지자 나라도 가난해졌습니다. 그러나 원래는 이렇지 않았습니다. 정도전은《조선경국전》〈부전〉에서 원래의 토지제도를 이렇게 설명했습니다.

옛날에는 농지를 관官이 소유하고 민民(백성)에게 주었기 때문에 민이 경작하는 것은 모두 관에서 준 것이었다. 천하의 민으로서 농지를 받지 않은 자가 없었고, 경작하지 않는 자가 없었다. 그래

서 빈부나 강약이 지나치지 않았으며, 그 농지의 소출이 다 공가公
家(관청)로 들어가서 나라 역시 부유했다.

《조선경국전》〈부전〉 '경리經理' 조

유학자들을 복고주의자라고 한다면, 바로 이런 의미에서 복고주
의자라고 하는 것입니다. 옛날에는 모든 토지가 관의 소유였고, 관
에서 백성들에게 토지를 고르게 나누어 주었습니다. 그래서 백성
들 사이에 빈부 격차가 그리 심하지 않았다는 것이지요. 그리고 세
금이 모두 관으로 들어가므로 백성도 부유하고 나라도 부유했다는
것입니다. 정도전은 이어서 고려 말의 상황에 대해 강하게 비판합
니다.

토지제도가 무너지면서 세력 있고 강한 자는 남의 토지를 겸병해
서 농토가 끝도 없이 이어졌지만, 가난한 자는 송곳 꽂을 땅도 없
게 되었다. 그래서 가난한 사람은 부자의 토지를 빌려서 1년 내내
부지런히 고생해도 식량이 오히려 부족했지만, 부자는 편안히 앉
아 용전인傭佃人(소작인)을 부려서 그 소출의 태반을 먹었다. 공가
는 팔짱을 끼고 구경하고 그 이득을 갖지 못하니 민은 더욱 괴로
워지고, 나라는 더욱 가난해졌다.

《조선경국전》〈부전〉 '경리' 조

"전하께서는 잠저에 계실 때 친히 그 폐단을 보시고 개연히 사전
혁파를 자신의 소임으로 여기셨다"라는 말은 정도전이 고려라는 나

라가, 그리고 고려 백성들이 처해 있는 비참한 현실에 대해 설명하고 직접 현장을 다니며 확인시켰다는 뜻입니다. 그래서 이성계가 권세가들이 탈점한 사전 혁파를 자신의 소임으로 여기게 되었다는 뜻입니다. 권세가들이 탈점한 사전을 혁파하려면 어떻게 해야 할까요? 고려의 재상으로? 말도 되지 않습니다. 고려 재상들도 사전 때문에 자신의 봉급도 못 받는 형편으로 전락한 지 오래입니다. 결국 고려를 무너뜨리고 새 나라를 개창하는 방법밖에 없습니다. 이성계라고 500년 가까운 왕업을 무너뜨리는 데 주저하는 생각이 들지 않았을 리 없습니다. 또한 이성계는 남의 욕을 먹기 싫어하는 유형의 사람입니다. 이런 인물이 '역적逆賊'이라는 비난을 무릅쓰고 개국에 나서기란 쉽지 않습니다. 이런 이성계에게 정도전이 "반란이 아니라 혁명입니다"라고 설명하고, "하늘의 천명입니다"라고 주지시켰던 것입니다.

모든 사물에는 양면성이 있습니다. 성리학도 조선 말 주자학 유일사상에 빠진 사대주의 유학자들이 사용하면 극도로 수구적인 사상이 되지만, 정도전 같은 개혁사상가가 사용하면 변혁의 논리가 됩니다.《정도전과 그의 시대》에서《예기禮記》〈예운禮運〉편에 나오는 공자의 대동사회와 소강사회에 대해 설명했는데, 여기서는《맹자孟子》〈진심盡心〉장에 나오는 맹자의 혁명 사상에 대해 살펴보겠습니다.

> 맹자가 말하기를 "민이 가장 귀하고, 사직이 그 다음이며, 임금은 가볍다. 그래서 구민丘民(들판의 백성)을 얻는 자는 천자가 되고, 천자를 얻는 자는 제후가 되며, 제후를 얻는 자는 대부大夫가 된다.

孟子曰, 民爲貴, 社稷次之, 君爲輕. 是故得乎丘民而爲天子, 得乎天子爲諸

侯, 得乎諸侯爲大夫.

《맹자》〈진심 하下〉

　공자가 약간 은유적인 현자賢者라면 맹자는 보다 직설적인 현자입
니다. "구민을 얻는 자는 천자가 된다(得乎丘民而爲天子)"라는 맹자의 말
보다 이성계를 움직인 말이 있었을까요? 부모의 묏자리니, 하늘에서
내린 금척이니, 목자득국이니 하는 것들은 모두 결과론에 꿰맞춘 사
례에 지나지 않습니다. 정도전은 이성계를 모시고 백성들의 비참한
광경을 직접 목도하게 했습니다. 만 8년 동안 천민들이 많이 사는 회
진현 거평부곡에서 귀양 살다가 여기저기 떠돌아다녔던 정도전만큼
백성들의 곤궁한 삶을 속속들이 알던 지식인을 찾기는 힘들었습니
다. 이성계와 함께 백성들의 곤궁한 참상을 돌아본 정도전이 "구민,
즉 이 들판의 백성을 얻는 자가 천자가 되는 것이 성인聖人의 말씀입
니다"라고 속삭였을 때 이성계는 어떤 심정이었을까요?
　이성계는 불교 신자입니다. 그것도 아주 독실한 불교 신자지요. 그
러나 고려 말의 불교는 이미 수신修身의 종교가 아니라 권세가들의
기득권을 옹호하는 체제 수호 이념으로 변질되어 있었습니다. 그래
서 이성계와 정도전은 불교를 정치에서 분리합니다. 특히 이성계는,
정치는 유학으로 하고, 수신은 불교로 하겠다고 마음먹습니다. 이성
계는 불교를 계속 신봉하면서도 죽기 직전까지 《불씨잡변佛氏雜辨》을
쓴 정도전을 왕사로 모셨습니다. 정도전도 승려들의 비문을 써주기
도 했으니, 불교 자체보다는 고려 말 불교가 가졌던 잘못된 현상에

대해 반대한 것이라고 볼 수 있습니다.

이성계는 많은 토지를 가진 대지주였습니다. 이성계는 공민왕 12년(1363) 3월 홍건적으로부터 개경을 수복하는 데 세운 공으로 익대공신 1등이 되었습니다. 또한 공양왕 원년(1389) 12월에는 공양왕을 추대한 공으로 다시 공신에 책봉되었고, 공양왕 3년(1391) 2월에는 회군回軍공신에 또다시 책봉되었습니다. 《고려사》는 회군공신으로 100결의 토지를 받았다고 기록하고 있으니, 앞의 공신 책봉 때도 부상으로 토지를 받았을 것입니다. 《태조실록》은 이성계가 요동정벌에 나섰을 당시 포천抱川 재벽동滓甓洞과 철현鐵峴에 전장田莊이 있었다고 말하고 있습니다. 재벽동에는 향처鄕妻 한씨가 살고, 철현에는 경처京妻 강씨가 살고 있었습니다. 이 두 곳 외에도 여러 전장이 더 있었을 것입니다. 이처럼 이성계는 대토지 소유자였으면서도 '모든 토지를 몰수하고 모든 백성에게 토지를 나누어 주자'는 '계구수전計口受田' 방식의 혁명적 토지개혁론을 받아들였습니다. 자신을 버려야 큰 사람이 됩니다. 자신의 작은 기득권에 연연하는 사람은 딱 그 정도 크기밖에 되지 못합니다.

정도전의 혁명사상과 만남으로써 이성계의 군대는 혁명 무력으로 전환되었습니다. 정도전은 이성계의 후원으로 우왕 1년 귀양에 처해진 지 9년 만에 다시 조정에 복귀했습니다. 이제 이성계는 옛사람이 아닙니다. 들판의 백성을 얻어서 천자가 되려는 사람입니다. 들판의 백성을 어떻게 얻겠습니까? 들판의 백성들이 가장 아파하는 문제를 해결해주어야 합니다. 즉, 혁명적인 토지 개혁을 단행해야 합니다.

그러나 아직 문제가 있습니다. 고려는 500년 가까이 유지되고 있는 왕조입니다. 500년 가까운 세월 동안 백성들은 왕씨를 임금으로 알고 지냈습니다. 할아버지의 할아버지 때부터 임금은 왕씨였습니다. 이런 사회에서 이씨가 왕이 되려고 합니다. 어찌 반발이 없겠습니까? 아무리 무너져 내리는 왕조라 한들 500년 가까이 유지되던 나라인데 어찌 지키려고 하는 세력이 없었겠습니까? 고려의 지주 최영을 비롯해 많은 사람이 고려 왕조를 지키기 위해 버티고 있었습니다. 그리고 그들의 반발도 만만치 않았습니다.

2장

고려 500년, 최후의 날

🐎 혼란에 빠진 원나라와 공민왕의 북강회수운동

고려의 멸망과 조선 왕조의 개창은 동아시아의 변화라는 큰 틀에서 바라볼 필요가 있습니다. 그러나 우리는 이런 관점을 놓치고 고려 내부의 일에만 초점을 맞춰 보는 데 익숙해 있습니다. 고려 말 조선 초, 대륙에서는 '원·명 교체'라고 불리는 큰 사건이 벌어집니다. 이성계가 고려 조정에 첫선을 보인 것은 공민왕 5년(1356)입니다. 명나라는 그보다 12년 후인 1368년에 건국됩니다. 이성계가 고려 조정에 등장하기 한 해 전, 이자춘은 공민왕의 북강회수운동에 가담합니다. 반면 쌍성총관 조소생은 공민왕에게 저항하다가 북쪽으로 도주하게 됩니다. 공민왕은 파란만장한 인생을 산 군주입니다. 재위 4년(1355) 북강회수운동에 나서고, 그 다음 해에 아주 중요한 일을 단행합니다.

기철奇轍 일당을 주살한 것입니다. 기철은 원나라 순제의 제2황후가 된 고려 여인 기씨奇氏의 오빠입니다.

원나라 순제에게는 세 명의 황후가 있었습니다. 첫 황후 답납실리答納失里(?~1335)는 흠찰欽察 부족 출신으로, 1333년에 황후로 책봉되었습니다. 그러나 불과 2년 만에 오빠인 태평왕太平王 당기세唐其勢가 모반에 연루되어 피살되었고, 답납실리 황후 역시 그 동생을 숨겨주었다가 발각되어 쫓겨나고 말았습니다. 그리고 승상 백안伯顏에게 독살되고 맙니다.

1337년, 그 뒤를 이어 황후가 된 여인은 백안홀도伯顏忽都입니다. 백안홀도는 순제가 다른 여인을 가까이해도 투기하지 않았다고 합니다. 전 황후의 비참한 죽음이 반면교사가 된 것이겠죠. 그래서 순제는 자신의 아들 애유식리달랍愛猷識理達臘을 낳은 기씨를 1340년에 제2황후로 삼을 수 있었던 것입니다. 중국은 물론 중동과 유럽 및 러시아까지 장악한 원 제국의 황후가 되다니 얼마나 대단한 성취를 했다고 생각했겠습니까? 그러나 이때는 이미 원나라가 과거의 영화를 잃고 무너져 내리는 시기였습니다. 원나라의 전성기 때였다면 기철 일당을 주살한다는 것은 꿈도 꾸지 못했을 것입니다.

공민왕이 북강회수운동을 벌인 것이나 기철 일당을 주살할 수 있었던 것은 원나라가 그만큼 약해졌기 때문에 가능했던 일입니다. 원나라는 왜 약화되었을까요? 인구에 비해 통치 지역이 너무 넓었다는 점과 라마불교를 너무 깊게 신봉했다는 점이 그 이유일 것입니다. 라마불교는 평생 한 번은 승려가 되어야 하고, 집안 남자 중 한 명은 승려가 되어야 한다고 합니다. 적은 인구로 광대한 지역을 통치하면서 이런 계율을 가진 종교가 국교가 되다 보니 급속도로 세가 약화된 것이 중요한 요인입니다.

게다가 중국 남방에서는 주원장朱元璋(1328~1398)이 나타나 급속도로 세를 불리고 있었습니다. 주원장은 원명이 중팔重八인데, 지금의 안후이성(安徽省) 봉양현鳳陽縣에서 태어났습니다. 원명이 중팔인 데서 짐작할 수 있듯이 평민 출신입니다. 원나라의 지배력이 약화되자 여기저기서 봉기군이 일어났는데, 처음에는 장사성張士誠, 진우량陳友諒 등이 반원反元 봉기를 주도했습니다. 한나라를 건국한 진우량이 가장 강했는데, 주원장은 1363년 당시 중국에서 가장 큰 담수호였던 중국 남방의 파양호鄱陽湖에서 진우량 군과 맞부딪칩니다. 이를 중국사에서는 '파양호의 전투'라고 부릅니다. 이때 진우량 군은 무려 60만이었고, 주원장 군은 20만이었습니다. 주원장은 병력의 열세를 딛고 동북에서 불어오는 바람을 이용해 화공火攻을 펼쳐 진우량 군을 꺾었습니다. 이에 힘을 얻어서 이듬해 오왕吳王으로 자립합니다.

중국사에는 일정한 패턴이 있습니다. 처음 봉기해서 세력이 좀 커지면 장군을 자칭하다가 조금 더 커지면 왕을 자칭하고, 세가 더 커지면 황제를 자칭하는 것이죠. 실패하면 비적匪賊으로 몰려 사형당하지만, 성공하면 당대에 황제까지 됩니다. 한나라를 건국한 유방도 농민 출신이고, 주원장도 농민 출신입니다. 농민 출신이 당대에 황제까지 오릅니다. 한국사에서는 이런 사례를 찾을 수 없습니다. 그만큼 한국 사회가 보수적이라는 이야기도 됩니다.

왕을 자칭했던 주원장은 남방을 통일하자 황제가 되고 싶다는 생각이 들었습니다. 그는 원나라 순제의 연호였던 지정 28년(1368) 1

明太祖眞像
周祖洪祖孫平字

▲ 명 태조 주원장

월, 응천부應天府에서 황제를 자칭하며 즉위하고 홍무洪武를 연호로 삼습니다. 응천부는 지금의 남경南京인데, 이렇게 세운 제국이 명明나라였습니다. 그리고 그해 윤7월 서달徐達을 보내서 북벌을 단행하게 합니다. 원나라를 공격하는 것입니다.

서달은 주원장과 같은 고향 출신이자 어린 시절 친구였는데, 지정 13년(1353) 홍건군紅巾軍 곽자흥郭子興 부대에 가담합니다. 고려를 침략했던 홍건적도 이런 부류입니다. 주로 명교明敎, 미륵교, 백련교白蓮敎의 신자들이 봉기에 가담했는데, 명교는 마니교摩尼敎, 또는 모니교牟尼敎라고도 합니다. 이들은 홍기紅旗를 들고 머리에 붉은 두건을 썼기에 홍건紅巾이나 홍군紅軍으로 불렸습니다. 서달이 당시 대도大都라고 불렸던 북경을 공격하자 기황후奇皇后의 남편이었던 원나라 순제는 태자를 데리고 한밤중에 성을 빠져나와 북쪽 초원 지대로 달아납니다. 서달의 공격 한 방에 대원 제국은 북경을 빼앗기고 북쪽 초원 지대로 쫓겨 갔는데, 이를 북원北元이라고 합니다. 서달은 이 공 때문인지 나중에도 숙청되지 않았습니다. 주원장은 중원을 통일한 후 공신들을 가혹하게 숙청해서 한때 오른팔이나 왼팔 격이었던 이선장李善長, 호유용胡惟庸, 왕광

양江廣洋 등을 모두 죽여버렸습니다. 그 자식들도 대부분 비참한 꼴을 당했습니다. 토사구팽의 전형입니다. 반면 서달은 자식과 함께 고종 명考終命했는데, 개국공신 중 화를 입지 않은 드문 경우였습니다.

원나라가 북쪽으로 쫓겨난 때는 공민왕 17년(1368)입니다. 이성계가 고려 조정에 선을 보인 지 12년 후죠. 공민왕이 반원 정책을 추구한 것이 옳았다는 사실이 증명된 셈입니다. 같은 해에 명나라가 건국되지만, 아직 명나라는 중원 전역을 장악하지는 못하고 있었습니다.

공민왕은 재위 21년(1372) 홍사범洪師範을 명나라에 사신으로 보내 한 해 전에 명나라가 사천四川 지역에서 봉기했던 명승明昇을 평정한 것을 축하했습니다. 정몽주鄭夢周가 서장관書狀官으로 홍사범을 따라 명나라로 갔습니다. 이때 명나라 수도는 남경이었는데, 아직 만주가 안정되지 못했기 때문에 배를 타고 가야 하는 험한 길이었습니다. 남경까지 무사히 가서 명 태조 주원장을 만난 것까지는 좋았지만, 귀국 길이 문제였습니다. 바다 가운데 허산許山이란 곳에 이르렀을 때 회오리바람이 일었습니다. 배가 파선해서 바위섬에 겨우 표착했는데, 이 와중에 정사 홍사범은 그만 익사하고 말았습니다. 홍사범은 남양부원군南陽府院君 홍규洪奎의 증손이자 문하시중 홍언박洪彦博의 아들인데, 이런 명가 출신인 그가 사신으로 다녀오는 길에 죽었으니 당시 명나라와 외교 관계를 유지한다는 것이 얼마나 힘든 일인지 알 수 있습니다. 이때 정몽주는 말안장 안쪽에 흙이 튀지 말라고 까는 말다래 같은 것을 먹으면서 13일 동안이나 버텼다고 합니다.

이런 사실이 알려지자 주원장은 선박을 보내 정몽주를 맞아 후한 대접을 하고 귀국시켜 주었습니다. 이 사건으로 정몽주는 명나라 주원장으로부터 직접 신임을 받는 인물이 됩니다.《고려사》〈정몽주 열전〉은 "정몽주는 고려가 건국되자 그 조정에 적극 요청해서 가장 먼저 명나라에 귀부했다"라고 전하고 있는데, 이 사건은 그렇지 않아도 적극적인 친명파였던 정몽주를 숙명적 친명파로 만들었습니다. 저는 이 사건이 정몽주에게 친명을 이념으로 만든 계기가 아닐까 생각합니다. 어떤 사람들은 정몽주가 당연히 위화도 회군에 반대했던 것으로 알고 있습니다. 그래서 정몽주가 위화도 회군에 찬성해서 회군공신까지 되었다고 하면 크게 놀랍니다. 의외라는 반응을 보이는 경우가 대부분입니다. 저는 정몽주가 위화도 회군에 찬성한 가장 큰 이유를 거의 이념 수준이 되어버린 친명 성향의 표출이라고 해석하고 있습니다. 마찬가지로 이성계가 나중에 정도전과 요동정벌에 나서는 것은 친원파로 살아온 젊은 시절의 경험이 개입된 것이라고 보고 있습니다.

🜨 공민왕 시해 사건

공민왕이 재위 23년(1374) 9월 살해되면서 고려 정국은 격랑 속으로 빠져듭니다.《고려사》나《고려사절요高麗史節要》가 묘사하는 공민왕의 시해 상황은 잘 이해되지 않습니다. 공민왕은 미남자들로 자제위子弟衛를 설치하고 홍륜洪倫에게 여러 왕비를 성폭행하게 했는데, 익비益妃가 거절하자 공민왕이 칼을 뽑아 치려고 하니 왕비가 할 수 없이 홍륜을 받아들였다고 서술하고 있습니다. 그 결과 익비가 임신했는데, 공민왕은 최만생崔萬生에게 이 소식을 듣고 크게 기뻐하면서 홍륜 등을 죽여서 입막음하겠다고 했다는 것입니다. 그러고는 최만생에게 "너도 이 사실을 알고 있으니 죽여야겠다"라고 미리 말했다는 것이지요. 그래서 그날 밤에 홍륜, 최만생 등이 공민왕을 시해했다는 것이《고려사》나《고려사절요》등이 설명하는 사건의 전말입니다.

공민왕이 익비를 강제로 성폭행하게 했다는 것이나, 최만생에게 '너도 죽이겠다'고 미리 말했다는 것은 믿기가 힘듭니다. 자신의 왕비를 성폭행하게 하고, 최만생에게 '너도 죽이겠다'고 미리 말하고는 가만히 앉아서 죽음을 맞을 인물이 누가 있겠습니까? 홍륜과 최만생 등은 "적이 밖에서 들어와 공민왕을 시해했다"라고 말했지만, 곧 발각되어 죽임을 당했습니다.

고려를 원나라로부터 독립시켜 독립 왕조를 재건하려 했던 야심만만했던 공민왕은 이렇게 세상을 떠났습니다. 국왕을 시해했을 때 문제는 그 다음입니다. 국왕 시해를 모의하는 세력은 국왕 이후의 정국 구상을 반드시 갖고 있기 마련입니다. 홍륜, 최만생 등의 자제위 소년들이 미래에 대한 아무런 대비책도 없이 공민왕을 시해했다는 것도 이해하기 힘듭니다. 이런 사건에는 항상 거대한 세력이 배후에 있기 마련입니다.

이 사건은《고려사》나《고려사절요》처럼 고려를 멸망시키고 조선을 개창한 측의 설명만으로는 이해할 수 없습니다. 정조 때의 학자 안정복安鼎福이《동사강목東史綱目》〈고이考異〉편에서 "궁중의 비밀과 방 안에서 희롱한 일을 사관이 어떻게 기록했겠는가?"라면서 공민왕의 음행에 대해 조선 개국공신들이 "지어낸 말을 사신史臣이 기록한 것"에 불과하다고 비판한 것이 일리 있는 말입니다.《고려사》는 우왕, 창왕을 신우, 신창이라고 적어서 공민왕의 후손이 아니라 승려 신돈의 후손이라고 쓴 역사서입니다.《고려사》의 앞부분은 몰라도 이성계 일파가 등장한 이후의 기록은 조선 개창을 합리화하기 위해 많은 부분을 자의적으로 외곡하거나 고쳤다고 보아야 합니다.

그렇다면 그 배후 세력은 누구일까요? 일단 원나라를 지지하는 세력이 배후에 있었다고 생각해볼 수 있습니다. 공민왕은 반원 군주였습니다. 이 시기의 반원은 곧 친명이라는 뜻이 됩니다. 따라서 공민왕 시해 사건은 공민왕의 반원친명 정책에 불만을 품은 원나라 지지 세력이 배후일 가능성이 큽니다.

여기에서 중요한 것이 이인임李仁任의 역할입니다. 공민왕 시해 현장을 목도한 인물은 환관 이강달李剛達입니다. 이강달이 침전에 들어가니 온 방이 피투성이가 되어 있었습니다. 시해 현장을 목도한 이강달은 임금이 편찮다면서 문을 닫아걸어 사람들의 출입을 금지했습니다. 그리고 경복흥, 이인임, 안사기安師琦 등을 불러 진상을 말하고 역적 토벌을 논의했습니다.

《고려사》〈홍륜 열전〉 등에 따르면, 이때 이인임은 '신조神照'라는 승려를 의심했다고 합니다. 신조는 공민왕이 총애하던 승려로 궁중에 무상출입했는데, 그가 심왕瀋王의 아들 탈탈첩목아脫脫帖木兒(톡토테무르)와 내통해서 왕위를 빼앗으려 한 것으로 생각했다는 것입니다. 친원파였던 이인임조차 친원파를 의심했다는 것이지요. 그래서 신조를 하옥했는데, 후에 최만생의 옷에 피가 묻어 있는 것을 보고 최만생을 국문해 그 진상을 알아냈다는 것입니다. 다행히 풀려난 신조는 나중에 요동정벌 때 이성계와 노선을 같이해서 회군공신이 되기도 합니다. 이런 점을 보면 친원파 이인임은 공민왕 시해 사건과는 직접적인 관련은 없는 듯합니다. 그러나 그는 이 기회를 놓치지 않고 자신이 지지하는 종친을 왕위에 올리려는 계획을 세웠습니다.

《고려사》〈이인임 열전〉은 이때 차기 국왕에 대해 두 흐름이 있었다고 전하고 있습니다. 첫째가 경복흥과 명덕태후明德太后(1298~1380)의 움직임으로, 이들은 종친을 왕으로 세우려고 했습니다. 종친이란 왕의 아들이 아니라 친척을 말하는 것입니다. 충숙왕 때 덕비德妃가 되었던 명덕태후는 공민왕의 모친입니다. 둘째가 이인임의 움직임으로, 이인임은 어린 임금을 세워 국정을 장악하려는 의도에서 우왕을 세우려 했습니다. '종친옹립론'과 '왕우王禑옹립론'의 대결인 셈인데, 과연 실제로도 그랬는지는 의심스럽습니다. 《고려사》는 왕우를 시종 신우라고 써서 공민왕의 아들이 아니라고 주장하는 책입니다. 과연 왕우가 공민왕의 아들이 아니라 신돈의 아들일까요? 조선 개창 세력의 창작일 가능성이 큽니다. 노선 싸움에서 결국 '왕우옹립론'이 승리하는데, 《고려사》〈이인임 열전〉은 밀직 왕안덕王安德과 영녕군永寧君 왕유王瑜 등이 이인임의 뜻에 영합해 "선왕께서 대군大君 왕우를 후사로 삼으셨는데, 그 뜻을 저버리고 어디에서 후사를 구하겠는가?"라고 큰소리로 외치자 왕우가 후사로 결정되었다고 말하고 있습니다. 그런데 이 와중에 또 큰 사건이 발생합니다. 명나라 사신 채빈蔡斌 암살 사건입니다.

🦋 명 사신 채빈 암살과 친원파의 승리

공민왕이 시해당했을 당시 최영 장군은 어디에 있었을까요? 그때 최영은 제주도에 있었습니다. 이 또한 당시의 원·명 관계를 이해해야 해석할 수 있습니다. 공민왕은 원나라와의 관계를 끊고 명나라와 화친하려고 노력했지만, 명나라는 이를 고마워하기는커녕 끊임없이 고려에 무리한 요구를 해왔습니다.

공민왕이 세상을 떠나던 재위 23년(1374) 4월, 명나라는 자목대사孳牧大使 채빈과 예부주사禮部主事 임밀林密 등을 사신으로 보냈습니다. 그런데 사신이 와서 요구하는 것이 제주도의 말 2,000필을 바치라는 것이었습니다. 당시 제주도에서는 원나라의 벼슬인 합적哈赤(카치)으로 있던 석질리필사石迭里必思(시데르비스), 관음보觀音保 등이 말을 키우고 있었습니다. 명나라의 요구를 받은 공민왕은 제주도로 사람을 보내 말을 보낼 것을 요구했는데, 제주도에서는 300필만 보냈습니다. 원나라 벼슬아치들이 명나라의 요구에 흔쾌히 응할 리는 없었던 것이지요. 화가 난 공민왕은 그해 7월 최영을 양광도·전라도·경상도 도통사로 삼아서 전함 314척과 군사 2만 5,600명을 거느리고 제주도를 토벌하게 했습니다.

《고려사》〈최영 열전〉은 이 토벌에 대해 자세히 기록하고 있는데, 조선을 건국한 유학자들의 시각이 많이 들어가 있습니다. 친원파인 최영이 원나라 잔존 세력을 토벌하는 것이니 자세하게 기록한 것입니다. 최영이 많은 고생 끝에 제주도 정벌을 마치고 개경에 돌아온 것은 같은 해 10월이었습니다.《고려사》〈최영 열전〉은 "최영이 장수들과 함께 귀환해 보니 공민왕이 이미 세상을 떠났으므로 왕의 빈소에서 보고를 올리며 통곡하다가 목이 메었다"라고 전하고 있습니다. 최영이 개경에 있었다면 공민왕이 죽지 않았을 수도 있다는 생각도 듭니다. 최영이 개경에 없는 틈을 타서 공민왕을 시해했을 가능성도 있는 것입니다.

그런데 이때 고려에 온 명나라 사신 채빈 등의 행태가 가관입니다. 그해 6월 도당都堂(도평의사사)에서 채빈과 임밀 등을 위해 큰 잔치를 베풀어주었습니다. 채빈을 접대하던 한 기생이 채빈의 모자에 꽃을 꽂아주었는데, 채빈은 그것이 바르지 못하다고 크게 화를 냈습니다. 채빈은 말을 타고 돌아가겠다고 으름장을 놓았는데, 공민왕은 이 소식을 듣고 김흥경金興慶에게 금교역金郊驛까지 뒤쫓아 가서 데려오게 했습니다. 또한 시중 염제신廉悌臣을 경기도 광주廣州로 유배 보내 채빈 일행을 달랬습니다. 채빈은 아들인 채집밀蔡執密과 함께 왔는데, "성품이 황패하여 사람을 구타하고 꾸짖기를 좋아하니, 시중 이하 여러 재상이 모두 능욕을 당했다"라는 기록이 있을 정도로 횡포가 심했습니다. 또한《고려사》에서 "채빈 등을 접대하느라 부고府庫가 비었다"라고 기록할 정도로 접대 비용도 엄청났습니다. 명나라의 행태를 보면 긍정적인 면을 찾기 힘든데도 친명 사대주의가 판을 쳤으니 이해하기 힘든 상황입니다.

어쨌든 제주도에서 말 호송을 거부하는 바람에 군사까지 동원하는 것을 본 채빈은 300필의 말만 가지고 귀환길에 올랐습니다. 그런데 이때 채빈 일행을 배웅하던 인물이 동지밀직사사同知密直司事 김의

金義입니다. 김의는 압록강 건너 지금의 랴오닝성遼寧省 봉성시鳳城市 지역에서 채빈과 그 아들 채집밀을 죽였습니다. 그리고 임밀을 사로잡아서 요동의 나하추에게 도주했습니다. 이때가 공민왕이 세상을 떠난 지 두 달 후인 우왕 원년 11월입니다.

반원친명 정책을 수행하던 공민왕의 사망과 명 사신 채빈 일행의 암살은 아무 관련이 없을까요? 아주 밀접한 관련이 있는 사건입니다. 크게 보면 친원파와 친명파의 대립이 공민왕 암살과 명 사신 채빈 일행의 암살 사건을 일으킨 것입니다. 그런데《고려사》〈이인임 열전〉은 이 사건을 이인임의 사주에 의한 것으로 설명하고 있습니다. '어떤 사람'이 이인임에게 "옛날부터 왕이 시역弑逆을 당하면 재상이 먼저 그 죄를 받는 법인데, 명나라 황제가 선왕의 변고를 들으면 반드시 문죄하는 군사를 일으킬 것이니 공이 면하지 못할 것이다. 원나라와 화친하는 편이 낫다"라며 친원 정책으로 다시 선회하자고 주장했다는 것입니다. 그래서 이인임이 찬성사贊成事 안사기를 김의에게 보내서 죽이라고 사주했다는 것입니다. 그러나 이때 이인임을 설득한 인물에 대해서 '어떤 사람'이라고만 말하고 이름을 특정하지는 못해 사실인지 여부는 분명치 않습니다. 이인임이 친원파이기는 하지만, 그렇다고 명나라 사신을 죽일 정도로 골수 친원파인지에 대해서는 의문이 생깁니다.

어쨌든 공민왕이 시해당하고 명 사신 채빈 일행이 암살당한 이 사건은 고려 조정 내에서 친명파가 쇠퇴하고 친원파가 다시 득세하는 계기가 되었습니다. 이인임은 백관과 함께 연명連名으로 글을 적어 원나라 중서성에 국서를 보내 우왕의 즉위를 인정해달라고 요청하려 했습니다. 그러자 대부분 유학자였던 젊은 친명파들이 반발하고 나섭니다.

당시 전의부령典儀副令으로 있던 정도전은 대좌언代左言 임박林樸 등과 함께 원나라에 보내는 국서에 서명을 거부하면서 "선왕께서 계책을 결정하여 남쪽의 명나라를 섬겼는데, 이제 북쪽의 원나라를 섬기는 것은 부당하다"라고 항의했습니다. 그러나 국서는 북원에 전달되었고, 북원에서는 "공민왕이 우리를 배반하고 명나라에 붙었기 때문에 너희 나라의 임금을 죽인 죄를 용서한다"라는 전갈을 보내왔습니다. 그리고 북원의 사신이 고려에 오려고 하자 친명파 유학자들이 극력 반대했습니다. 정도전과 이숭인李崇仁 등은 도당에 글을 올려 "만일 원나라 사신을 맞는다면 온 나라 신민이 모두 난적亂賊의 죄에 빠지게 될 것입니다. 다른 날 무슨 면목으로 현릉玄陵(공민왕)을 지하에서 뵙겠습니까?"라고 원나라 사신을 받아들이는 것을 격렬하게 성토했습니다.

정몽주도 10여 명의 유학자들과 상소를 올려 강하게 반대했습니다. 명나라에 직접 가보았던 정몽주는 원나라는 지는 해고, 명나라는 뜨는 해라는 인식을 분명히 갖고 있었습니다. 정몽주는 김의가 채빈을 죽인 사건을 예로 들면서 "우리가 원나라와 통교하고 김의의 죄를 불문에 부쳤다는 말을 들으면 명나라에서 분명 우리가 적과 내통해 사신을 죽였다고 의심할 것"이라면서 "명나라에서 죄를 묻는다고 군사를 일으켜 바다와 육지로 한꺼번에 쳐들어오면 나라에서는 장차 무슨 말로 변명하겠습니까?"라고 말했습니다. 심지어 정몽주는 명나라가 만주에 설치한 정료위定遼衛와 손잡고 북원 정벌을 선포할 것을 주장하기까지 했습니다. 그러면 "원나라의 잔당들은 자취를 거두어 멀리 달아나고, 우리나라는 무궁한 복록을 기약할 수 있을 것"이라는 주장입니다.

외교 문제를 두고 이인임 등의 친원파와 정몽주, 정도전 등의 친명파가 정면에서 충돌한 것입니다. 이 무렵 가장 강경했던 친명 유학자가 정도전입니다. 이인임 등이 정도전에게 원나라 사신을 맞이하라고 명령하자 정도전은 경복흥을 찾아가 "나는 원나라 사신의 목을 베어 오든지, 아니면 오라 지워서 명나라로 보내겠소"라고 항의했고, 이 때문에 정도전은 전라도 나주 유배형에 처해집니다.

그런데 이때 실각한 친명 유학자는 정도전만이 아니었습니다. 정도전 못지않게 강력한 친명파였던 박상충朴尙衷과 전녹생田祿生은 국문을 당해 유배 가는 도중에 길에서 죽고 맙니다. 박상진朴尙眞 등 여러 명은 곤장을 맞고 유배형에 처해졌습니다. 정몽주, 김구용金九容, 이숭인, 염흥방廉興邦 등도 유배형에 처해졌습니다. 그야말로 친명 신흥사대부들은 일패도지一敗塗地해서 조정에서 쫓겨난 것입니다. 정몽주는 지금의 울산광역시 언양군인 경상도 언양彦陽으로 유배 갔습니다. 우왕 2년(1376) 정도전과 정몽주는 원하는 곳에 살게 하는 종편 거처 방식으로 유배에서는 풀려났지만, 이후 두 사람의 운명은 크게 달라집니다.

정도전은 이후 조정에 복귀하지 못하고 전국을 떠돌며 유랑하는 신세로 전락한 반면, 정몽주는 조정에 복귀해 화려하게 재기합니다. 정몽주는 먼저 외교 문제로 조정에 복귀합니다. 왜구가 창궐하자 고려는 우왕 2년 나흥유羅興儒를 지금의 큐슈(九州)인 하카다(覇家臺)로 파견해서 왜구를 근절할 것을 명했습니다. 그런데 나흥유는 오히려 구금당했다가 겨우 살아서 돌아오는 신세가 되었습니다. 우왕 3년 (1377) 6월에는 안길상安吉祥을 다시 보냈지만, 역시 실패하고 말았습니다.

그러자 조정에서는 정몽주를 일본에 보빙사報聘使로 보냈습니다. 《고려사》〈정몽주 열전〉은 "권신들이 지난번 상소에 원한을 품고 정몽주를 천거한 것"이라면서 "사람들이 모두 위태롭게 여겼지만 정몽주는 전혀 난색을 나타내지 않았다"라고 설명하고 있습니다. 이때 정몽주는 하카다의 주장主將을 만나서 고금古今의 교린交隣하는 이해관계를 극력 진술했습니다. 그러자 일본의 주장이 경복해서 관사에서 후하게 대우했다고 합니다. 또한 승려들이 시詩를 지어달라고 요구하면 즉석에서 붓을 잡고 써주니, 승려들이 날마다 가마를 가지고 와서 경치 좋은 곳으로 구경 가자고 청했다고 합니다. 조선시대 통신사들이 일본에 가면 시를 청하던 풍습이 정몽주 때부터 시작되었다고 해도 과언이 아닌 셈입니다. 정몽주는 또 귀국할 때 윤명尹明, 안우세安遇世 등 그간 포로로 잡혀 있던 고려 사람 수백 명을 데리고 왔습니다. 외교에서 혁혁한 성과를 거둔 것입니다.

정몽주는 고려 조정 복귀 무대를 화려하게 성공시킨 셈입니다. 그래서 우왕 4년(1378) 정3품인 우산기상시右散騎常侍에 제배除拜되었고, 이후 예의판서禮儀判書 등을 역임하게 됩니다. 또한 우왕 6년 (1380)에는 이성계와 함께 운봉전투에 참전했습니다. 정도전이 전국 각지를 떠돌아다닐 때 다시 조정에 복귀한 정몽주는 승승장구하면서 이성계와 일종의 전우戰友 관계까지도 맺게 됩니다. 이렇게 같은 친명파에서 원수로 돌변하게 되었으니 인생 유전 드라마는 참으로 흥미롭습니다.

🐾 명나라의 횡포와 요동정벌

논리상 외교 관계는 수평적이어야 합니다. 그러나 고려 중기 이후 유학자들이 조정에 대거 포진하면서 수평적이어야 할 외교 관계가 수직적으로 변질되었습니다. 사대주의에 빠진 유학자들은 한족들이 왕조를 수립하면 천조天朝라고 부르고, 그 임금을 천자天子, 그의 사신을 천사天使라고 높였습니다. 그리고 자국의 임금을 제후諸侯로 낮췄습니다. 우리나라가 21세기 진정한 주권 국가가 되려면 이 사대주의를 뿌리 뽑아야 합니다.

사대주의란 타인의 시각으로 자신을 바라보는 것입니다. 타인이 주主가 되고, 자신이 객客이 되는 것을 주객전도主客顚倒라고 합니다. 주객전도를 객반위주客反爲主라고도 하는데, 객이 거꾸로 주인이 된다는 뜻입니다. 채빈이 횡포를 부린 것 등이 이런 전형적 사례지요. 현재 한국 사회는 이런 주객전도 현상이 모두 극복되지 않았습니다. 아직도 오리엔탈리즘을 채 극복하지 못하고 무조건 서양 것을 높이는 현상 등이 모두 청산되어야 할 사대주의입니다.

고려의 친명 유학자들이 그토록 명나라를 사모했지만 명나라는 도와주지 않았습니다. 오히려 고려의 짝사랑을 고려 내정 간섭의 호기로 여겼습니다. 고려는 우왕 4년(1378) 심덕부沈德符를 정조사正朝使

로 삼아 명나라에 보내고, 김보생金寶生을 사은사謝恩使로 보냈습니다. 그리고 명 태조 주원장의 연호인 홍무를 사용했습니다. 그러나 명나라는 숱한 고생 끝에 남경까지 찾아온 고려 사신에게 다시 무리한 요구를 합니다. 명나라는 아직 우왕의 왕위 계승을 인정하지 않는다면서, 우왕이 실제 통치를 하는 것인지, 권신權臣이 통치하는 것인지 알 수 없으니 집정 대신의 절반을 입조하게 하라고 요구했습니다. 또한 이해에는 공마貢馬 1,000필을 바치고, 다음 해부터는 매년 금 100근, 은 1만 냥, 세포細布 1만 필과 양마良馬 100필을 바치라고, 그리고 고려로 들어간 요동 사람 수만 명을 송환하라고도 요구했습니다.

정몽주는 북원과 전쟁을 선포하자고 주장하는 상소에서 "우리나라는 천하에서 가장 의로운 군주가 누구인가를 살펴서 섬겼다"라고 주장했습니다. 명나라 주원장이 '천하에서 가장 의로운 군주'라는 것이지요. 그러나 주원장은 천하에서 가장 의로운 군주가 아니었습니다. 의롭기는커녕 자신을 도와 명나라를 개창했던 개국공신들까지 대부분 죽여버린 배신의 인물이죠. '의義'가 아니라 평생 '이利'를 좇았던 군주였습니다. 나중에 조선 건국 후 요동정벌을 재차 추진하는 것도 주원장의 무리한 행태가 원인이 되었습니다.

이때 몽골 초원으로 쫓겨 간 북원(1368~1388)이 재차 흥기했다면 역사는 또 다른 방향으로 흘러갔을 것입니다. 북원은 명나라의 북벌을 여러 차례 막아내면서 버티고는 있었지만, 판세를 뒤집기에는 역부족이었습니다. 명나라는 심지어 앞서 말한 물품들을 보내지 않으면 북원을 정벌한 후 고려를 침략할 수도 있다고 협박했습니다. 거의 조직폭력배 수준입니다. 명나라의 이런 협박에 시중 윤환尹桓 등은 기발한 계책을 내놓습니다. 재상부터 평민까지 베를 차등 있게 염출撚出해서 응하자는 것이었죠. 그러자 최영이 "지금 변고가 잦아서 생업에 힘을 쏟을 수 없는데 또 베를 내게 한다면 그 폐해가 이루 헤아릴 수 없을 것입니다. 또한 명나라에서 요구하는 것이 끝이 없는데 어찌 모두 들어줄 수 있겠습니까?"라고 반대했습니다. 최영은 친명파라기보다는 친원파입니다. 그렇다고 명나라와 당장 전쟁을 하자는 것은 아니고, "먼저 사신을 보내서 세공歲貢 액수를 줄여달라고 요청해보고, 부득이하다면 윤환의 의견대로 하자"는 절충안이었습니다.

명나라의 이런 횡포는 이른바 친명파 유학자들의 입지를 좁혔습니다. 친명파들은 명나라를 예의禮義의 나라로 떠받들면서 북원과의 전쟁불사론까지 주창했지만, 정작 명나라는 고려를 수탈 대상으로밖에 보지 않는다는 사실이 입증된 셈이기 때문입니다. 당시 고려는 명나라에 매년 막대한 세공을 바칠 형편이 아니었습니다. 왜구가 다시 창궐했기 때문입니다.

《고려사》〈최영 열전〉에 따르면, 우왕 4년(1378) 왜구는 승천부昇天府에 침입해 장차 개경을 공격하겠다고 공언했습니다. 개경 코앞까지 왜구가 들어와 수도를 함락하겠다고 떠들자 온 나라가 소동에 빠졌습니다. 이때마다 고려는 최영에게 기댔습니다. 최영은 중군을 이끌고 해풍군海豊郡에 진을 치고 대치했습니다. 왜구는 "최영의 부대만 격파하면 개경을 장악할 수 있다"면서 고려 군사가 진을 친 다른 곳은 쳐다보지도 않고 지나쳐 최영이 이끄는 중군이 있는 해풍군으로 진격해 왔습니다. 최영은 "나라의 존망이 이 한 번의 싸움에 있다"

면서 부관 양백연楊伯淵과 함께 나가서 싸웠는데, 이성계도 이 싸움에 종군했습니다. 최영이 이끄는 고려 군사가 악전고투 끝에 승전을 거두었지만, 웬일인지 개경에는 패전했다고 전해졌습니다. 최영마저 패했다는 소식이 전해지자 인심이 흉흉해지고 사람들이 갈 곳을 몰라 우왕좌왕했습니다. 우왕까지 피난을 떠나려고 준비하고 있을 때 최영이 보낸 전령이 승전고勝戰鼓를 울리자 안도의 한숨을 쉬면서 백관들이 하례했습니다. 최영은 사직을 편안하게 만들었다는 공로로 안사安社공신이 됩니다.

명나라의 요구가 아니더라도 고려는 왜구 때문에 골치를 썩고 있었습니다. 경상도, 강릉도(현 강원도), 전라도에는 다시 왜구가 창궐해 백성들이 생업을 잃고, 굶어죽는 사람이 속출했습니다. 최영은 늘 백성의 마음으로 세상을 바라보는 인물입니다. 정도전은 백성의 시각으로 세상을 뒤엎어야 한다고 보았지만, 최영은 가능한 한 모든 수단을 다해 백성들을 살려야 한다고 주장했습니다. 어쩌면 혁명과 개혁의 차이인지도 모릅니다.

최영은 세 도에 명령을 내려서 임시 구호 기구인 시여장施與場을 설치하고, 관청의 쌀로 미음과 죽을 쑤어 백성들을 진휼했습니다. 이런 상황인데도 명나라의 무리한 요구는 계속되었습니다.《고려사》〈최영 열전〉은 최영이 요동정벌을 결심한 이유를 흥미롭게 묘사하고 있습니다. 그때 어떤 사람이 요동에서 도망쳐 왔는데, 명 태조 주원장이 처녀와 수재秀才, 환관 각각 1,000명과 소와 말 각각 1,000마리를 요구할 것이라고 도당에 제보했다는 것입니다. 도당에서 심각하게 우려한 것은 당연한 일이겠죠. 이때 최영이 이렇게 말했다고 합니다.

"이와 같다면 군사를 일으켜 명나라를 치겠다."

최영은 명나라에 대한 사대의 생각이 없었습니다. 고려의 국익에 이익이 되면 사대하겠지만, 이처럼 무리한 요구를 계속하면 명나라를 치겠다는 것입니다. 최영이 명나라를 그리 무서워하지 않았던 이유는 그가 한때 원나라까지 원정 가서 주원장 같은 봉기 세력을 진압한 경험이 있기 때문일 것입니다.

🐜 이인임의 몰락

《고려사》는 최영에 대해서는 비난하는 기사도 적지 않지만, 우호적인 기사도 많습니다. 정몽주에 대해서도 마찬가지입니다. 반면 이인임에 대해서는 비판적인 기사가 압도적으로 많습니다. 우왕에 대해서도 마찬가지입니다. 우왕이야 위화도 회군으로 자신들이 쫓아냈으니 그렇다 치고, 최영과 정몽주, 이인임에 대한 사뭇 다른 기준은 부패 문제에 집중되어 있습니다. 이인임이나 최영은 모두 친원파입니다. 비판하려면 다 같이 비판해야 하지만, 최영은 칭찬하는 기사가 많고, 이인임은 비난하는 기사가 많습니다.

저는 이 기사들을 볼 때 여러 생각이 듭니다. 나라가 위기에 빠졌다고 모든 중신이 몸을 바치는 것은 아닙니다. 대한제국이 위기에 빠졌을 때 집권 노론은 당수 이완용李完用을 중심으로 당론 차원에서 나라를 팔아먹었습니다. 고려 말의 상황도 마찬가지였습니다.

하지만 이인임이라고 처음부터 그랬던 것은 아닙니다. 이인임은 전통 명가 출신입니다. 이인임은 "이화梨花에 월백月白하고 은한銀漢이 삼경三更인제 / 일지춘심一枝春心을 자규子規야 알랴마는 / 다정多情도 병病인 양하여 잠 못 들어 하노라"라는 〈다정가多情歌〉라는 시조를 남긴 성산군星山君 이조년李兆年(1269~1343)의 손자입니다. 이조년은 충숙왕을 따라 원나라 수도 연경까지 갔는데, 심양왕瀋陽王 왕고王暠가 충숙왕의 왕위를 빼앗으려고 획책하자 극력 반대해서 저지시킨 인물입니다. 이런 공 때문에 성산군에 봉해졌습니다.

이인임은 이런 선조 덕분에 음서蔭敍로 조정에 나왔습니다. 조선의 음서가 2품 이상 관료의 자제가 과거를 거치지 않고 벼슬에 나갈 수 있는 제도인 반면, 고려의 음서는 5품 이상 관료의 자제가 과거 없이 벼슬에 나갈 수 있게 한 제도입니다. 그래서 고려를 조선에 비해 더 귀족사회로 보는 기준이 되기도 합니다.

음서로 전객시승典客寺丞이 된 이인임은 승진을 거듭했습니다. 이인임도 최영이나 이성계처럼 한때는 외적과 싸웠던 애국적인 벼슬아치였습니다. 공민왕 8년(1359)에 의주를 점령한 홍건적을 평정한 공으로 2등 공신에 책봉되었던 이인임은 같은 왕 11년(1362)에는 홍건적에 맞서서 개경을 수복한 공로로 1등 공신에 책봉되었습니다. 이때만 해도 이인임은 고려의 충신이었습니다.

구한말 독립협회 초대 위원장이 이완용입니다. 누구나 처음부터 나라를 팔아먹으려는 목적으로 태어난 것은 아닙니다. "민족중흥의 사명을 띠고 이 땅에 태어"나지도 않지만 "매국 매족의 임무를 띠고 이 땅에 태어"나지도 않는다는 뜻입니다. 미래는 자신이 만드는 것입니다. 하루하루 공동체를 생각하면서 살면 그것이 자신의 캐릭터가 되지만, 하루하루 자신만을 위해서 살면 급기야 나라를 팔아먹는 지경에까지 이릅니다.

이인임은 비록 과거 급제에는 실패하고 음서로 벼슬길에 나왔지만 지략이 많은 인물이었습니다. 공민왕과 기황후의 갈등이 절정에 달했을 때의 일입니다. 공민왕은 재위 5년(1356) 기철 일당을 전격적으로 주살했습니다. 분개한 기황후는 최유崔濡, 김용金鏞 등을 내세워 충선왕의 셋째 아들 덕흥군德興君을 고려왕으로 만들려고 계획했습니다. 이들은 공민왕 13년(1364)에 군대 1만 명을 거느리고 고려를 침략하려 했습니다.

공민왕은 경복흥을 도원수로 삼고 이인임을 서북면 도순무사 겸 평양윤平壤尹으로 삼아 격퇴하라고 명령했습니다. 이때는 아직 원나라가 초원 지대로 쫓겨나기 전이어서 나름대로 힘이 있었습니다. 또한 기황후가 옹립하려는 덕흥군은 충선왕의 아들이니 명분도 있었습니다. 그러자 공민왕은 변방 장수들이 덕흥군에게 호응할까 두려워졌습니다. 그래서 모든 작전 지시를 개경에서 받아서 시행하게 했습니다. 전투에서는 가장 중요한 것이 현장의 상황입니다. 현장의 장수에게 지휘권이 없으면 대부분 패하고 맙니다. 장수들은 지휘권이 없어서 우왕좌왕하고, 병사들은 여름에 출병했는데 겨울이 되도록 교대되지 않으니 불만이 하늘을 찔렀습니다. 심지어 도순찰사 이구수李龜壽가 봉주鳳州에 이르렀을 때 산하 군졸들이 덕흥군에게 동조했다가 처형당하는 일까지 발생합니다.

공민왕은 경복흥에게 서북 지역을 지키게 한 후 안우경安遇慶 등 여러 장수에게 압록강을 건너서 공격하라고 명령했습니다. 그런데 이인임은 압록강을 건너고 싶지 않았습니다. 잘못 건넜다가 판세가 어떻게 될지 모른다고 생각한 것입니다. 그래서 이인임은 계책을 생각해냈습니다. 이인임은 도원수부 진무鎭撫 하을지河乙沚에게 이구수의 군졸들이 모반할 때 나왔던 글들을 공민왕에게 전달하게 했습니다. 이를 본 공민왕은 군사들이 덕흥군에게 동조할까 두려워 강을 건너지 말라고 구두로 명령했습니다. 결국 경복흥의 군대는 압록강을 건너지 않았고, 덕흥군의 군대는 압록강을 건너 남하했다가 지금의 평안북도 정주定州 지역인 수주隨州에서 최영에게 패해 원나라로 되돌아가고 말았습니다.

이인임은 공민왕 사후 우왕을 옹립하고, 친명파와의 노선 투쟁에서 승리해 권력을 장악했습니다. 그런데 이때부터 《고려사》〈이인임 열전〉에는 비난하는 기사가 폭주합니다. 이인임이 "권세를 잡고 자기 사람을 요직에 심으니 온 나라 사람들이 빌붙었다"면서 "뇌물이 얼마나 되는지, 얼마나 자주 문안하러 왔는지를 가지고 관직을 주거나 내쫓았다"라고 비판하고 있습니다. 그러나 우왕은 이인임을 신임했습니다. 우왕은 이인임과 경복흥에게 교서를 내려 "어린 나에게 조종의 유업遺業을 잇게 해서 사직을 다시 편안하게 만들어 지금에 이르게 했으니 강산이 마르고 닳도록 그 공적을 잊기 어렵다"라고 치하했습니다. 그리고 전田 200결과 노비 15구□씩을 하사하고, 반역죄 외에는 모두 용서하겠다고 다짐했습니다.

견제받지 않는 권력은 부패하기 마련인데 이인임에게 이런 권력을 주었으니, 그렇지 않아도 재물욕이 많은 인물인 이인임은 남의 재물 빼앗기에 더욱 열중했습니다. 《고려사》〈이인임 열전〉은 "나라에는 열흘간의 비축도 없었지만 이인임은 온 나라에 걸쳐서 전원田園과 노비를 소유했다"라고 비판하고 있습니다. 또한 그의 힘으로 고위 관직에 오른 자마다 이인임을 따라 남의 농토와 백성을 빼앗고 국사를 돌보지 않아서 사람들이 그들을 두고 '제조노비提調奴婢'라고 비꼬았다고도 전합니다.

결국 온 나라 사람들의 원성을 사던 이인임에게도 몰락의 날이 다가왔습니다. 우왕 14년(1388), 이인임의 일파인 염흥방의 가노家奴 이광李光이 전 밀직부사 조반趙胖의 토지를 빼앗은 사건이 발생했습니다. 밀직부사는 정3품의 고관인데, 이런 고위직을 역임한 조반의 땅까지 일개 가노가 빼앗을 정도면 일반 백성의 처지는 어땠을지 보지 않아도 알 수 있습니다. 격분한 조반이 이광을 죽이자 염흥방은 조반을 반역죄로 몰아 순군巡軍에 가두고 심하게 고문했습니다.

이인임이 이런 전횡을 할 수 있었던 데는 우왕의 책임도 컸습니다. 이인임의 일파인 염흥방의 가노가 조반의 땅을 빼앗는 사태까지 발생하자 우왕은 비로소 이인임이 문제라는 사실을 깨닫고 이인임을 내치려고 했습니다. 여기에 최영과 이성계 등이 가세하면서 우왕은 동력을 얻었습니다. 우왕은 이인임의 우익인 염흥방, 임견미林堅味 등은 처형했지만, 이인임 자신은 지금의 경상북도 성주인 경산부京山府로 유배 보내는 선에서 그칩니다. 이인임은 그해 사망하면서 수없이 착복했던 재물이 모두 헛것이 되고 말았지만, 이 사건은 그렇지 않아도 기강이 무너져 내리는 고려 사회를 더욱 피폐하게 했습니다.

🎎 최영, 사전 혁파의 중요성을 깨닫다

반면 최영의 처신은 사뭇 달랐습니다. 최영도 이인임 못지않은 명가 후예입니다. 특히 최영은 개국공신의 후예입니다.《고려사》〈최영열전〉에 따르면, 우왕은 최영에게 "경은 실로 나의 세신世臣으로서 경의 선조들은 나의 선왕들을 섬겨서 문장文章과 정사政事에서 모두 볼만한 것이 있었다"라고 치하했습니다. 최영의 본관인 철원 최씨의 시조인 최준옹崔俊邕은 태조 왕건을 도와 고려를 개국하는 데 공을 세운 인물입니다. 최준옹은 태사太師와 삼중대광三重大匡 같은 고위관직을 역임하고 삼한공신三韓功臣이 되었습니다. 그 후로도 최영 가문은 고려에서 대대로 벼슬을 했습니다. 5대조 최유청崔惟淸은 평장사平章事를 역임했고, 조부 최옹崔雍도 부지밀직사사副知密直司事를 역임했으며, 부친 최원직崔元直은 사헌규정司憲糾正을 역임했습니다.

고려가 위기에 빠졌을 때 이성계는 고려를 집어삼킬 생각을 한 반면, 최영은 목숨이라도 바쳐서 나라를 되살릴 생각을 한 배경이 여기에 있습니다. 최영은 어릴 때부터 충군忠君과 애국愛國 교육을 받고 자란 인물입니다. 이런 점에서 저는 현재 대한민국이 정체성의 위기를 겪는 것은 나라에 충성했던 인물들과 그 후손들이 홀대된 데 근본 원인이 있다고 생각합니다. '친일을 하면 3대가 흥하고, 독립운동을 하면 3대가 망한다'는 속설이 있는 나라의 정신이 제대로 될 리가 없는 것입니다. 나라가 망했을 때 목숨과 전 재산을 바쳐 독립운동에 나섰던 집안이 대부분 몰락했습니다. 반면 친일했던 사람들의 가문은 지금까지 흥성하고 있습니다. 이런 상황에서 어떻게 대한민국의 정신세계가 제대로 설 수 있겠습니까? 식민사학이 지금까지 건재한 이유도 다 이런 잘못된 사회 풍토 때문입니다.

최영은 '용모와 완력이 다른 사람보다 뛰어났다'고 전해지는 대로 무공으로 두각을 나타내기 시작했습니다. 잘 알려지지 않았지만 최영은 국제적인 무장입니다. 원나라에서 최영을 스카우트한 것입니다. 원나라 승상 탈탈脫脫(톡토)이 최영을 스카우트했습니다. 지금의 장쑤성(江蘇省) 양주시揚州市 인근에 있는 고우高郵에서 발생한 반원 봉기를 진압하라는 것이었습니다. 최영은 모두 스물여덟 번 전투를 벌여서 성을 함락하기 직전까지 갔지만, 탈탈이 참소를 당해 중단되었다고 《고려사》〈최영 열전〉은 전하고 있습니다.

최영은 뿐만 아니라 지금의 장쑤성 회안시淮安市인 회안로淮安路와 장쑤성 우이현盱眙縣, 그리고 지금의 안후이성 화현和縣인 화주和州에 가서도 싸웠습니다. 물론 각지에서 일어난 반원 봉기군에 맞서 싸운 것이지요. 최영이 명나라의 행태에 분개해 요동정벌을 단행한 데는 이때의 관점도 중요하게 작용했을 것입니다. 좋게 보면 한족 민족주의 차원의 봉기지만, 원나라 입장에서 보면 달리 볼 수 있는 것입니다. 각기 나름대로 대의를 주창했겠지만, 천하를 장악한 원나라 관점에서 보면 반란 세력으로 볼 수 있었습니다.

각지에서 반원 봉기가 일어나는 것을 보고 최영은 무슨 생각을 했을까요? 원나라가 무너지고 있다는 것을 이성계의 부친 이자춘보다 먼저 간파한 사람이 최영일지도 모릅니다. 그러나 최영은 이 모든 현상을 고려 왕실의 관점에서 생각하고 받아들였습니다. 반원 세력과 싸우는 것도, 홍건적이나 왜구와 싸우는 것도 최영의 입장에서는 모두 고려 임금을 위한 충군이자 조국 고려를 위한 애국이었습니다.

사실 이성계의 무공은 나중에 개국을 합리화하기 위해 부풀려진 측면이 있는 반면, 최영의 무공은 사실 그대로 기록되어 있습니다. 최영은 여러 차례 공신에 책봉되었습니다. 그는 공민왕 11년(1362) 안우, 이방실 등과 함께 홍건적을 물리치고 개경을 수복한 공으로 1등 공신에 책봉되었습니다. 또한 이듬해에는 김용 등이 공민왕을 흥왕사興王寺의 행궁에서 시해하려 한다는 소식을 듣자마자 군사를 거느리고 달려가서 반적들을 모두 죽인 공으로 다시 1등 공신에 봉해졌습니다.

최영은 또한 청렴결백했습니다. 그가 열여섯 살 때 부친이 세상을 떠나면서 남긴 유언은 유명하죠. 바로 "너는 마땅히 황금 보기를 돌같이 하라[見金如石]"라는 유언입니다. 최영의 부친 최원직은 왜 이런 유언을 남겼을까요? 대한민국 정부가 수립된 이후 이런 유언을 남겼다는 사례를 들어본 적이 없습니다. 그러니까 정권만 바뀌면 권력 기관에 있던 사람들이 구치소에서 서로 얼굴을 맞대는 것 아닙니까? 최영은 부친의 유지를 실천했습니다. 이런 유언을 남긴 부친 최원직이나 이를 실천한 최영 모두 대단한 사람들입니다.

김용이 일으켰던 흥왕사의 변을 진압한 후 누군가가 김용이 애장하던 묘아안정주猫兒眼精珠를 발견해 도당에 갖다 바쳤습니다. 묘아안정주에 '고양이 묘猫' 자가 들어가는 이유가 있습니다. 고양이 눈동자 모양의 보석이기 때문입니다. 그래서 묘청석猫睛石이라고도 부르는데, 이 진귀한 보석을 도당의 사람들이 돌려 가면서 넋을 잃고 감상

했습니다. 그러자 최영이 "김용이 이런 물건들 때문에 지조를 잃었는데, 공들은 무엇 때문에 이런 것을 완상하고 계시오!"라고 꾸짖었습니다.

당시 고려는 사치 풍조가 만연했습니다. 더구나 세계제국 원나라의 일원이 되어서 대도大都(북경)에 자주 오가면서 이런 풍조가 더욱 심해졌습니다. 그러나 예나 지금이나 이런 사치품들이 그냥 생기는 것이 아닙니다. 당연히 부정의 대가이거나 백성의 재물을 빼앗은 장물입니다. 최영은 평생 부친의 유지를 실천에 옮겼습니다. 이성계의 가장 큰 정적이었던 최영에 대해 조선에서 작성한《고려사》에서 긍정적으로 묘사한 것은 이런 청렴결백한 성품 때문입니다.

재물에 욕심이 없는 사람은 보통 자리에도 초연하게 마련입니다. 우왕 2년(1376) 왜구가 지금의 충남 논산인 연산현連山縣 개태사開泰寺를 침공했을 때의 일입니다. 개태사는 태조 왕건이 재위 23년(940) 후백제 사람들을 회유하기 위해 세운 사찰로, 태조의 진영眞影을 봉안했던 사원입니다. 그런데 이때 왜구와 맞서 싸우던 원수 박인계朴仁桂가 전사했습니다. 온 나라가 불안에 떨자 최영이 출정을 자청했습니다. 최영은 충숙왕 3년(1316)에 태어났으므로 이때 이미 만 예순이었습니다. 우왕이 나이를 들어 만류했지만, 최영은 두세 차례 간청해 출정 허가를 받았습니다.

최영은 지금의 충청남도 부여군 홍산鴻山에서 왜구와 맞부딪쳤습니다. 최영이 먼저 좁은 험로를 점거했는데, 휘하 장수들이 겁을 먹고 진격하지 않았습니다. 이런 경우 시원찮은 장수들은 부하의 목을 베어 출진을 독려합니다. 그러나 최영은 자신이 직접 사졸들의 선두

▲ 태조 왕건의 진영을 봉안했던 개태사

에 서서 군사들을 데리고 돌진했습니다. 적군 한 명이 수풀 속에 숨어 있다가 활을 쏘았는데, 공교롭게도 최영의 입술을 맞혔습니다. 최영은 태연자약하게 적병을 쏘아서 거꾸러뜨린 다음, 입술에 박힌 화살을 빼냈습니다. 최영이 개선하자 우왕이 성대한 잔치를 베풀어주고 시중으로 임명했지만, 최영은 "시중이 되면 지방에 자유롭게 나갈 수 없으니 왜구를 평정한 후에 받겠습니다"라면서 거절했습니다. 그래서 우왕은 최영을 철원부원군으로 봉해주었습니다.

최영은 고려를 무너뜨리는 사전의 폐단에 대해서도 잘 알고 있었습니다. 왜구가 강화부를 침략했을 때 고려 군사가 무기력하게 당했던 이유 중 하나가 사전의 폐단 때문이라는 사실을 잘 알고 있었습니다. 그래서 최영은 우왕에게 이렇게 주청했습니다.

"교동喬桐(강화도 교동도)과 강화는 실로 요충지인데도 호강豪强들이 다투어 토지를 점유해서 군수 물자가 이어지지 못하고 있습니다. 청컨대 사전을 혁파해서 군량으로 충당해야 합니다."

최영은 권세가들이 백성들의 토지를 탈점하는 문제를 해결하지 않으면 나라가 망할 것이라는 사실을 알고 있었습니다. 그래서 그는 양민을 노비로 만들거나 남의 토지를 빼앗는 행위를 사형으로 다스려야 한다고 주장했습니다. 우왕 5년(1379) 신정군新定君 마경수馬坰秀가 아들과 함께 양민을 노비로 만들었다가 발각되어 옥에 갇히는 사건이 발생했습니다. 그런데 때마침 재변이 일어나자 재상들은 이를 빌미로 마경수 부자를 석방하려고 했습니다. 그러자 최영이 "마경수가 양인을 노비처럼 부린 것이 서른 명에 이르고, 남의 토지를 빼앗은 것이 100경頃을 넘는데, 어찌 살 수 있겠는가!"라고 꾸짖었습니다.

마경수 부자가 사형당할 위기에 처하자 이인임이 꾀를 냈습니다. 해당 관리를 시켜 '양민을 노비로 만든 자와 사형에 해당하는 범죄를 저지른 자는 그들의 토지를 군수용에 속하게 하라'는 공문을 작성하게 한 것입니다. 사형에 해당하는 마경수 부자의 죄를 토지만 몰수하는 몰수형으로 감경하겠다는 뜻입니다. 최영이 크게 화를 내며 항의했습니다. 양민들을 노비로 만들고 백성의 토지를 빼앗은 자를 용서해서는 안 된다는 것입니다. 이런 자를 사형으로 다스리지 않으면 나라가 망한다는 것입니다.

최영이 마경수 부자를 심문한 후 도당에 보고했지만 도당에서 처리하지 않자, 최영은 출근을 하지 않는 것으로 항의했고, 결국 마경

수는 107대의 곤장을 맞고 아들인 치원致遠, 희원希遠도 곤장을 맞은 후 유배형에 처해졌는데, 마경수는 가는 도중 길에서 죽고 맙니다. 저는 고려가 망하지 않을 여러 길이 있었다고 생각합니다. 최영 같은 고관이 존재한다는 사실 자체가 나라를 지탱하는 지주가 됩니다.

최영은 남에게는 추상같지만 자신이나 자신의 편에게는 관대한, 요즘 말로 '내가 하면 로맨스요, 남이 하면 불륜'인 사람이 아니었습니다. 최영의 조카사위인 판사判事 안덕린安德麟이 살인을 저질렀습니다. 양광도 안렴사가 형틀을 채워 사헌부로 이송했는데, 도당에서는 최영이 책임자로 있는 순위부巡衛府로 이감했습니다. 최영보고 알아서 처리하라는 뜻이었습니다. 최영은 화를 내면서 "안덕린이 죄 없는 사람을 죽였으니 당연히 사헌부에서 재판을 받아야 한다. 내가 있는 순위부에서 어찌 법에 맞게 추국할 수 있겠는가?"라고 거절하고는 사헌부로 돌려보냈습니다. 자신과 자신의 가족에게 더욱 엄격한 최영에게 백성의 신망이 쏠리지 않을 수 없었습니다.

이런 모든 처신은 '황금을 보기를 돌같이 하라'는 부친의 유훈을 실천한 데서 비롯된 것입니다. 지조가 무너지는 시초는 재물욕입니다. 최영은 부친의 유훈을 가슴 깊이 새겨 재산을 늘리려 하지 않았고, 집이 아무리 누추해도 편안한 마음으로 거처했으며, 의복과 음식이 소박했습니다. 쌀독은 늘 비었지만, 살진 말을 타고 화려한 옷을 입은 자들을 보면 개나 돼지만도 못하게 여겼다고 합니다.

그때나 지금이나 부유한 사람들이 오히려 가난한 사람들의 얼마 되지 않는 재산마저 가로채려 호시탐탐 노리는 세상입니다. 대기업은 중소기업의 영역을 빼앗으려 하고, 건물주는 세입자가 조금만 장사가 잘되면 임대료를 올리려 합니다. 그래서는 안 됩니다. 가난하고 힘없는 사람들을 보호하는 사회가 되어야 서로 행복하게 지낼 수 있습니다.

최영은 오랫동안 재상과 장군을 겸직했으니 재물을 추구했다면 이인임 못지않은 축재를 할 수 있었습니다. 그러나 최영은 일체 뇌물과 청탁을 받지 않았습니다. 부패한 세상의 청렴한 고관이니 사람들이 그의 청렴함에 탄복하는 것은 당연했습니다. 우왕이 토지를 내려주었으나 나라 창고가 비었다고 받지 않았고, 오히려 자신이 가진 쌀 200석을 군량으로 내놓고 다시 80석을 군량으로 내놓았다고《고려사》〈최영 열전〉은 전하고 있습니다.

최영은 벼슬아치들이 백성의 토지를 겸병兼倂하는 폐단이 나라를 망하게 할 수 있다는 사실을 잘 알고 있었습니다. 그러나 이미 재물에 맛을 들인 벼슬아치들은 남의 토지를 겸병하기에 여념이 없었습니다. 최영은 위의 재상들부터 겸병을 금지하면 아래는 자연히 따르리라고 보았습니다. 그래서 하루는 도당에 나가서 재상들이 백성의 토지를 빼앗는 겸병의 폐해를 극렬히 성토했습니다. 그러고는 준비한 문서를 꺼냈습니다. 다시는 백성의 토지를 빼앗지 않겠다는 서약서였습니다. 최영이 서약서에 서명하라고 하니 재상들이 하지 않을 도리가 없었습니다. 최영은 재상들을 둘러보며 말했습니다.

"이후로도 다시 과거처럼 겸병할 자가 있겠소?"

이를 계기로 고려의 중신들이 백성의 토지를 겸병하는 일을 중지했다면 고려는 망하지 않을 수도 있었습니다.《고려사》〈최영 열전〉은 최영이 일찍이 이인임에게 "나라에 어려움이 많은데, 공께서는 수상首相이 되어서 이를 걱정하지 않고 단지 집안의 재산만 생각하시오?"라고 힐난하자 이인임이 아무 말도 하지 못했다고 전하고 있습니다. 최고 권력자인 이인임까지도 최영의 청렴한 권위, 멸사봉공滅私奉公의 권위에 눌려 있는 상황입니다.

또한 최영은 병권兵權까지 잡고 있었습니다. 충선왕 때부터 숙원 사업이던 전민변정田民辨正 사업을 바로잡을 기회였습니다. 만약 이때 우왕이 최영과 손잡고 대대적인 전민변정 사업에 나섰다면, 그래서 권세가들에 의해 노비로 전락한 백성들을 다시 양민으로 환원시키고, 권세가들이 빼앗은 토지를 돌려주었다면, 그래서 국초의 토지제도를 다시 확립했다면 고려는 다시 반석 위에 섰을지도 모릅니다. 그랬다면 우리가 아는 조선 왕조는 없었을 것입니다. 그러나 우왕은 그런 왕재王才가 아니었습니다.

🐚 비참한 말로로 치닫는 우왕의 운명

《고려사》는 시종일관 우왕을 신우라고 적고 있습니다. 공민왕의 소생이 아니라 승려 신돈이 반야般若에게서 난 아들이라는 것입니다. 조선 왕조 개창 세력이 만든 이른바 '폐가입진廢假立眞' 논리입니다. '가짜를 폐하고 진짜를 세운다'라는 뜻의 폐가입진은 '우왕과 그 아들 창왕은 공민왕의 핏줄이 아닌 가짜이니 폐해서 쫓아내고 진짜를 세워야 한다'는 주장이었습니다. 그런데 아직도 국내의 거의 모든 역사 관련 사전에서는 우왕을 신돈의 시녀 반야 소생이라고 적고 있습니다. 아무리 왕실이 퇴락했다 한들 500년 가까이 이어오던 왕조에서 종성宗姓인 왕씨가 아닌 신씨가 왕위를 이을 수 있었겠습니까? 그것도 공민왕의 모친 명덕태후가 두 눈 시퍼렇게 뜨고 있는 상황에서 말입니다. 이런 허무맹랑한 이야기가 지금껏 통용되는 상황입니다.

앞서 언급한 것처럼 《고려사》는 공민왕이 살해된 후 명덕태후는 종친을 세우려고 했지만, 이인임이 자기의 이익을 위해서 우왕을 추대했다고 서술하고 있습니다. 왕이 급서한 상황에서 후사 지명권은 태후에게 있습니다. 또한 왕조국가에서 왕위 계승에 대한 문제는 인신人臣이 거론할 수 있는 주제가 아닙니다. 만약 이인임이 태후의 후사 지명권을 무시하고 독단으로 후사를 결정했다면 역적으로 몰리기 십상입니다. 왕조국가에서는 특별한 경우를 제외하고 신하로서 이런 문제에 나서는 경우는 극히 드뭅니다.

우왕은 공민왕 14년(1365)에 태어나서 만 아홉 살 때 즉위했습니다. 미성년이므로 명덕태후가 섭정을 했습니다. 망국의 역사를 살펴보다 보면, 불가항력적인 경우도 있지만 '만약'을 생각하게 되는 경우도 많습니다. '만약 고종이 조금만 더 영명한 군주였다면 대한제국이 망하지 않을 수도 있었을 텐데……', '만약 우왕이 조금만 더 철이 든 상황에서 즉위했다면 고려가 망하지 않을 수도 있었을 텐데…….'

대개 망국의 군주들은 이중성을 갖습니다. 고종이 한편으로는 개화 정책을 펼치겠다고 하면서 다른 한편으로는 김옥균金玉均 같은 급진개화파는 물론 김홍집金弘集 같은 온건개화파도 다 죽여버린 사실이 이를 잘 보여줍니다. 온건개화파와 급진개화파를 다 죽이고 누구와 개화 정책을 펼치겠다는 것입니까? 우왕은 그 정도까지는 아니었지만, 그 역시 많은 부분에서 이중적 행태를 보였습니다.

우왕은 그나마 고종보다는 낫습니다. 고종이 강직한 사람을 모두 멀리하고 이완용과 박제순 같은 매국 세력을 중용한 반면, 우왕은 최영을 높이 평가했습니다. 우왕은 재위 6년 최영의 높은 공을 누누이 열거한 후 철권鐵券을 내려주면서 이렇게 말했습니다.

"토지와 백성을 상으로 내리는 것이 통상적인 사례지만, 경이 청백淸白한 것은 천성이라 반드시 사양하고 받지 않을 것이기에 다만 철권을 내려주노라."

이처럼 우왕은 최영의 청백한 성품과 충군애국 정신, 그리고 애민 정신을 높이 샀습니다. 그러면 이를 국정의 지표로 삼아 나라를 이 끌어가야 했지만, 다른 한편으로는 이인임 일파를 중용해 전민田民을 침탈하게 하는 결과를 야기했습니다. 벼슬아치들이 힘없는 백성들을 노비로 전락시키고 그 토지를 빼앗는 것이 나라를 망국으로 이끄는 길이라는 인식이 부족했습니다. 힘없는 백성들은 멀고, 간신들은 가깝기 때문입니다. 또한 우왕은 어려서 즉위해 백성들의 질고를 잘 몰랐습니다.

우왕은 재위 6년(1380) 최영에게 해도도통사海道都統使를 겸하게 했는데, 문제는 전함이 불과 100척에 병력도 3,000명밖에 없었다는 것이었습니다. 최영이 왜구를 물리치려면 1만 명 정도의 병력이 필요하다고 말하자 우왕은 "현재 있는 군량으로는 1만 명의 군사를 먹이기 어려우니 경은 3,000명으로 일당백의 군사를 만들라"라고 답했습니다. 최영인들 왜 3,000명의 병사를 일당백으로 만들고 싶지 않겠습니까마는 말로만 되는 일은 아닙니다.

군사를 늘리는 것은 사실 간단한 문제입니다. 권세가들이 남의 토지를 겸병하면서 사라진 군인전을 되찾으면 되는 것이기 때문입니다. 병권을 지닌 최영과 손잡고 비상계엄을 선포해서 노비로 전락한 백성들을 다시 양인으로 환원시키고 빼앗은 토지를 돌려주면 군인전도 살아나고, 고려는 다시 정상화될 수 있었습니다. 물론 기득권자들의 반발이 극심하겠죠. 그때나 지금이나 기득권자들은 권력을 장악하고 있습니다. 몰락해가는 나라를 되살리려면 백척간두에 선 심정으로 이런 모든 저항을 돌파하고 나라를 정상으로 만들어야 합니다.

더구나 나라 한구석에서는 고려의 허약성을 목도한 이성계가 나라를 삼키려고 노리고 있는 상황입니다. 우왕은 재위 7년(1381) 최영을 수시중守侍中으로 임명했습니다. 이때 우왕이 궁궐 밖으로 놀러 나가려 하자 최영이 반대했습니다. "지금 기근으로 백성들이 겨우 살아가고 있고, 농사철이 막 다가오는데, 놀러 다니면서 백성들에게 고통을 주는 것은 옳지 않습니다"라고 말렸습니다. 군주가 한 번 움직이면 수많은 물자를 나르고 징발해야 하기 때문에 백성들이 고통을 받습니다. 우왕은 최영의 간쟁에 "충숙왕도 놀이를 즐겼는데, 왜 내가 놀러 다니는 것은 옳지 않다고 하는가?"라고 불평했습니다. 하지만 충숙왕과 비교할 때가 아니었습니다.

우왕은 재위 11년(1385)에 황해도 해주로 사냥하러 갔는데, 개경에서 해주까지 물자를 수송하는 행렬이 100리나 이어졌다고 합니다. 이때 왕을 호종하는 인물들의 행패가 극심했습니다. 심지어 수령은 물론 도지사 격인 안렴사까지도 모욕을 당해서 안렴사 이수李須는 말을 잃어버리고 걸어서 진흙탕 길을 걸어가야 했습니다. 향리들은 견디다 못해 모두 달아났습니다. 최영은 우왕에게 그 폐단에 대해 간쟁했고, 우왕도 옳게 여겨서 환궁길에 올랐습니다. 환궁길에 지금의 황해도 배천인 백주白州까지 왔는데, 연안부延安府의 큰 연못에 물고기가 산다는 이야기를 들은 우왕은 구경하고 싶다는 생각이 들었습니다. 그러나 최영이 말 앞을 막아서면서 "갑자기 조그만 고을에 행차하시면 백성들이 이루 말할 수 없는 피해를 입게 됩니다"라고 반대했고, 우왕은 그냥 발길을 돌렸습니다.

물론 우왕에게 좋은 면도 있었습니다. 하루는 우왕이 정몽주의 집에 갔는데, 마침 나라의 원로들에게 잔치를 베풀고 있었습니다. 최영이 술잔을 받들어 올리자 우왕은 "내가 술을 마시려고 온 것이 아니라 부왕을 모시던 늙은 재상들이 모여 있다는 소식을 듣고 부왕을 뵙는 것처럼 달려왔노라"라고 말했습니다. 우왕은 이어서 이렇게 말했습니다.

"술 마시는 것은 내가 진정 좋아하는 일이 아니다. 나무는 곧게 자르기 위해 그은 먹줄을 따라 자르면 곧게 자를 수 있게 되고, 임금은 신하의 간쟁을 들으면 현명해진다고 했는데, 경은 어찌 이익 되는 일과 해가 되는 일에 대해 간쟁하지 않는가?"

이 말을 듣고 감동한 최영은 관을 벗고 사례하면서 이렇게 말했습니다.

"전하의 말씀이 이 같으시니 나라의 복입니다. 원하건대 전하께서는 이를 생각하시고 잊지 마소서. 또 신이 지난번에 올린 글이 있으니 그 말대로 시행하소서."

그런데 이때 우왕이 정몽주의 집으로 달려온 이유가 있었습니다.

꿈 이야기 때문입니다. 우왕은 최영에게 꿈 이야기를 합니다.

"꿈에서 내가 경과 함께 적과 싸워 이겼는데, 내가 탄 말을 보니 당나귀였다. 이것은 상서로운 일인가?"

이 자리에는 최영뿐만 아니라 윤환과 이인임, 조민수曹敏修, 그리고 정몽주의 스승 격인 이색李穡 등도 있었는데, 모두 머리를 조아리며 축하했습니다.

"옛날 원나라 세조世祖께서 꿈에 당나귀를 보면 길하다 해서 당나귀를 항상 궁궐의 뜰에 매어놓고 그 꿈을 꾸려고 했지만 꾸지 못했습니다. 지금 전하께서 그 꿈을 꾸셨으니 어찌 이처럼 길할 수 있겠습니까? 태평성대의 업을 가만히 서서도 맞이할 수 있을 것입니다. 다만 신들이 늙어서 그것을 보지 못할까 염려될 뿐입니다."

우왕은 크게 기뻐하면서 통음痛飮한 후 활을 최영에게 내려주면서 "경과 함께 사방을 평정하려고 할 뿐이다"라고 말했습니다. 우왕이 이런 자세를 초지일관 견지했으면 고려의 역사는 달라졌을 것입니다. 그러나 우왕은 전혀 상반된 모습을 보여주었습니다.

한 조직을 이끌어나가려면 공부는 필수입니다. '내가 해봐서 아는데……' 따위의 인식으로 성공한 군주는 없습니다. 공부가 부족하면 최소한 공부에 밝은 신하를 왕사로 모시고 경청하기라도 해야 성공한 군주가 될 수 있습니다. 시류에 따라서 곡학아세曲學阿世하는 사이비 지식인 말고 세상의 잘못된 부분을 아파하는 진짜 지식인을 왕사로 모셔야 합니다. 광범위한 독서와 사색이 있어야 전략적 목표가 보이고, 이를 성공시킬 전술이 눈에 보이는 법입니다.

《고려사》〈이인임 열전〉을 보면, "우왕은 황음荒淫하고 놀이를 즐겼다"라고 전하고 있습니다. 하루는 우왕이 이인임의 집에 놀러갔다가 이인임이 집에 없어서 그냥 돌아왔는데, 뒤늦게 이 소식을 들은 이인임은 이를 기회로 생각했습니다. 그래서 이인임이 양마良馬를 바치니 우왕이 그 뒤로는 늘 이인임의 집에 놀러갔다고 전합니다. 자기 수양이 부족한 인물의 집에 국왕이 놀러가는 것은 탐관오리 면허증을 주는 것이나 마찬가지입니다.

국왕이라는 자리는 그렇지 않아도 권력을 탐하는 자들이 서로 가까이 하려고 온갖 꾀를 다 내는 자리입니다. 그러므로 그때나 지금이나 최고지도자의 자리는 이런 점에서는 고독해야 합니다. 국사는 광범위하게 여론을 수렴하고 논의해야 하지만, 함께 즐기고 노는 것은 극도로 자제해야 합니다. 우왕의 이런 성향을 안 이인임은 양마뿐만 아니라 미모의 여종 봉가이鳳加伊도 바쳤습니다. 재상이 국왕에게 여성을 바칠 때는 그 여성이 국왕을 사로잡을 것이라는 계산이 있는 것입니다. 과연 우왕은 봉가이에게 빠져서 이인임의 집을 찾는 일이 잦았습니다. 그때마다 이인임은 별서別墅로 피해 거처했다고 합니다. 물론 회심의 미소를 띠면서 별서로 갔겠죠. 《고려사》〈이인임 열전〉은 "우왕이 이인임을 부친으로, 이인임의 처 박씨는 모친으로 부르고, 이인임은 우왕을 마치 데릴사위처럼 대우했다"라고 전하고 있습니다. 이인임처럼 부패한 인물을 부친으로 대우하니 나라에 망조가 든 것입니다.

우왕은 또 공사公私를 구분하지 못했습니다. 우왕 11년(1385)에 정몽주가 동지공거同知貢擧가 되어 과거를 주관했을 때의 일입니다. 이때 우왕의 제3비인 의비懿妃 노씨의 동생 노구산盧龜山이 응시했다가 마지막 과정인 종장終場에 불합격했습니다. 의비 노씨는 원래 우왕의 제1비인 근비謹妃의 궁인으로 있다가 우왕의 눈에 들어 의비로 승격한 인물입니다. 우왕은 덕창부德昌府를 따로 설치하고 의순고義順庫를 세워 의비에게 사적인 비용으로 쓰게 할 정도로 의비에게 빠졌습니다. 이런 의비의 동생 노구산이 낙방하자 우왕은 크게 노해서 과거 자체를 무효로 하려고 했습니다. 과거 자체에는 아무 잘못이 없고 실력이 부족했던 노구산이 잘못이지만, 공사 개념이 부족한 우왕은 총애하는 여인을 위해 과거를 무효로 만들려고 했던 것입니다. 이런 행위가 국가 기강을 얼마나 무너뜨릴지, 또 그럴 경우 자신이 얼마나 시중의 조롱거리가 될지는 생각하지도 못했습니다.

보다 못한 대신들이 의비의 부친 노영수盧英壽를 찾아가 노구산을 종장에 응시하게 하라고 청했습니다. 이른바 특별 응시 혜택을 주겠다는 것입니다. 과거 자체가 무산되는 것보다는 한 사람에게 특혜를 주는 것이 낫다고 생각한 절충안이죠. 그러나 그렇게 되면 얼마나 말이 많겠습니까? 노영수는 아들 혼자서만 종장에 들어갈 수는 없다고 사양했고, 결국 불합격자 10여 명에게 종장에 응시할 수 있는 자격을 주었습니다. 그렇게 결국 노구산을 급제시켰습니다.

우왕을 보면 고종과 공통점이 많습니다. 고종도 평소 공부를 열심히 한 신진관료를 뽑는 것이 과거라는 사실을 무시하고 돈을 받고 급제 여부를 결정했습니다. 뇌물을 잘 거두어 바칠 인물을 고시관으로 삼았다고 황현黃玹은 《매천야록梅泉野錄》에서 비판하고 있습니다. 총애하는 여성에게 잘 보이기 위해 과거를 다시 치르게 하는 것이나, 돈을 받고 급제자를 결정하는 행위는 결국 국가의 핵심인 인재 선발

행사를 국왕 개인의 사적 이익 실현의 도구로 전락시킨 것입니다.

우왕은 또 국가 대사를 자주 즉흥적으로 결정했는데, 천도 문제도 그 하나입니다. 한때 우왕이 한양으로 천도하려고 한 적이 있습니다. 여러 도참서圖讖書들이 한양을 도읍지로 지목하고 있었기 때문입니다. 그 전에는 왜구가 개경을 위협하자 강원도 철원으로 천도하려고 한 적도 있습니다. 우왕이 철원으로 천도하려 할 때 최영은 이런 일로 천도하면 왜구들이 더욱 나라를 우습게 볼 것이고, 백성들의 고초가 심할 것이라며 반대했습니다. 그러나 한양천도론이 나왔을 때는 최영도 "참서讖書에 실린 기록이 모두 사실로 드러나니 믿지 않을 수 없다"면서 한양 천도를 지지했습니다. 과연 한양으로 도읍했으면 고려는 망하지 않았을까요?

우왕은 한양으로 천도하기 위해서 행차했는데, 이때 이인임과 우왕의 장인 이림李琳, 임견미, 염흥방 등이 우왕을 호종했습니다. 이들은 자신들의 겸종을 보내 가는 곳마다 떼를 지어 백성들의 농토와 집을 약탈했습니다. 철원 천도가 흐지부지된 것처럼 한양 천도도 흐지부지되고 말았습니다. 이런 식으로 백년대계는커녕 십년소계十年小計도 못 되는 일이 반복되다 보니 나라는 피폐해지고, 백성들은 더욱 곤궁해졌습니다.

우왕의 가장 큰 문제는 나라를 보존하는 가장 좋은 방식이 힘없는 백성들의 생활 안정이라는 사실을 몰랐던 것입니다. 우왕은 충선왕과 공민왕 등이 왜 전민변정도감田民辨正都監 같은 개혁 특별 기구를 설치해서 벼슬아치들이 빼앗은 백성과 전토를 원 주인에게 돌려주려고 노력했는지, 이런 개혁 정책들이 왜 그토록 강한 저항을 받았는지에 대한 문제의식이 없었습니다. 고려의 역사서를 봐도 충숙왕이 놀러 다녔다는 이야기만 눈에 들어오지, 충숙왕이 여러 폐단을 제거하기 위한 제폐사목소除弊事目所를 설치하고, 이를 찰리변위도감察理辨違都監으로 고쳐서 벼슬아치들이 빼앗은 백성과 농토를 원 주인에게 돌려주려고 애썼다는 개혁 사례는 눈에 들어오지 않았습니다.

충선왕과 그 아들 충목왕의 개혁 정책이 좌절된 것은 원나라와 결탁한 부원배들의 방해 때문이었습니다. 그러나 우왕 때는 부왕 공민왕이 기철 일당을 모두 주살했고, 이미 원나라 자체가 무너져 내리는 상황이었기 때문에 원나라의 간섭을 걱정하지 않아도 되었습니다. 고려 내부 기득권 세력의 반발만 억제하면 되었습니다. 그리고 이를 뒷받침할 수 있는 최영 같은 무장이 있었고, 권문세족들과 싸울 의지가 있는 유학자들, 즉 신흥사대부들도 있었습니다. 우왕 때는 건국한 지 오래되어 많은 약점도 있었지만, 이런 장점도 있었습니다. 위기를 기회로 전환할 수도 있는 상황이었습니다.

그러나 우왕은 이런 시대적 장점을 살릴 줄 몰랐습니다. 이런 시대에 대해 국왕으로서 뼈아픈 성찰도 할 줄 몰랐습니다. 《고려사》 〈최영 열전〉은 "우왕이 사냥 갔다가 밤늦게 돌아오자 최영의 눈에 눈물이 고였다"라고 전하고 있습니다. 우왕은 이 노장이 흘리는 눈물의 의미를 몰랐습니다. 그것이 선왕들이 이어온 500년 왕업을 목동들의 피리 소리에 묻히게 하리라는 것도.

3장

이성계,
새 왕조를 열다

🐚 요동정벌과 사불가론

우왕 14년(1388)은 운명의 해입니다. 요동정벌군을 꾸려서 북벌에 나서기 때문입니다. 그러나 그 몇 달 전에 우왕은 또 이해할 수 없는 행보를 합니다. 최영의 딸 최씨를 비로 삼으려고 한 것입니다. 국왕의 인척 이야기를 좀 해볼까요? 조선 후기 인조반정 이후에는 사대부가에서 세자빈이나 왕비를 들이려고 서로 다퉜지만, 조선 중기까지만 해도 그렇지 않았습니다. 왕실과 인척 관계가 되는 것을 선비집안에서는 일종의 훼절毀節로 여겼습니다.

조선 초기 예종 때 사형당한 김초金軺라는 인물이 있었습니다. 그는 중추中樞 한치의韓致義와 첩을 두고 다투다가 빼앗긴 인물입니다. 억울하게 첩을 빼앗겼다고 생각한 김초는 행 상호군行上護軍 이철견李

鐵堅에게 "나는 일찍이 누이를 팔아서는 한 자급資級도 얻은 적이 없다"라고 말했는데, 이것이 옥사로 연결됩니다. 한치의의 누이가 세조의 맏아들이었던 도원군 이장李暲의 부인이었습니다. 나중에 도원군이 덕종으로 추존되면서 인수대비가 되었는데, 김초의 말은 왕실에 세자빈으로 시집보낸 것을 누이를 판 것으로 묘사한 셈입니다. 그런데 이철견의 모친이 대비 윤씨의 동생이었기 때문에 이철견의 고발로 김초가 불경죄로 사형당했던 것입니다.

첩 때문에 설화舌禍를 자초한 김초를 선비로 볼 수 있는가는 다른 문제입니다만, 이 사례를 통해 조선 초기만 해도 왕실에 시집보내는 것을 선비 사회에서는 훼절로 여기는 분위기가 있었다는 사실을 알 수 있습니다. 또한 조선 초기에는 왕실도 웬만하면 명가 출신보다는 빈한貧寒한 선비 가문 출신을 세자빈이나 왕비로 선호했습니다. 제대로 교육받은 가문 출신이어야 왕실의 외척이라는 이유로 국사에 개입하지 않을 것이기 때문입니다.

우왕이 최영의 딸을 왕비로 삼으려고 하자 최영은 울면서 "제 딸은 인물도 보잘것없고, 정실 소생이 아니라서 항상 측실側室에 두었기 때문에 지존至尊의 배필이 될 수는 없습니다"라고 사양했습니다. 최영은 심지어 "전하께서 반드시 제 딸을 들이시려 하시면 노신老臣은 삭발하고 입산入山하겠습니다"라고까지 굳게 거절했습니다. 그러나 이미 우왕의 의도를 안 신하들이 그해 3월 최씨를 비로 들였는데, 그가 바로 영비寧妃입니다.

《고려사》〈우왕 열전〉은 우왕이 그 전에는 최영의 성품이 강직한 것을 꺼려서 최영의 집에는 발을 들여놓지 않았는데, 이후로는 영비를 총애했기 때문에 자주 들렀다고 전하고 있습니다. 이때만 해도 국왕의 비가 되었다고 바로 입궁하는 것이 아니라 친정에서 그대로 살았다는 사실을 알 수 있습니다. 이인임이 봉가이를 바쳤을 때 우왕이 봉가이를 보기 위해 자주 이인임의 집에 행차했다는 사례에서도 이를 알 수 있습니다. 유학을 국교로 삼은 조선 왕실이 들어서면서 혼인 풍습도 크게 바뀌는 것입니다.

그런데 이때는 우왕이 굳이 최영의 딸을 새 왕비로 들일 상황이 아니었습니다. 서북면 도안무사都按撫使 최원지崔元沚가 명나라에서 철령위鐵嶺衛를 설치하려고 한다는 사실을 급하게 보고한 직후이기 때문입니다. 최원지는 명나라 요동도사遼東都司가 압록강에 방을 붙였다고 급하게 치계했습니다. 방의 내용은 "명나라 호부戶部는 성지聖旨(황제의 명령)를 받들어 철령 북쪽·동쪽·서쪽 지역은 원래 개원로開元路에 속한 지역이므로 한인漢人, 여진女眞·달달達達·고려족을 막론하고 소속된 군인은 모두 요동에 귀속시킬 것이다"라는 내용이었습니다.

먼저 철령이 어디인가 하는 문제부터 생각해보겠습니다. 그간 우리나라는 명나라에서 철령위를 설치하려 했다는 지역을 함경남도 원산 부근이라고 설명해왔습니다. 요동도사가 붙인 방은 "철령 북쪽·동쪽·서쪽 지역은 원래 개원로에 속한 지역"이라고 말했습니다. 함경남도 원산은 항구입니다. 항구에 무슨 동쪽 땅이 있어서 개원로에 속하겠습니까? 또한 함경남도 원산 부근에 철령위를 설치하려는 계획이 문제가 되어 전쟁을 하게 되면 고려 군사가 원산 쪽으로 가야지, 왜 압록강을 건너 요동으로 갑니까? 모두 일제 식민사학

▲ 만주에서 바라본 압록강

자들이 만든 위치 비정을 아직까지 무비판적으로 따르기 때문에 생긴 오류들입니다.

　우리나라는 아직도 일제 식민사학자들이 한국사의 강역을 축소해 놓은 것을 무비판적으로 따르는 경우가 많습니다. 한마디로 아직도 남의 시각으로 우리 역사를 바라보는 것인데, 그 남의 시각이라는 것이 침략자의 시각이니 문제가 더욱 심각한 것입니다. 이런 점에서 역사 연구에 관한 한 대한민국은 아직 독립국가라고 말할 자격이 없다고 생각합니다. 철령위의 위치 문제가 그런 예의 하나입니다. 명나라에서 설치하려던 철령위는 함경남도 원산이 아니라 만주 심양 부근에 있는 현재의 본계시本溪市 부근입니다. 《명사明史》〈오행지五行志〉를 보면 "요동 철령위에 한 말(斗)만 한 별이 떨어져 불이 났다"라고 기록하고 있습니다. 언제부터 함경남도가 요동이 되었습니까?

《명사》〈이원명李原名 열전〉에는 "고려에서 국서를 보내 요동의 문주文州, 고주高州, 화주和州, 정주定州는 다 고려의 옛 영토이니 철령에 군영을 설치해 지키겠다고 주청했다"라는 기록이 있습니다. '요동의 문주, 고주, 화주, 정주'라는 말은 이 지역들이 모두 요동에 속해 있었다는 이야기입니다. 이원명은 이에 대해 "그 몇 주는 다 원나라 판도版圖에 들어가 있어서 요동에 속해 있는데, 고려 영토는 압록강을 경계로 하고 있습니다. 그곳에 이미 철령위를 설치했는데, 다시 주청한 것은 마땅하지 않습니다"라고 반대했습니다. 철령이 원산이라는 일제 식민사학자들의 주장은 어불성설임을 알 수 있습니다. 또《명사》〈지리지地理志〉는 이렇게 말하고 있습니다.

> 철령위는 홍무 21년(1388) 3월 옛 철령성에 설치했다가 26년(1393) 4월 옛 은주嚚州 땅으로 옮겼으니, 곧 지금의 치소治所이다. 서쪽으로는 요하遼河가 있고, 남쪽으로는 범하汎河가 있고, 또 남쪽으로는 소청하小淸河가 있는데, 모두 요하로 흘러 들어간다.
>
> 鐵嶺衞: 洪武二十一年三月以古鐵嶺城置. 二十六年四月遷於古嚚州之地, 即今治也. 西有遼河, 南有汎河, 又南有小淸河, 俱流入於遼河.
>
> 《명사》〈지리지〉 '요동도지휘사사遼東都指揮使司'

철령성 서쪽에 요하가 있다는데 언제부터 함경도 서쪽에 요하가 흘렀습니까? 일제 식민사학자들의 위치 비정은 대부분 이런 식입니다. 고조선부터 조선 초기까지 대부분의 위치 비정을 다시 해야 합니다. 그래야 한국사가 독립할 수 있습니다.

명나라에서 철령위를 설치하려 하자 최영은 재상들을 모아 대책 회의를 했습니다. 회의는 한 가지 주제로 모아졌습니다. 명나라 정료 위를 공격할 것인가 화친할 것인가 하는 문제입니다. 정료위는 명나라가 만주의 금주金州, 복주復州, 개주開州, 해주 등지를 다스리기 위해 설치한 행정 구역입니다.

《고려사》〈최영 열전〉은 "모든 재상이 화친 쪽에 찬성했다"라고 전하고 있습니다. 그러나 곧 반전이 시작됩니다. 그 후 조림趙琳이 요동으로 갔지만 명나라에 들어가지 못하고 돌아오는 사건이 발생한 것입니다. 최영은 다시 백관들을 모아 철령 이북 지역을 명나라에 헌납하는 것에 대한 의견을 물었습니다. 백관들은 철령 이북 지역을 명나라에 주는 것은 안 된다고 반대하는 쪽으로 돌아섰습니다. 우왕은 최영을 독대하면서 비밀리에 정료위를 공격하는 문제에 대해 의견을 나누었습니다. 최영은 정료위 공격을 권했습니다. 친명 세력과 근본적으로 갈라지는 부분입니다. 이 부분이 최영의 운명을 결정짓습니다.

얼마 후 최원지가 다시 "요동도사가 지휘指揮 두 명을 파견해서 군사 1,000여 명을 거느리고 강의 경계에 와서 철령위를 세우려 하고 있으며, 명나라 황제가 이미 관직과 역참을 설치했습니다"라고 보고했습니다. 그러자 우왕이 울면서 이렇게 말했습니다.

"여러 신하가 정료위를 공격하자는 나의 계획을 듣지 않아서 이런 지경에 이르렀다."

이런 것을 보면 우왕 역시 조선 개창 세력에 의해 너무 폄하되지 않았나 하는 생각도 듭니다. 선왕들의 고토 회복에 눈물까지 흘리는 국왕이 그리 용렬할 수는 없기 때문입니다. 우왕의 눈물은 일단 그 순간에는 정벌 반대 세력의 입을 닫게 만들었습니다. 그래서 드디어 역사적인 요동정벌군이 꾸려졌습니다.

모든 사물에는 양면성이 있습니다. 고려의 토지제도가 다 무너진 상황에서 급하게 징발한 농민군을 데리고 무슨 요동정벌이냐고 할 수도 있지만, 역으로 농민군이기 때문에 가능할 수도 있는 것입니다. 황량한 만주 벌판이라고 흔히 말하지만, 이는 북만주를 뜻하는 것이고, 백두대간의 줄기인 현재의 요동 지역은 한반도 서북부와 같은 옥토입니다. "우리가 승리하면 저 너른 땅이 다 너희 것이 된다"라고 말하면 농민들은 힘을 내게 됩니다. 내 땅에 대한 강한 의지를 지닌 농민군이 되는 것이죠. 또 최영은 명나라에 대해 그리 높이 평가하지 않았습니다. 자신이 반원 세력을 토벌하러 장쑤성과 안후이성을 주유할 때 주원장은 그런 반원 세력의 하나에 지나지 않았습니다. 유학자들처럼 친명 사대주의가 강하지 않았다는 이야기입니다.

이때 이성계가 요동정벌을 반대하고 나섭니다. 그 유명한 사불가론四不可論을 내세운 것이죠. 첫째, 작은 나라로서 큰 나라를 거역해서는 안 되고, 둘째, 여름 농번기에 군사를 일으켜서는 안 되며, 셋째, 온 나라 군사를 동원해 원정에 나서면 왜적이 그 틈을 탈 것이고, 넷째, 장마철이라 아교가 녹아 활이 눅고, 대군大軍이 질병에 걸릴 우려가 있다는 것입니다. 두 번째와 세 번째는 제법 그럴듯해 보입니다. 그러나 작은 나라가 큰 나라를 거역해서는 안 된다는 논리는 잘못된

사대주의의 전형입니다. 이성계가 나중에 정도전과 요동정벌을 추진
하지 않았으면 이성계에 대한 역사의 평가는 지금보다는 크게 낮아
졌을 것입니다.

　우왕과 최영이 요동정벌에 대한 결심을 철회하지 않으면서 역사
적인 요동정벌군이 꾸려졌습니다. 최영이 팔도도통사八道都統使가 되
고, 조민수가 좌군도통사, 이성계가 우군도통사가 되었는데,《고려사
절요》는 좌우 군이 모두 3만 8,830명에 심부름꾼, 즉 군수물자 조달
군사가 1만 1,600명이었다고 말합니다.《태조실록》은 "모두 5만이었
으나 10만이라고 불렀다"라고 전하고 있습니다. 보병 숫자보다 중
요한 것은 기병 숫자인데, 말이 2만 2,000필이었습니다. 군수용 말도
있었겠지만, 기마병의 말이 많았겠죠. 출병하기 전 우왕은 여러 원수
들에게 술을 내려 마시게 하고, 옷과 갑주甲冑와 궁검弓劍과 말을 차등
있게 내려주었습니다.《고려사》나《고려사절요》는 이때 "우왕이 호
악胡樂과 호적胡笛을 연주했다"라고 전하고 있습니다. 또한 "명나라의
홍무 연호를 정지하고 국인國人에게 호복胡服을 입게 했다"라고 말하
고 있습니다. 이때의 호악, 호적, 호복이란 고려 전래의 것에 원나라
의 영향이 가미된 것으로 보아야 할 것입니다.

　이때 또 한 번의 변수가 발생합니다. 요동정벌군은 팔도도통사 최
영이 지휘해야 했습니다. 그러나 우왕이 "경이 가면 나는 누구와 정
사를 의논하겠는가?"라며 말리는 바람에 무산되었습니다. 만약 이때
최영이 요동정벌군을 지휘했다면 역사는 달라질 수 있었습니다. 이
성계와 조민수가 그토록 쉽게 회군을 단행할 수는 없었을 것입니다.
백성과 군사들의 절대적인 신망을 받고 있던 최영이었습니다. 그런

백전노장 최영이 군사를 지휘하고 있는데, 그 밑에서 말머리를 돌리
자고 결의하기는 쉽지 않았을 것입니다.

🐢 위화도 회군을 단행하다

드디어 역사적인 요동정벌군이 북벌에 나서 그해 5월 위화도에 진
을 쳤습니다.《고려사》는 시종 부정적으로 묘사하고 있습니다. "도망
하는 군사가 길에 이어져 끊어지지 않았다"라는 식입니다. 물론 회
군을 합리화하려는 조선 측의 시각이죠. 거꾸로 이성泥城원수 홍인계
洪仁桂와 강계江界원수 이억李嶷이 먼저 요동으로 건너가 적군을 죽이
고 돌아오니 우왕이 기뻐하면서 금정아金頂兒와 비단을 하사했다는
상반된 기록도 있습니다. 기록에서는 찾을 수 없지만, 저는 만일 우
왕과 최영 등이 요동정벌군에게 땅을 부상으로 주겠다고 약속했다
면 요동정벌군의 사기가 낮지 않았을 것이라고 생각합니다.

이성계는 조민수를 설득해서 회군을 요청하는 편지를 보냈습니
다. 선왕인 공민왕이 명나라에 사대事大했는데 지금 명나라를 치는
것은 선왕의 유지에 위배되는 것이라는 논리였습니다. 저는 공부하
면 할수록 그때나 지금이나 한국사를 이해하려면 사대주의를 깊게
연구해야 한다는 생각이 듭니다. 고구려 멸망 이후 사대주의가 우리
속에 너무 깊게 들어와 있다는 생각이 갈수록 깊게 듭니다.

이성계는 또한 장마철이라 갑옷이 무거워져 군사와 말이 모두 피
곤하다는 이유 등을 덧붙이면서 조민수에게 회군할 것을 요청했습

니다. 우왕은 환관 김완金完을 보내 진군을 재촉했지만, 이성계와 조민수는 거꾸로 김완을 억류했습니다. 신하가 임금이 보낸 사신을 억류했다는 사실은 군신 관계의 파탄을 의미하는 것입니다.

만약 이때 요동정벌군이 압록강을 건넜으면 과연 요동정벌에 성공했을까요? 최영은 고려 군사만으로 명나라와 싸우려고 한 것은 아닙니다. 최영은 배후裵厚라는 인물을 북원에 보내 협공을 제의했습니다. 《고려사》는 "원나라는 사막으로 도망하여 헛 칭호만 일컫고 있었는데 최영이 그들의 응원을 받으려 했으니, 그 계책이 소루疏漏했다"라고 비난하고 있습니다.

그러나 북원 군사와 연합하려던 계책은 허황된 것이 아니었습니다. 이때만 해도 명나라는 아직 중원을 통일하지 못하고 있었습니다. 사실 우왕의 말대로 조금만 더 빨리 요동정벌군을 보냈으면 훨씬 성공 가능성이 컸을 것입니다. 명나라는 홍무 20년(1387) 9월 영창후永昌侯 남옥藍玉에게 15만 대군을 주어서 북원을 공격하게 했습니다. 이듬해(1388) 3월, 명군은 지금의 내몽골 파림좌기 부근인 경주慶州에 도달합니다. 그리고 4월 말에는 포어아해捕魚兒海(지금의 중국과 몽골의 국경 부근의 패이호貝爾湖)라는 곳에서 북원 군사와 결전을 벌입니다. 이 전투에서 명군이 크게 이기고, 북원은 황자皇子 지보노地保奴와 비빈妃嬪, 공주 등 여인 120명, 관속官屬 3,000여 명, 남녀 백성 7만 명이 포로로 잡히고, 가축 15만 마리까지 빼앗겨 결정적으로 약화됩니다.

이렇게 북원의 세력은 약화되었지만, 그렇다고 주원장이 중원을 통일한 것도 아닙니다. 그해 8월에는 월주越州에서 또 봉기가 일어나는 바람에 군사를 보내야 했습니다. 이렇게 명나라도 아직 중원을 통일한 상황이 아니기 때문에 최영의 계책대로 북원의 기병과 합세했다면 전세는 어찌 흘러갔을지 알 수 없습니다. 그러나 이성계와 조민수는 위화도 회군을 단행했습니다.

그런데 위화도 회군은 누구의 계책일까요?《태조실록》은 〈남은南誾 졸기〉에서 "남은이 조인옥趙仁沃 등과 더불어 회군을 건의했다"면서 남은과 조인옥의 아이디어라고 서술하고 있습니다. 그러나 남은과 조인옥이 모두 정도전과 같은 정치 노선을 걸었다는 점에서 정도전도 가담했을 가능성이 충분합니다. 이렇게 정벌군은 위화도에서 말머리를 돌렸습니다.

우왕과 최영은 이런 사태를 전혀 예상하지 못했습니다.《고려사》〈최영 열전〉은 "애초에 최영은 정벌을 떠나는 장수들의 처자를 인질로 가두려고 했지만, 사태가 급박해서 실행하지 못했다"라고 전하고 있습니다. 실제로 최영이 장수의 가족을 인질로 삼으려다가 사태가 급박해서 중단했는지는 알 수 없습니다. 그런데《태조실록》은 최영이 이성계의 가족을 인질로 삼으려 했던 것처럼 묘사하고 있습니다. 이성계가 요동으로 향했을 때 향처 한씨는 포천 재벽동의 전장에 있었고, 경처 강씨는 포천 철현의 전장에 있었는데, 이방원이 변고가 발생했다는 말을 듣고 포천으로 말을 타고 달려갔다는 것입니다. 《태조실록》은 이방원이 이성계의 두 부인과 딸들, 그리고 강씨 소생의 방번芳蕃, 방석 등을 동북면으로 피신시켰다고 전합니다. 노복들이 다 도망가서 이방원 일행은 민가에서 밥을 얻어먹어야 했는데, 철원부터는 관리들이 체포하려 한다는 말이 들려서 민가에도 들어가지 못하고 들판에서 유숙하다가 7일 만에 사태가 진정되자 돌아왔다는 것입니다.

이방원의 이런 행동은 마치 이성계가 위화도에서 회군할 것을 미리 알았다는 식의 행보입니다. 이성계가 압록강을 건너 요동으로 들어간다면 가족이 인질이 될 것을 걱정할 필요가 없었습니다. 이 기사는 이성계가 요동으로 떠나기 전에 이미 회군을 계획한 것이 아닌가 하는 생각이 들게 합니다. 회군 소식이 들리면 최영이 가족을 억류할 것을 우려해서 방원이 급히 피신시켰다는 추론이 가능합니다. 이때 방번과 방석이 모두 나이가 어려서 방원이 직접 안고 말에 탔다고 전하고 있습니다. 이 두 왕자를 왕자의 난 때 모두 죽이게 되니 역사의 전개란 때로 피도 눈물도 없다는 생각이 듭니다.

🐉 요동치는 정세 속, 과전법이 반포되다

요동정벌군이 회군하자 당황한 우왕은 자주慈州 이성泥城으로 말을 달려가서 "정벌하러 갔던 여러 장수가 마음대로 회군했는데, 너희 대소 군민들이 마음을 다하여 막으면 반드시 크게 상을 주겠다"라고 공언했습니다. 위기를 느낀 회군 장수들이 급히 우왕을 추격하자고 요청하자 이성계가 "빨리 가면 반드시 싸울 터이니 사람을 많이 죽이게 된다"라고 거절했을 정도로 승패는 이미 정해진 것이었습니다. 막으려고 해야 막을 병사가 없었습니다.

회군한 요동정벌군은 개경 근교에 진을 치고 우왕에게 최영을 내쫓으라는 통첩장을 보냈으나 우왕은 거부했습니다. 그러자 정벌군은 개경 성내로 진입했습니다. 최영이 화원花園 내의 팔각전으로 들어가서 우왕과 합세하자 정벌군은 화원을 수백 겹으로 포위하고 나오라고 고함쳤습니다. 군사들이 담을 무너뜨리고 화원으로 난입했는데, 곽충보郭忠輔 등은 팔각전 안으로 들어가 수색했고, 결국 최영은 눈물을 흘리면서 우왕에게 절하고 끌려나왔습니다.

이때만 해도 회군 세력 사이에서는 우왕을 폐위하는 데는 의견이 일치했지만 누구를 후사로 세울 것인가를 두고는 이견이 있었습니다. 위화도에서 이성계는 조민수에게 우왕을 폐하고 다시 왕씨의 후손을 세우자고 회유했는데, 그 왕씨를 두고 의견이 갈린 것입니다. 온건개혁파 사대부들의 대부 격이었던 이색과 조민수는 '전왕인 우왕의 아들을 세워야 한다'는 명분론을 내세워 우왕의 아들로 9세에 불과했던 창왕을 세우려 했습니다. 이성계는 반대했지만, 이때만 해도 이색을 등에 업은 조민수가 세를 얻었기 때문에 우왕의 아들이 후사로 결정되었습니다.

최영은 이미 지금의 경남 마산시인 합포合浦로 유배 보냈는데, 회군 세력은 최영을 살려둘 수 없었습니다. 그가 언제 재기할 줄 몰랐기 때문입니다. 전법판서 조인옥과 이제李濟 등은 최영을 사형시켜야 한다는 상소를 올렸는데, 그 명분이 '요동 공격이라는 그릇된 전략으로 명나라 천자에게 죄를 지었다'는 것이었습니다. 또한 문하부 낭사 허응許應도 "요동정벌을 단행함으로써 천자에게 죄를 짓고, 백성에게 해독을 끼쳤으며, 사직을 거의 전복되게 만들었다"면서 사형시킬 것을 요구했습니다. 명나라 임금을 '천자'로 호칭하면서 '천자께 죄를 지었다'는 사대주의적 명분론이 벌써 횡행하는 것입니다.

창왕은 결국 이런 상소들을 받아들여 최영을 사형시켰습니다. 최영의 나이 만 일흔두 살 때의 일이었습니다.《고려사》〈최영 열전〉은 최영의 마지막 모습과 그가 사형당한 직후 발생한 일들을 이렇게 설명하고 있습니다.

> 최영은 사형에 임해서 말씨나 얼굴빛이 전혀 변하지 않았다. 그가 죽는 날에 개경 사람들은 모두 철시했으며, 원근에서 이 소식을 듣고는 길거리의 아이들과 시골의 아낙네들까지 모두 눈물을 흘렸다. 시신이 길가에 놓여 있었는데, 오고 가는 사람들이 모두 말에서 내렸다. 도당에서는 쌀, 콩, 베, 종이를 부의로 보냈다.
>
> 《고려사》〈최영 열전〉

저는 이 기사에서 '도당에서 부의를 보냈다'는 대목에 주목합니다. 도당에 아직 최영을 지지하는 세력이 있다는 뜻입니다. 이성계 일파가 아직 완전히 승리한 것은 아니라는 뜻이지요. 이때가 몇 년입니까? 1388년이지요? 조선 개창까지 아직 4년이나 남아 있습니다. 이 4년 동안 있었던 일들에 주목하는 것이 조선 개창의 진정한 의의를 찾는 길입니다. 즉, 혁명적 토지제도의 수립을 통한 개국 프로그램이 있었다는 이야기입니다.《정도전과 그의 시대》에서 말씀드렸으니 몇 가지 중요한 사항만 짚어보고 다음 이야기로 넘어가겠습니다.

우왕을 쫓아내고 아들 창왕을 세웠으니 정국이 요동칠 수밖에 없었습니다. 그러던 창왕 즉위년(1388) 7월, 역성혁명파 조준이 "전제, 즉 토지제도를 바로잡아야 국용國用, 즉 나라에서 쓸 것이 족하게 되고 민생이 후하게 되니, 인재를 가려 기강紀綱을 진작하고 정령政令을 거행하는 것이 지금 당면한 급한 임무입니다"라는 상소를 올려 토지 개혁을 주장했습니다. 이 상소로 회군 정국은 단숨에 토지 개혁 정국으로 바뀌었습니다.

조준은 가난한 농민들이 아무리 일을 해도 소작료를 낼 수 없어 다른 사람에게 빌려서 충당한다며 사전의 폐단을 극력 피력했고, "그 빚은 아내를 팔고 자식을 팔아도 갚을 수 없고, 부모가 굶주리고 떨어도 봉양할 수 없으니, 원통하게 부르짖는 소리가 위로 하늘까지 통합니다"라고 사전 혁파의 당위성을 설명했습니다. 뒤따라 간관 이행李行, 판도판서 황순상黃順常, 전법판서 조인옥 등이 잇따라 사전 혁파를 주장하는 상소에 가담했습니다. 정도전이 《조선경국전》〈부전〉에서 "전하께서는 잠저에 계실 때 친히 그 폐단을 보시고 개연히 사전 혁파를 자신의 소임으로 여기셨다"라고 말한 대로 사전 혁파를 통한 건국 프로그램이 본격 가동되는 것입니다. 정도전은 같은 글에서 "경내境內의 모든 토지를 남김없이 몰수해서 공가公家, 즉 국가에 속하게 하고, 백성의 수를 헤아려 농토를 나누어 주어서(計民授田) 옛날의 올바른 전제로 돌아가려고 한 것이었다"라고 말했습니다. 먼저 나라 안의 사전을 모두 몰수해서 국가 소유로 만들고, 모든 백성에게 골고루 나누어 주겠다는 개혁 프로그램입니다. 권세가들의 침탈에 시달리던 들판의 구민들이 쌍수를 들어 환영할 수밖에 없었고, 이렇게 인심에 따라서 천명의 소재가 확인되었습니다.

회군 후 이성계의 경쟁자로 변한 조민수는 "사전 개혁을 저해하므로 대사헌 조준이 논핵하여 내쫓았다"라는 《고려사절요》의 기사처럼 사전 개혁에 저항하다가 제거되었습니다. 이런 와중에 최영의 생질인 전 대호군 김저金佇 등이 여주로 이배移配된 우왕을 몰래 만나서 "역사力士 한 사람을 얻어 이시중李侍中, 즉 이성계를 제거하라"라는 지령과 함께 칼 한 자루를 받은 사건이 발생했습니다. 이 사건을 빌미로 이성계와 정도전 등은 '우와 창은 본래 왕씨가 아닌 가짜 왕, 즉 가왕假王이므로 폐위하고 진왕眞王을 세워야 한다'는 폐가입진론을 제기했습니다. 이들은 창왕도 쫓아내고 신종神宗의 7대손인 정창군, 즉 공양왕을 세웠습니다. 우왕과 창왕이 왕씨가 아니라는 '우창비왕설禑昌非王說'은 물론 새 왕조 개창을 정당화하기 위한 이미지 조작에 불과하지만, 보다 중요한 것은 토지 개혁이었습니다.

《고려사》〈식화지〉는 "공양왕 2년(1390) 9월, 기존의 공사전적公私田籍, 즉 관청과 개인이 가진 모든 토지문서를 개경 한복판에 쌓아놓고 불을 질렀다. 그 불이 여러 날 동안 탔다"라고 전하고 있습니다. 이러한 토대 위에서 공양왕 3년(1391) 5월 새 토지제도인 과전법科田法을 반포했습니다. 원래 정도전이 구상한 토지제도는 모든 백성에게 농지를 나누어 주는 '계구수전'이었지만, 그렇게는 되지 못했습니다. 《고려사》〈조준 열전〉에서 "토지 개혁 논의에 참여한 자 53인 중에 토지 개혁에 찬성하는 자는 18~19인에 불과했다. 반대하는 자는 대개가 권세가의 자제들이었다"라고 표현한 대로 권세가들의 격렬한 반발 때문에 한발 후퇴할 수밖에 없었습니다. 그래서 모든 백성에게 토지를 나누어 주지는 못하고 나라에 직역職役이 있는 사람들에게만 토지를 분배하는 과전법으로 후퇴한 것입니다. 정도전은 이를 아쉬워하면서도 《조선경국전》〈부전〉에서 "백성에게 토지를 분배하는 일이 비록 옛사람에게는 미치지 못하였으나, 전조前朝(고려 왕조) 때의 문란한 제도에 비하면 어찌 만 배나 낫지 않겠는가?"라고 자평했습니다.

이렇게 천명의 소재가 확인되었고, 새 나라 개창 준비가 끝났습니다. 아니 역성혁명파는 끝났다고 생각했습니다. 그러나 아니었습니다. 500년 왕업은 그리 쉽게 무너지지 않았습니다. 회군공신이었던 정몽주가 새 왕조 개창에 반대하고 나서면서 정국은 다시 격랑 속으로 빠져들게 됩니다.

🦌 정몽주의 반격

리더십에는 두 유형이 있습니다. 한 유형은 리더 자신이 앞장서서 온갖 비난을 감수하며 행동에 옮기는 경우입니다. 이 경우는 목표를 세우면 그에 따르는 비난도 감수합니다. 또 한 유형은 목표는 세웠지만 비난은 감수하지 않으려는 유형입니다. 그러면서도 목표는 달성하려 합니다. 이런 유형의 리더를 만나면 아랫사람이 힘듭니다. 이성계가 바로 이런 유형입니다. 이성계는 우왕 9년(1383) 함길도 함주까지 찾아온 정도전을 만나서 새 왕조 개창을 꿈꾸었지만, 역신逆臣이라는 비난까지 감수하고 싶지는 않았습니다. 이성계는 자신은 왕이 되고 싶지 않았는데 주위에서 추대해서 할 수 없이 즉위했다는 이미지를 남기고 싶었습니다. 대단한 욕심이죠.

이성계는 위화도에서 말머리를 돌릴 때 이미 루비콘 강을 건넌 것입니다. 과전법 공포까지 이성계는 루비콘 강을 건너도 여러 번 건넜습니다. 개경을 장악해서 우왕을 내쫓을 때 두 번째 건넜고, '우창비왕설'을 주창해 창왕까지 내쫓을 때 세 번째 건넜으며, 기존의 토지문서를 불태우고 과전법을 공포할 때 네 번째로 건넜습니다. 군사를 거느린 채 루비콘 강을 건넌 시저가 로마로 입성해 공화정을 무너뜨리고 제위에 올랐던 것처럼 이성계도 위화도 회군을 감행하고 토지개혁을 단행했습니다. 이제 고려 왕조를 목동들의 피리 소리 속에 날려버리고 새 왕조를 개창하는 일만 남았습니다. 이런 일은 주저 없이 순식간에 해치워야 합니다.

그러나 이성계는 망설였습니다. 세간의 비난에 신경 썼습니다. 그 사이에 이성계가 왕위를 노리고 있다는 소문은 퍼질 대로 퍼졌습니다. 소문은 퍼졌는데 이성계가 망설이고 있으니 고려 왕조를 존속시키려는 온건개혁파 유학자들이 반격을 꾀했습니다. 정도전은 새 왕조 개창에 반대하는 온건개혁파의 리더 이색과 우현보禹玄寶를 제거해야 한다고 생각하고 공세를 취하고 있었습니다. 그런데 정몽주가 뜻밖에도 이색·우현보 세력에 가담하면서 회군 세력 내부가 분열되었습니다. 정몽주는 위화도 회군에 찬성하고 회군공신에 책봉된 인물입니다. 뿐만 아니라 공양왕 옹립에도 찬성해서 익양군 충의군益陽郡忠義君에 봉해지고 좌명佐命공신까지 되었습니다. 그러나 정몽주는 이제 반 이성계 세력의 선봉으로 변했습니다.

정몽주가 위화도 회군에는 찬성하고 조선 개국에는 반대한 것에 대해서는 논란이 많습니다. 그러나 정몽주에게는 논리가 있었습니다. 그에게 유학은 일종의 이념이었습니다. 유학은 잘못 이해하면 중

▲ 정몽주 초상

화中華사상으로 변질됩니다. 정몽주는 명나라를 사대의 대상으로 높였습니다. 그래서 명나라를 공격하는 요동정벌에 반대하고, 위화도 회군에 찬성한 것입니다. 그러나 거기까지였습니다. 정몽주는 고려라는 왕조의 국체를 바꿀 생각은 없었습니다. 상호 모순되어 보이지만, 정몽주에게는 모순이 아니었습니다. 상국上國인 명나라를 공격하는 것은 무슨 수를 써서라도 막아야 했습니다. 이를 위해서 국왕은 다른 왕씨로 교체되어도 좋습니다. 그러나 고려라는 왕조의 국체는 유지되어야 합니다. 원나라 집권기에 국왕을 교체한 사례는 많았습니다. 그래도 고려라는 국체는 그대로 유지되었습니다.

정도전이 이색과 우현보를 공격하면서 이 문제가 정국의 현안이 되었습니다. 이때 정몽주가 재상들과 함께 상소를 올려 이 문제에 대해 의견을 개진했습니다. 정몽주의 주장은 "공도公道로 볼 때 양쪽이 모두 잘못인 것 같습니다"라는 것입니다. 양비론兩非論이나 양시론兩是論은 대부분 교묘하게 한쪽 편을 드는 것입니다. 이때 정몽주가 펼친 양비론은 물론 정도전을 비난하고 이색과 우현보를 지지하는 것이었습니다. 정몽주는 사건을 재조사해야 한다고 주장했습니다. 그러면서 그 결정권을 공양왕이 가져야 한다고 제안했습니다. 공양왕이 직접 관련자들을 불러 심사해서 원통하고 억울한 일이 없게 한 연후에 내쫓기도 하고 석방하기도 한다면, 인심이 복종하고 공도가 행해질 것이라는 것입니다.

허수아비에 가까웠던 공양왕으로서는 정몽주의 제안을 거부할 이유가 없었습니다. 거부할 것이 아니라 오히려 천군만마를 얻은 것과 마찬가지였습니다. 정몽주의 히든카드는 바로 공양왕의 왕권 강화였습니다. 공양왕은 이성계 일파가 세운 임금입니다. 타인의 손에 이끌려 최고 자리에 오르는 것만큼 위험한 일도 없습니다. 그나마 자신과 사상이나 정책이 같다면 다행이지만, 그렇지 않다면 비극은 배가됩니다. 공양왕은 사전 개혁 때 "조종부터 내려온 사전의 법이 과인의 대에 이르러 갑자기 개혁되니 애석한 일이다"라면서 '탄식하고 눈물을 흘렸다'는 인물입니다. 역성혁명파 조준이 "정창군, 즉 공양왕은 부귀한 집에서 생장해 자기의 재산만 다스릴 줄 알았다"라고 비판한 것처럼 그 자신이 막대한 사전의 소유자로서 사전 혁파라는 대의를 이해하지 못했습니다. 그래서 그는 정몽주의 왕권 강화 제의에 선뜻 응했는지도 모릅니다. 그것이 얼마나 위험한 제안인지는 간과한 채.

정몽주가 역성혁명파에 대해 반격을 시도할 수 있었던 것은 대간臺諫을 장악했기 때문입니다. 대간은 백관에 대한 탄핵권이 있기에 직급에 비해 큰 힘이 있습니다. 드디어 공양왕 3년(1391) 9월, 대사헌 김주金湊와 형조에서 정도전을 공격하고 나섰습니다. "정도전이 사헌부 규정糾正을 몰래 꾀어서 대간을 비방했으니 극형에 처해야 한다"라고 상소한 것입니다. 대간을 비방한 죄로 사형에 처해야 한다는 것이었으니, 사실상 역성혁명파에 전쟁을 선포한 셈입니다. 공양왕은 정도전을 지방관인 평양부윤平壤府尹으로 보내는 것으로 절충했습니다. 정도전을 지방으로 보낸 것만으로도 공양왕은 큰 결단을 내린 셈입니다. 정도전이 이성계의 책사라는 사실은 이제 다 알려졌습니다. 그만 제거하면 이성계 일파를 저지할 수 있다고 생각했는지도 모릅니다.

이제 상황은 간단치 않습니다. 정몽주가 선봉에 섰고, 그간 침묵했던 대신들이 정몽주를 지지하고 나섰기 때문입니다. 사헌부와 형조에서 계속 상소를 올려 정도전을 공격하자 공양왕은 정도전을 고향인 봉화현奉化縣(지금의 경상북도 영주시)으로 돌려보냈습니다. 사실상 유배인 셈이었죠. 동시에 공양왕은 세자 왕석王奭을 명나라 남경으로 보냈습니다. 명나라에 차기 국왕의 지위까지 보장받으려는 의도였습니다. 공양왕은 왕위를 넘겨줄 뜻이 전혀 없었습니다. 세자 파견은 왕위 이양은커녕 차기 왕위도 자기 집안에서 차지하겠다고 공표한 것이었습니다. 공양왕과 정몽주의 결합은 더욱 굳건해졌습니다. 이에 힘을 얻은 정몽주 세력은 거듭 정도전을 공격했습니다.

"정도전은 가풍이 바르지 못하고 파계派系가 명백하지 못한데도 외람되게 높은 관직을 받고 조정에 섞여 있으니, 고신告身과 녹권錄券을 회수하고 그 죄를 밝게 다스리기를 청합니다."

공양왕이 세자 왕석을 남경으로 보낸 때는 재위 3년(1391) 9월이고, 정도전의 파계를 공격한 것은 10월입니다. 파계란 출신 성분을 말하는 것입니다. 반대파에서는 정도전이 정실부인의 소생이 아니라고 공격해 왔습니다. 공양왕은 이 상소를 받아들여 정도전의 직첩과 녹권을 회수하고 나주로 귀양 보냈습니다. 두 아들 전농정典農正 정진鄭津과 종부부령宗簿副令 정담鄭澹도 서인庶人으로 떨어뜨렸습니다. 반면 정도전이 제거해야 한다고 주장했던 이색은 한산韓山부원군, 우현보는 단산丹山부원군으로 복권되었습니다. 순식간에 사태가 역전된 것입니다. 이제 사태의 주도권은 정몽주 측으로 넘어갔습니다.

공양왕과 정몽주의 공세는 해를 넘겨서도 계속됩니다. 운명의 해인 이듬해(1392) 2월, 왕권 강화 조치가 취해졌습니다. 예조에서 공양왕에 대한 예의를 강화해야 한다고 주장한 것입니다. 조회를 마친 후 공양왕이 전殿에 앉아 있는데도 백관이 먼저 나간다면서, 앞으로는 공양왕이 일어나 내전으로 들어갈 때 군신들이 몸을 굽혀 예를 표한 후 차례대로 나가야 한다는 것입니다.

이성계는 이런 상황에서 전혀 움직이지 않습니다. 오히려 고향으로 돌아가겠다는 의사를 여러 번 피력합니다.《태조실록》〈총서〉는 이성계가 정도전, 남은, 조인옥 등에게 "내가 경들과 함께 왕실에 힘껏 협력했는데도 참소하는 말이 자주 일어나니 용납되지 못할까 염려된다"면서 "내가 동쪽으로 돌아가서 이를 피하겠다"라고 말했다고 전합니다. 이성계가 집안사람들에게 행장을 꾸리라고 하자 정도전 등이 "공의 한 몸에 종사와 백성이 매여 있습니다"라고 만류했습니다. 정도전 등은 "지금 물러난다면 참소하는 말이 더욱 불처럼 일어나 헤아릴 수 없는 재화災禍가 이르게 될 것입니다"라고 거듭 만류했습니다. 정도전이 개국 후 취중에 가끔 "한 고조 유방이 장자방을 쓴 것이 아니라 장자방이 한 고조를 쓴 것이다"라고 말했다는 것이 이해가 갑니다.《고려사》나《태조실록》에 보이는 이성계의 말과 행동을 분석해보면, 과연 그가 진짜 왕이 되고 싶은 생각은 있었는지까지 의심하게 됩니다. 모든 것을 의도된 쇼로 보기에는 너무 주저합니다. 위화도에서 회군을 단행한 것을 보면 결단력이 있어 보이지만, 이때뿐입니다. 아마도 정도전이 없었으면 개국 군주가 되지 못했을 가능성도 있습니다.

정도전과 조준 등이 공격당하는 상황에서 엎친 데 덮친 격의 사건이 발생합니다. 공양왕 4년(1392) 3월, 세자가 남경에서 돌아오자 이성계가 황주黃州까지 나가서 맞이했습니다. 그리고 해주에서 사냥하다가 그만 말에서 떨어져 다치고 맙니다. 원숭이도 나무에서 떨어질 날이 있다더니, 마침 이런 때 이성계가 드러눕고 말았습니다. 《고려사절요》에서 "정몽주가 이성계의 낙상 소식을 듣고 기뻐하는 기색이 있었다"라고 기록하고 있는 것처럼 정몽주는 이성계의 낙상을 하늘이 준 기회로 여겼습니다. 세자는 금의환향했습니다. 명 태조 주원장이 세자를 공후公侯의 다음으로 자리하게 하고, 내전에서 잔치를 다섯 번이나 베풀어주었다는 소식이 전해졌습니다. 도당에서는 세자를 금교金郊에서 맞이하고, 백관은 반열班列을 지어 선의문 밖에서 맞이했습니다. 친명파였던 정몽주는 천군만마를 얻은 것으로 여겼습니다. 때마침 이성계는 낙상했습니다. 그때까지 공양왕이 조준과 정도전의 목을 베지 못한 것은 이성계 때문이었습니다. 이성계의 군사 동원이라는 마지막 카드가 남아 있었기 때문입니다. 그런데 그 이성계가 낙상해서 드러누웠습니다.

그래서 그해 4월 정몽주는 총공세를 펼쳤습니다. 대간에서는 번갈아 글을 올려 조준과 정도전의 목을 베야 한다고 청했습니다. 《태조실록》은 "정몽주가 대간을 사주하여" 이런 상소를 올렸다고 전하고 있습니다. 조준, 정도전 등의 사전 혁파로 원한이 뼈에 사무친 인물이 한둘이 아니었습니다. 공양왕이 대간의 청을 받아들인다면 방법은 하나밖에 남지 않습니다. 이성계가 직접 군사를 일으켜 공양왕과 정몽주를 제거하는 방법 외에는 없게 됩니다. 사태가 급박해지자 이성계는 이들 방과芳果와 이복동생 이화 등을 공양왕에게 보내 조준 등을 조정으로 불러와서 변론하게 해달라고 요청하게 했습니다. 그러나 공양왕은 이를 묵살합니다. 대간에서 몇 번 더 주청하면 죽이겠다는 뜻이 내포되어 있는 것입니다.

🐚 이방원의 등장

이때 나선 인물이 이방원입니다. 이방원은 결단력의 사람이자 전광석화처럼 움직이는 행동력의 사람입니다. 상황 파악도 빠릅니다. 한번 결단하면 주저 없이 행동에 옮깁니다. 낙상한 이성계는 예성강 하류의 국제 무역항이었던 벽란도碧瀾渡에 머무르려 합니다. 속은 어떤지 몰라도 겉으로는 태평합니다. 이방원은 이성계가 개경에 없으면 큰일 난다고 생각했습니다. 이성계가 벽란도에 머물러 있는데 정도전과 조준에게 사형 집행령이 떨어지면 끝장입니다. 이성계가 반드시 개경에 있어야 이를 저지할 수 있습니다. 그래서 이방원은 말을 달려 벽란도로 갔습니다. 이성계는 이방원의 거듭된 재촉을 받고서야 견여肩輿에 올라 개경의 사저로 돌아왔습니다. 이제 겨우 한시름 놓을 수 있었습니다. 이성계의 마지막 카드를 두려워하는 반대파의 공세를 잠시 늦추게 할 수 있는 것입니다.

저는 이 대목이 궁금합니다. 공양왕이 정도전과 조준에게 사형 집행령을 내렸다면 이성계는 어떻게 했을까요? 수수방관했을까요? 아니면 군사를 동원해 쓸어버렸을까요? 누가 알겠습니까? 공양왕과 정몽주도 몰랐을 것입니다. 이방원은 이런 상태로 진행되게 방관할 수는 없다고 판단했습니다. 《태조실록》은 "이방원이 이성계에게 정몽주를 죽이자고 청했지만 이성계가 듣지 않았다"라고 전하고 있습니다. 이방원은 이성계에게 매달렸습니다. 이방원은 "지금 정몽주 등이 사람을 보내서 정도전 등을 국문하며 우리 집안을 연관시키려고 하니 사세가 급한데 어찌해야 하겠습니까?"라고 물었습니다. 이성계는 "죽고 사는 것은 명命이 있으니 마땅히 순리대로 받아들일 뿐이다"라고 대답했습니다. 마치 생사와 이해를 초월한 도인道人 같은 말입니다.

이성계 설득에 실패한 이방원이 숭교리崇敎里 옛집으로 돌아와 걱정하고 있는데, 광흥창사廣興倉使 정탁鄭擢이 찾아왔습니다. 정탁은 "왕후와 장상이 어찌 혈통이 있겠습니까?"라는 유명한 말로 거사를 재촉합니다. 그래서 이방원이 다시 이성계의 사저로 달려갔습니다. 이때 다시 변수가 발생합니다. 정몽주가 이성계를 문병 온 것입니다.

정몽주는 명나라 사신길이나 일본 사신길을 주저하지 않았던 강단 있는 선비입니다. 이성계가 위독하다는 소문을 들었는데 개경 사저로 돌아왔다고 하자 사실 여부를 직접 확인하려고 사저로 찾아온 것입니다. 정몽주는 세평世評에 신경 쓰는 이성계가 자신을 해치지 못하리라는 확신을 갖고 있었습니다.《고려사절요》는 정몽주의 문병을 받은 이성계가 "전과 같이 대했다"라고 적고 있습니다. 이성계는 정몽주가 예견한 대로 움직인 것입니다.

그러나 정몽주가 간과한 것이 있습니다. 이성계의 아들 이방원은 부친과는 다른 유형의 인물이라는 사실입니다. 이방원은 이성계의 여진족 출신 의형제 이지란에게 정몽주 제거를 요청했습니다. 그러나 이지란은 "공公(이성계)이 모르는 일을 내가 어찌하겠는가?"라고 거절했습니다. 이성계의 이복동생 이화도 "공이 노하시면 두려운 일인데 어찌하겠는가?"라고 반대했습니다. 정몽주 제거는 모두가 꺼리는 일입니다. 당대의 명유名儒를 잘못 죽이면 두고두고 오명이 될 수 있습니다. 이럴 때 악역을 수행하는 사람이 주도권을 장악하게 됩니다. 이방원은 "아버님께서는 제 말을 듣지 않으시지만 정몽주는 죽이지 않을 수 없으니 제가 마땅히 그 허물을 책임지겠습니다"라고 선포합니다.

이방원은 정몽주가 이성계의 사저에서 나가자 뒤쫓아 길에서 치려고 했지만, 길이 엇갈립니다. 때마침 전 판개성부사判開城府事 유원柳源이 죽었는데, 정몽주가 도중에 조상弔喪하게 되면서 이방원의 가신인 조영규趙英珪 등이 무기를 준비할 시간을 가질 수 있었습니다. 드디어 정몽주가 나타나자 조영규가 달려가서 쳤지만, 정몽주가 피했는지 맞지 않았습니다. 정몽주는 조영규를 꾸짖고는 말을 채찍질해서 달아나려 했습니다. 조영규가 급하게 뒤쫓아 가서 말머리를 치자 말이 넘어졌습니다. 그 바람에 정몽주는 땅에 떨어졌다가 일어나서 급히 달아났는데, 함께 현장에 있던 고여高呂 등이 쫓아가서 살해했습니다. 공양왕 4년(1392) 4월의 일입니다.

이성계의 반응은 예상대로였습니다. 《태조실록》은 이방원이 정몽주를 죽였다고 보고하자 이성계가 이렇게 꾸짖었다고 전합니다.

"우리 집안은 원래 충효로 세상에 알려졌는데, 너희가 마음대로 대신을 죽였으니 나라 사람들이 내가 이 일을 몰랐다고 여기겠는가? 부모가 자식에게 경서經書를 가르치는 것은 그 자식이 충성하고 효도하기를 원한 것인데, 네가 이렇게 불효不孝한 짓을 하니 내가 사약을

▲ 정몽주가 피살당한 개성 선죽교

마시고 죽고 싶은 심정이다."

이방원은 반박합니다.

"정몽주 등이 우리 집을 모함하려고 하는데 앉아서 망하기를 기다리겠습니까? 정몽주를 죽인 것이 곧 효도입니다."

이성계의 효도와 이방원의 효도는 서로 관점이 다릅니다. 아니 차원이 다릅니다. 이 때문에 부자는 나중에도 크게 충돌합니다. 서로맞지 않습니다. 정몽주를 제거한 이방원이야말로 개국의 1등 공신입니다. 이때 이방원이 정몽주를 제거하지 않았다면 역사는 또 어떻게바뀌었을까요? 충효를 높이 치는 이성계가 세간의 비평을 무릅쓰고스스로 등극의 길을 걸었을까요?

정몽주를 제거한 후 이방원은 형 이방과(정종)를 공양왕에게 보내 조준, 정도전을 죽이려고 했던 대간을 처벌해야 한다고 요청했습니다. 정몽주가 죽었다는 소식은 이미 전해졌습니다. 사태가 불리함을 느낀 공양왕은 마지못해 대간들을 순군옥巡軍獄에 가둡니다. 공양왕은 당초 대간을 국문하지 않으려 했습니다. 그러나 이미 전세는 역전되었습니다. 대간의 하나인 좌상시左常侍 김진양金震陽이 역성혁명파에서 원하는 말을 해줍니다.

"정몽주, 이색, 우현보 등이 이숭인 등을 저에게 보내 '이성계가 지금 말에서 떨어져 위독하니 먼저 그를 보좌하는 조준 등을 제거한 후에 이성계도 도모하겠다'라고 했습니다."

먼저 이성계의 우익을 제거한 후 나중에 이성계도 죽이겠다는 계획이 있었다는 폭로입니다. 이로써 정도전과 조준을 공격한 것이 이성계 제거 계획의 일환이었다는 사실이 드러났습니다. 전세가 완전히 역전되었습니다. 이성계는 김진양 등을 참형에 처해야 한다는 주청에 "정몽주의 사주를 받았을 뿐이다"라면서 거절하고, 또 호되게 곤장을 치자는 주청에도 "이미 용서했는데 어찌 곤장을 치겠는가?"라고 거절했습니다. 그러나 정몽주가 격살되고 정도전 등의 처형을 주청하던 대간들이 거꾸로 하옥되면서 마지막 저항은 무산되었습니다.

🐎 고려의 마지막 임금, 이성계

공양왕은 공연히 자신의 속내만 드러낸 셈이 되고 말았습니다. 역성혁명파 내부에서 공양왕이 언제 또 다른 짓을 할지 모른다는 의구심이 커져갔습니다. 다급해진 공양왕은 재위 4년(1392) 7월 12일, 이성계의 사저로 찾아갔습니다. 이성계와 동맹을 맺겠다고 요청한 것입니다. 그러나 이미 역성혁명파는 공양왕을 폐출하기로 방침을 정했습니다. 이날 시중 배극렴은 왕대비王大妃에게 공양왕의 폐위를 주청했습니다. 왕대비란 공민왕의 왕비 안씨를 뜻합니다. 배극렴은 "지금 왕이 혼암해 군주의 도리를 잃어서 인심이 이미 떠나갔다"라고 폐위를 주청했습니다. 물론 왕위 폐출 권한이 왕대비 안씨에게 있는 것은 아니었지만, 국왕보다 윗사람인 왕대비가 폐출한다는 교지를 내리는 형식이 필요했습니다. 폐출 교지를 받은 공양왕은 "내가 본래 임금이 되고 싶지 않았는데 여러 신하가 강제로 세웠다"면서 "내 성품이 불민하여 사기事機에 어두우니 어찌 신하의 심정을 거스른 일이 없었겠는가?"라고 말하며 눈물을 흘렸습니다. 본래 임금이 되고 싶지 않았는데 중간에 정몽주와 손잡고 진짜 임금이 되려고 했다가 비참한 처지로 떨어진 것입니다. 어떻게 보면 고려 왕실을 유지하기 위한 마지막 몸부림을 친 셈이죠. 공양왕은 이름대로 공恭손히 왕위를 양讓보하고 원주로 쫓겨 갔습니다.

7월 16일, 시중 배극렴과 조준, 정도전 등 50여 명의 대소 신료臣僚들이 국새를 받들고 이성계의 사저로 나갔습니다. 이성계의 즉위를 재촉하기 위한 행차입니다. 이때 대사헌 민개閔開가 기뻐하지 않는 얼굴빛을 띠자 남은이 죽이려고 했고, 이방원이 의리상 죽일 수 없다며 말려야 했습니다. 이제 이성계의 즉위는 대세가 되었습니다. 그러나 이성계는 여전히 왕이 되고 싶지 않다는 의사를 거듭 표시하고 있습니다. 생각할수록 묘한 인물입니다. 《태조실록》은 "태조가 문을 닫고 들어오지 못하게 했으나 해 질 무렵 배극렴 등이 문을 밀치고 들어가 국새를 청사廳事 위에 놓으니 이성계가 황망하여 거조를 잃었다"라고 전하고 있습니다. 이성계는 이후에도 여러 번 사양하는 형식을 취하다가 7월 17일 드디어 개경의 수창궁壽昌宮으로 나가 왕위에 오르게 됩니다. 또한 전殿으로 들어갈 때 말에서 내려서 걸어갔으며, 어좌에 앉지 않고 기둥 안쪽에 서서 신하들의 조하朝賀를 받았습니다. 이성계의 묘한 말은 계속됩니다.

"내가 몸만 건강하다면 필마匹馬로도 피할 수 있겠지만, 마침 지금은 병에 걸려 손발을 제대로 쓸 수 없는데 이 지경을 당했다."

병석에 누운 사람을 억지로 왕위에 세웠다는 어투입니다. 이 날짜 《태조실록》에 따르면, 어떤 사람이 지리산에서 얻은 이서異書를 바쳤는데, 거기에 "목자가 돼지를 타고 내려와 삼한 강토를 다시 바로잡을 것이다"라는 말이 쓰여 있었다고 합니다. 또한 "비의非衣, 주초走肖, 삼전삼읍三奠三邑" 같은 말도 쓰여 있었다고 합니다. 목자는 이李씨를 뜻하고, 비의는 배극렴, 주초는 조준, 삼전삼읍은 정도전을 뜻하는 것이라는 해석입니다. 이성계의 즉위는 도참에 의해 미리 전해졌다는 것으로, 이성계의 즉위가 천명이라는 강변입니다. 이성계의 즉위를 합리화하기 위한 이미지 조작 작업인 셈이죠.

7월 28일에야 즉위교서가 반포되었는데, 우왕과 창왕을 신돈의 자손이라고 공격하는 것으로 즉위의 정당성을 설파하고는 "나라 이름은 그 전대로 고려라 하고, 의장儀章과 법제法制는 한결같이 고려의 고사故事에 의거한다"라고 선포했습니다. 왕위 찬탈簒奪이 아니라 고려 왕조의 연장이라는 것입니다. 물론 수사修辭에 불과한 것이죠. 고려 왕조를 지지하는 고려의 구신舊臣들은 개풍군 광덕면의 광덕산 두문동杜門洞 골짜기에 들어가 '두문불출杜門不出'할 수밖에 없었습니다. 이성계의 군사력이 강하기도 했지만, 토지 개혁으로 농민들의 민심이 역성혁명파를 지지하기 때문에 함께 싸울 세력을 찾을 수가 없었습니다.

이성계의 처신은 두고두고 곱씹을만합니다. 조선 초기 문신 이정형이 쓴 《동각잡기》는 이성계가 부하들을 예의로 대접해서 아무도 욕하는 자가 없었으며, 서로 이성계 부대에 소속되고 싶어 했다고 전하고 있습니다. 또한 항상 겸손하게 행동했으며, 남의 위에 서려고 하지 않았다고 전합니다. 활을 쏠 때도 상대편의 실력을 봐서 비슷하게 맞히다가 권하는 이가 있으면 한 번쯤 더 맞히는 데 지나지 않았다는 것입니다. 이렇게 이성계는 스스로를 낮추는 처신으로 주위의 신망을 얻는 한편, 정도전의 계획에 따라 개국 프로그램을 진행했습니다. 그 결과 이성계는 고려 왕조 백관들의 추대 형식으로 고려의 마지막 왕이자 조선의 개국 군주가 되는 진기록을 남겼습니다. 앞으로도 깨지지 않을 기록입니다.

4장

이방원,
아버지를 몰아내다

🐢 무리한 세자 책봉이 불러온 위기의 씨앗

만 474년 만에 고려 왕조를 무너뜨리고 새 왕조가 들어섰습니다. 이성계는 즉위교서에서 "나라 이름은 그대로 고려라고 하고"라고 말했지만, 이것이 일시적인 수사라는 사실을 모르는 사람은 없었습니다. 이성계는 즉위년(1392) 11월 예문관 학사藝文館學士 한상질韓尙質을 명나라 수도 남경으로 보내서 국호를 정해달라고 요청했습니다. 조선이 제시한 국호는 조선朝鮮과 화령和寧(영흥), 두 개였습니다. 이성계는 충숙왕 4년(1335) 10월 11일 화령부和寧府에서 태어났는데, 그 탄생지를 조선과 함께 국호의 하나로 요청한 것입니다.

명나라는 태조 2년(1393) 2월 "동이東夷의 국호 중에는 조선이 아름답고 그 유래가 오래되었다"면서 조선을 선택했습니다. 명나라가 조선이라는 국호를 택한 것은 기자箕子를 의식했기 때문일 것입니다. 그러나 정도전은 《조선경국전》에서 "조선이라고 일컬은 이가 셋 있었으니, 단군, 기자, 위만이 바로 그들"이라고 말했습니다. 기자 앞에 단군을 놓아 우리 민족의 시조가 단군임을 명시한 것입니다.

사대주의적 유학자들은 은(상)나라 기자가 조선으로 갔다는 기사의 조선을 훗날 평양으로 아전인수해서 평양에 기자묘를 만들어 놓았습니다. 물론 실제 시신은 구경도 하지 못한 가묘에 지나지 않습니다. 실제 기자묘로 추정되는 곳은 중국에 두 곳이 있는데, 한 곳은 허난성〔河南省〕 상구시商丘市이고, 또 한 곳은 산둥성〔山東省〕 하택시荷澤市입니다. 기자 실존 당시 중국인들은 현재의 허베이성〔河北省〕 동쪽 지역에 대한 역사 지리 지식 자체가 없었습니다. 그러니 기자가 한반도 내로 왔다는 것은 사대주의 유학자들이 후대에 이념적 차원에서 창작한 내용입니다.

고조선을 무너뜨리고 그 자리에 세웠다는 한사군漢四郡도 마찬가지입니다. 식민사학은 중국 한나라가 고조선을 무너뜨리고 설치했다는 한사군의 위치를 평양 중심의 한강 이북이라고 주장하고 있습니다. 그런데 중국의 고대 사료를 찾아보면 모두 요동에 있다고 나옵니다. 이때의 요동은 '고대 요동'으로, 랴오닝성 요하 동쪽을 뜻하는 지금의 요동보다 수백 킬로미터 더 서쪽으로 가야 합니다. 그러나 지금의 요동으로 치더라도 만주에 있다는 뜻입니다. 한사군이 한반도 북부에 있었다는 고대 사료는 하나도 없습니다. 김교헌, 박은식, 이상룡, 신채호, 정인보 같은 독립운동가 겸 사학자들이 이구동성으로 한사군은 한반도 내에 있지 않았다고 주장한 것은 《사기》, 《한서漢書》,

《후한서後漢書》같은 중국 고대 사서들에 그렇게 나오기 때문입니다.

역사를 해석할 때는 많은 사료를 읽어야 합니다. 그래야 실수하지 않습니다. 한쪽의 사료만 보지 말고 다른 쪽의 사료도 봐야 합니다. 어디에도 치우치지 않아야 그 시대의 본질에 가깝게 다가갈 수 있습니다. 그러나 한국 식민사학계는 자신들에게 유리한 사료만 보고, 불리한 사료는 아예 보지 않거나 무시하는 방법으로 북한 강역이 중국의 역사영토였다는 중국의 동북공정에 동조하는 매국적 주장을 계속하고 있습니다. 학자로서 전혀 문제의식을 갖고 있지 못한, 어찌 보면 불쌍한 사람들이지만, 문제는 이런 식민사학자들이 역사 관련 국가 예산을 독점하고 있다는 점입니다. 이런 점에서 보면 불쌍한 것은 세금 내는 국민들이죠. 우리 강역을 중국에 갖다 바치려는 식민사학을 국민 세금으로 유지하는 셈이니까요.

역사를 해석할 때는 많은 사료를 봐야 하지만, 때로는 한두 구절에서 전체 구조를 파악하는 직관도 중요합니다. 성호星湖 이익李瀷 선생이 고구려 동천왕 때 위魏나라 관구검毌丘儉의 침략로를 보고 "한사군은 한반도 내에 있지 않았다"라고 간파한 것이 이런 예입니다.《삼국사기》는 관구검의 침략로를 "현도에서 나와서 낙랑으로 퇴각했다"라고 적고 있습니다. 현도가 압록강 일대이고 낙랑이 평양이라는 식민사학의 주장에 따르면, 관구검은 압록강으로 나왔다가 평양으로 퇴각한 것이 됩니다. 평양으로 들어간 관구검과 위나라 군사들은 그곳에서 죽어야 합니다. 평양에서 나오려면 고구려 군사들과 다시 격렬한 전투를 치러야 합니다. 그러나 관구검은 곧 중국 남방 오吳나라와 전투하러 나섭니다. 그러니까 한사군은 한반도에 있지 않고 만주에 있었다는 것이 성호 이익 선생의 직관입니다. 그때는 아직 한사군 문제에 대해 중국 1차 사료에 대한 폭넓은 연구와 검토가 이루어지지 않았을 때인데도 그랬죠. 이런 직관은 그냥 나오는 것이 아닙니다. 평소 많은 독서를 통해 기존의 고정관념에 대해 문제의식을 갖고 깊게 생각할 때 나올 수 있는 것입니다.

고려라는 국호에 고구려를 계승하겠다는 왕건의 의지가 들어가 있었다면, 조선이라는 국호에는 단군 조선을 잇겠다는 정도전의 의지가 들어가 있었습니다. 국호를 바꾼 것은 이제 새 왕조가 시작되었다는 뜻입니다. 474년 만에 고려를 대체한 새 왕조가 얼마나 갈지는 아직 아무도 모르는 상황입니다. 이런 점에서 세자 책봉이 대단히 중요했습니다.

공양왕이 세자 왕석을 명나라로 보낸 것은 나름 뛰어난 선택이었습니다. 친명 사대를 명분으로 위화도 회군을 단행한 이성계 측에서 명나라에서 세자 왕석을 고려의 차기 국왕으로 대접한 것을 무시할 수는 없었기 때문입니다. 그러나 공양왕은 너무 서둘렀습니다. 서서히 시간을 갖고 명나라라는 카드를 유효적절하게 활용했으면 그렇게 빨리 종말을 맞지 않았을지도 모릅니다. 공양왕은 명나라라는 힘의 지렛대를 너무 빨리 사용해버렸습니다.

이성계에게도 세자 책봉은 공양왕만큼이나 중요했습니다. 새 왕조 개창 세력들도 이 사실을 잘 알고 있었습니다. 그래서 개국공신들은 개국 직후부터 세자 책봉을 서둘렀습니다. 그러나 이 문제에 대해 개국공신들과 이성계의 생각이 달랐습니다. 《태조실록》은 "처음에 공신 배극렴, 조준, 정도전 등이 세자를 세우고자 청하면서 나이와 공으로써 세우려고 하니 임금이 신덕왕후 강씨를 중하게 여겨 방번에게 뜻을 두었다"라고 전하고 있습니다. 이때가 조선이 개국한 지 불과 한 달쯤 지난 8월 20일경입니다. 이성계에게는 두 명의 부인이 있었습니다. 고향에서 얻은 향처 한씨와 나중에 개경에서 얻은 경처 강씨입니다. 한씨에게서 6남 2녀를, 강씨에게서 2남 1녀를 얻었는데, 한씨는 개국 한 해 전인 1391년 9월 12일 만 쉰다섯의 나이로 세상을 떠났습니다. 정몽주 등의 공세로 한창 정도전, 조준 등이 위기에 빠지기 시작할 때 세상을 떠난 것입니다. 그래서 이성계가 지쳤던 것인지도 모릅니다.

이성계가 세자 책봉에 관해 묻자 배극렴은 "적장자嫡長子를 세우는 것이 고금에 통하는 의리입니다"라고 답했습니다. 한씨 소생의 맏아들을 세우라는 뜻입니다. 그러자 "태조가 좋아하지 않았다"라고 기록은 전하고 있습니다. 이성계는 다시 조준에게 "경의 뜻은 어떠한가?"라고 물었습니다. 조준은 "때가 평안할 때는 적장자를 세우고, 세상이 어지러울 때는 공이 있는 이를 우선하오니, 원하건대 다시 세 번 생각하소서"라고 답했습니다. 평안할 때라면 한씨 소생의 맏아들을 세우고, 어지러울 때라고 생각되면 개국에 공이 있는 이방원을 세우라는 소리일 것입니다. 절묘한 대답입니다. 그런데 이때 신덕왕후 강씨가 이를 엿듣고 통곡하는 소리가 밖에까지 들렸습니다. 자신이 낳은 방번을 세자로 삼아달라는 눈물의 항의입니다.

이때 이성계는 어떻게 해야 했을까요? 공과 사가 부딪칠 때 공을 선택하면 잠시는 괴로워도 장기적으로는 편해집니다. 그러나 사를 선택하면 잠시는 편할지 몰라도 장기적으로 괴로워집니다. 그러나 웬만한 내공이 없는 경우, 항상 공은 멀고 사는 가깝습니다. 이때 이성계가 배극렴이나 조준의 간언을 받아들였다면 신덕왕후 강씨는 잠시 불평했을지 모르지만 나중에는 받아들였을 것이고, 왕조는 편안했을 것입니다. 이성계도 마찬가지로 형제들끼리 담장 안에서 싸우는 형제혁장兄弟鬩墻의 비극을 목도하지 않아도 되었을 것입니다.

이때 이성계의 장자 진안대군鎭安大君 방우芳雨는 만 서른여덟이었고, 방원은 만 스물다섯이었습니다. 열세 살 위의 적장자를 세웠는데 방원이 난을 일으킬 수는 없었을 것입니다. 그러나 방번의 나이는 만 열한 살, 방석은 열 살이었습니다. 이성계가 조민수와 요동정벌에 나섰을 때 이방원이 최영의 인질이 될 것을 두려워해서 말에 태워 안고 갔던 아이들입니다. 그때 방번은 일곱 살, 방석은 여섯 살이었죠. 누가 봐도 무리한 요구였습니다.

태조가 종이와 붓을 조준에게 주면서 방번의 이름을 쓰라고 했지만, 조준은 땅에 엎드려서 쓰지 않았습니다. 이때 공신들이 잘못한 것이 있습니다. 세자 말이 나온 이때 방우나 방원 중에서 세자를 결정했어야 합니다. 차기 권력이 걸린 이런 대사를 순리대로 처리하지 않고 중도에 멈추면 뒤에 탈이 나기 십상입니다. 사람들은 각자 생각하는 미래권력에 줄을 서게 되어 있습니다. 이긴 쪽은 환호하지만 패한 쪽에는 피바람이 불게 마련입니다. 더구나 이성계와 강씨 모두 방번에게 뜻을 두고 있는 상황입니다. 개국공신들은 타협할 수밖에 없다고 판단했습니다. 강씨 소생의 아들 중에서 한 명을 선택하기로 한 것입니다.

《태조실록》은 방번에게는 여러 문제점이 있어서 세자로 삼기 어렵다고 여겼다고 전하고 있습니다. 그러면서 서로 사적으로 만나서 '만약 강씨 소생 중에서 세자를 세우고자 한다면 막내가 낫겠다'고 의견을 교환했다는 것입니다. 그래서 강씨 소생을 세우려는 이성계의 뜻과 방번만은 안 된다는 공신들의 이해가 최대공약수를 만들어 만 열 살짜리 방석이 세자가 되었습니다. 서른여덟 살 적장자 방우를 제치고, 정몽주를 격살한 스물다섯의 방원도 제치고, 만 열 살짜리 아이를 세자로 책봉하는 무리수를 둔 것입니다.

정도전은《조선경국전》의 〈정국본定國本(세자를 정함)〉이라는 글에서 "세자는 천하 국가의 근본이다. 옛날 선왕先王이 장자長子를 세자로 세운 것은 (형제간의) 다툼을 막기 위한 것이고, 현자賢者를 세운 것은 덕德을 높이기 위한 것"이라고 말했습니다. 그러면서 장자도 현자도 아닌 조선의 세자 책봉에 대해서는 "지금 우리 동궁(방석)은 뛰어난 자질과 온화한 성품으로……"라고 얼버무렸습니다. 그러나 이는 얼버무린다고 해결될 문제가 아니었습니다. 세자 책봉은 끝내 그를 죽음으로 모는 초청장이 되고 말았습니다.

게다가 방원은 물론 차자次子 방과(정종), 사자四子 방간을 비롯해 한씨 소생의 아들들은 대부분 사병을 갖고 있었습니다. 비록 훗날의 '왕자의 난'이라는 결과론을 모르고 생각한다고 해도 무슨 난리가 날 것 같은 분위기가 느껴집니다.

화란禍亂의 싹을 내부에 심어놓고도 이성계가 걱정하는 것은 외부의 문제입니다. 왕씨들의 부활을 염려하는 것입니다. 태조 7년(1398), 감찰監察 김부金扶가 동료들과 술을 마시고 조준의 집 앞을 지나다가 "비록 큰 집을 지었지만 어찌 오래 살 수 있겠는가? 뒷날에는 반드시 다른 사람의 소유가 될 것이다"라고 말한 사건이 발생했습니다. 이 성계는 "이는 조선의 사직이 오래가지 못한다고 말한 것이다"라면서 김부를 사형시켰는데, 이때가 태조 7년이니 건국한 지 만 6년이 지 났음에도 여전히 조선 왕실이 과연 오래갈 것인가에 대한 의구심이 있었음을 말해줍니다. 개국 초는 말할 것도 없습니다.

건국 직후 사헌부에서는 왕씨들을 지방으로 추방해야 한다고 주청했습니다. 이성계는 순흥군順興君 왕승王昇 부자와 정양군定陽君 왕우王瑀 부자는 고려의 제사를 받들어야 한다는 이유로 개경에 남게 하고, 나머지 왕씨들은 강화도와 거제도로 보냈습니다. 이미 수많은 왕 씨들은 도주하거나 시골에 숨어들어 변성명하고 살았습니다. 이들은 성씨姓氏에 '임금 왕王' 자가 들어가는 '온전할 전全, 밭 전田, 구슬 옥 玉'씨, 또는 용龍씨 등으로 성을 바꾸고 살았다고 합니다. 심각한 토지 문제를 방치한 결과 왕조가 망했지만, 빼앗긴 쪽에서야 그렇게 생각 하겠습니까? 역적이 왕조를 찬탈했다고 생각하겠죠. 이들은 시골에 서 이를 갈면서 때를 기다렸을 것입니다.

그러던 태조 3년(1394), 동래현감 김가행金可行 등이 밀양의 맹인 복자卜者 이흥무李興茂에게 왕조의 미래를 점친 사건이 발생합니다. 김 가행은 이흥무에게 "전조, 즉 고려의 공양왕과 우리 주상 이성계 중 에서 누가 명운命運이 나은가?"라고 묻고, "또 왕씨 중에는 누가 명운 이 귀한가?"라고도 물었습니다. 아직도 새 왕조의 미래에 대한 불안 감이 팽배하다는 증거였습니다. 이흥무는 고려 왕실 중에서는 남평 군南平君 왕화王和가 가장 귀하고, 영평군鈴平君 왕거王琚가 그 다음이라 고 말했습니다. 두 사람이 여차하면 다시 왕이 되어서 고려가 재건될 수 있다는 뜻이 담겨 있습니다.

그런데 김가행은 자신의 의사가 아니라 참찬문하부사參贊門下府事 박위朴葳의 사주를 받고 이를 물어본 것이었습니다. 박위는 위화도 회군공신이자 창왕을 폐하고 공양왕을 옹립하는 데도 공을 세운 인물입니다. 같은 회군 세력 내에서도 미래가 어떻게 될지 불안하게 여겼다는 뜻입니다. 이런 판국에 열 살짜리 막내를 세자로 책봉했으니 무리한 일이 아닐 수 없습니다. 결국 이흥무가 명운이 귀하다고 말했던 왕화와 왕거는 목이 베어졌고, 공양왕과 두 아들도 교살絞殺당했습니다. 이성계는 겉으로는 왕씨에게 유화책을 쓰는 척했지만, 실제로는 많은 왕씨를 죽였습니다. 남효온南孝溫의 《추강냉화秋江冷話》에는 섬으로 보내준다고 회유해 왕씨들을 배에 태운 후 뱃사람에게 배에 구멍을 내게 해 빠져 죽게 했다는 일화도 전해집니다. 이처럼 이성계는 고려의 종성인 왕씨들의 부활을 걱정했습니다. 그러나 정작 화를 불러온 것은 자신의 무리한 세자 책봉이고, 이에 불만을 품은 자신의 자식들이라는 사실을 몰랐습니다.

🦎 친명에서 반명으로, 다시 불거지는 요동정벌론

이성계나 정도전은 뼛속 깊은 친명파는 아닙니다. 이성계는 원래 부원 세력이었고, 정도전은 반원친명 정책을 주장하다 귀양까지 갔지만 뼛속 깊은 친명파는 아닙니다. 10여 년에 가까운 유배 생활과 유랑 생활이 그를 바꾸어 놓은 것입니다. 이성계의 시 중에 "눈에 보

이는 곳을 모두 우리 땅으로 한다면 / 초楚, 월越, 강남인들 어찌 용납
않으랴(若將眼界爲吾土 楚越江南豈不容)"라는 구절이 있습니다. 조선 초기
문신 서거정徐居正이 지은《동인시화東人詩話》에 나오는 시구로, 이성
계의 야망의 크기를 말해줍니다.

조선은 동아시아의 풍향이 바뀌는 원·명 교체기에 명나라 쪽에
서서 개국한 나라입니다. 우리는 흔히 외교의 중요성을 간과하고 지
내지만, 현실 정치에 외교 관계가 미치는 영향력은 우리가 짐작하는
것보다 큽니다. 이성계와 정도전이 취했던 친명 정책의 하이라이트
가 위화도 회군입니다. 이성계의 요동정벌 사불가론 중의 첫 번째가
'작은 나라가 큰 나라를 거역하는 것(以小逆大)'이 불가하다는 주장이
었습니다. 이런 친명 역성혁명파가 요동정벌로 돌아서는 데는 명나
라의 책임도 큽니다. 군주들은 대부분 의심이 많습니다. 그중에서도
한족 농민 출신으로 왕조를 개창했던 한 고조 유방과 명 태조 주원
장은 둘째가라면 서러워할 정도로 의심이 많은 인물들입니다. 그래
서 둘 다 개국공신들에 대한 피의 숙청을 단행했습니다.

그런데 명 태조 주원장의 이런 의심이 정도전에게로 향하면서 친
명을 표방하고 수립된 조선이 반명으로 돌아서게 됩니다. 태조 1년
(1392) 10월, 정도전은 새 왕조 창업을 알리는 계품사啓稟使로 명나라
에 갔다가 이듬해 3월 귀국했습니다. 그런데 이 사신길에 사단이 발
생합니다. 명 태조 주원장이 느닷없이 흠차내사欽差內史 황영기黃永奇
를 보내 "정도전이 우리 변방의 장수(邊將)를 꾀었다"라고 격렬하게
비난하고 나선 것입니다. 의심 많은 주원장은 "짐은 장수에게 명해
서 동방을 정벌할 것"이라고까지 협박했습니다. 조선을 정벌할 수도

있다는 협박입니다. 주원장은 한번 의심을 품으면 쉽게 풀지 않는 인물입니다. 그래서 수많은 사람이 무고하게 죽어갔습니다. 주원장은 조선에 대한 의심을 그대로 품고 있다가 태조 5년(1396) 초 조선에서 국서인 표전문表箋文을 보내오자 다시 문제를 제기합니다. 주원장은 "경박하게 희롱하고 모멸하는 문구가 있어 또 한 번 죄를 범했다"면서 사신들을 억류했습니다. 조선 사대부들은 이후에도 명나라를 '예의의 나라'로 칭송했지만, 제 눈엔 그런 사례가 거의 보이지 않습니다. 고려에 무리한 공물을 요구하고, 조선의 사신들을 억류하는 비례非禮의 폭력이 눈에 띌 뿐입니다.

주원장은 표전문 작성자를 정도전으로 지목하고 정도전을 압송하라고 요구했습니다. 조선은 표전문 작성자가 정도전이 아니라 대사성 정탁이라고 설명했지만, 주원장은 "정도전이란 자는 왕에게 어떤 도움을 주는가? 왕이 만일 깨닫지 못하면 이 사람이 반드시 화禍의 근원일 것이다"라면서 정도전을 강하게 비난했습니다. 《명사》는 《조선왕조실록》에 비교하면 거의 메모 수준이라고 해도 과언이 아닐 정도로 부실한 사서史書라서 이 사건에 대해 더 이상의 정보를 찾기는 어렵습니다. 《명사》〈조선 열전〉의 홍무 28년(1395) 조에 이 사건에 대한 간략한 사실이 나열되어 있는 정도입니다. 조선에 사신으로 보낸 유순柳珣이 돌아오자 주원장이 표전문의 문장이 오만하다면서 질책했다는 내용입니다. 다급해진 유순이 표전문은 문하평리門下評理 정도전이 지은 것이라고 답하자 주원장이 정도전을 체포하라고 명하고, 유순을 석방시켜 돌아가게 했다는 것입니다. 이 기록대로라면 표전문 사태의 발단은 명나라 사신 유순의 거짓 진술 때문입니다.

《태조실록》 5년(1396) 7월 조에는 조선에서 표전문을 교정한 정총을 사신으로 보내면서 명나라에 전달한 서신이 기록되어 있습니다. 표전문은 정탁이 작성하고 정총이 교정했으며, 정도전은 복창腹脹과 각기병脚氣病이 있고, 또 실제로 표전문 작성에는 관여하지 않았다는 내용의 시말서입니다. 복창은 배가 더부룩한 병이고, 각기병은 티아민(비타민 B1)이 부족할 때 생기는 병으로, 팔다리에 신경염이 생겨 통증과 함께 붓는 증상입니다.《명사》에는 홍무 29년(1396) 표전문을 교정한 정총 등 세 사람이 도착했는데, 표전문은 정탁이 작성하고 정총이 교정했으며, 정도전은 병 때문에 올 수 없다고 사실대로 말했음에도 주원장이 정총 등을 억류하고 보내지 않았다고 쓰여 있습니다.

명나라에서 억류한 조선 사신은 정총 외에 김약항金若恒과 노인도盧仁度도 있었습니다. 그런데 태조 6년(1397) 11월, 명나라에 억류되었던 정총, 김약항, 노인도가 사형당했다는 소식이 전해졌습니다. 이성계의 왕비 강씨가 승하했다는 소식을 듣고 정총 등이 흰 상복을 입었다고 주원장이 시비를 건 것입니다. 주원장은 정총에게 "너는 무슨 마음으로 내려준 옷을 입지 않고 흰옷을 입었는가?"라고 꾸짖었고, 정총은 국문을 받던 중 도주하다가 체포되어 사형당하고, 김약항, 노인도도 사형당하고 맙니다.

이성계는 처음에는 이 소식을 듣고 믿지 않았습니다. 그래서 세 사람의 집에서 발상發喪을 하려는 것을 금지했습니다. 설마 유학자들이 입만 열면 예의의 나라라고 칭송하는 명나라에서 남의 나라 사신을 죽였겠느냐고 생각한 것입니다. 그러나 실제로 명나라에서 세 사신을 죽인 것이 사실로 드러나자 이성계는 분개했습니다. 이성계는 북벌의 결심을 굳혔습니다.

장쑤성 남경南京에 주원장과 그 부인 마씨馬氏의 무덤인 명효릉明孝陵이 있습니다. 마씨의 시호가 효자孝慈황후였기 때문에 효릉孝陵이라고 부릅니다. 주원장은 자신이 쉰네 살 때인 홍무 14년(1381) 무려 10만 명을 동원해 살아 있는 자신의 무덤을 짓기 시작합니다. 주원장이 세상을 떠난 지 7년 후인 영락永樂 3년(1405)에 완성되는데, 그 규모가 대단히 큽니다.

남경은 삼국시대 오나라 손권孫權과 북방을 선비족에게 빼앗기고 남쪽으로 쫓겨 내려온 동진東晉을 비롯해서 송宋 · 제齊 · 양梁 · 진陳의 여러 왕조들이 수도로 삼았던 요지입니다. 오나라 때는 건업建業, 진나라 때는 건강建康으로 불리다가 당나라 때는 금릉金陵으로 불렸습니다. 전국시대 초나라 때 이름이 금릉이었던 데서 유래하는 지명입니다. 그래서 지금도 남경의 별칭이 금릉입니다. 저는 몇 년 전 남경을 답사하면서 이 세 사신의 비극적 생애를 되새긴 적이 있습니다. 또한 정몽주, 정도전 등 수많은 고려, 조선의 사대부들이 사신의 직책을 띠고 이 먼 곳을 마다하지 않았던 심정을 느껴봤습니다. 세 사신의 흔적은 어디에서도 찾을 수 없었지만, 이 머나먼 남방에 억류되어 돌아가지 못하던 그 심정을 느끼려 했었죠.

이성계는 명나라의 무도한 처사에 분노했습니다. 정도전도 마찬가지였죠.《태종실록》은 "정도전이 태조에게 외이外夷, 곧 이민족이 중원에서 임금이 된 옛 사례를 논했다"라고 말하고 있습니다. 저는 정도전이 중원에서 임금이 된 사례로 무엇을 들었을까 궁금합니다. 정도전은 국호를 정하면서 단군을 언급한 데서 알 수 있듯이 역사에 밝은 선비입니다. 사실 중국사를 살펴보면 한족이 세운 왕조보다 이민족이 세운 왕조가 훨씬 많습니다. 중원을 지배했던 이민족 왕조를 생각하면 중국 역사학자 두 사람이 떠오릅니다. 부사년傅斯年과 진인각陳寅恪이 그들입니다. 부사년의 저서 《이하동서설夷夏東西說》과 진인각 평전인 《진인각, 최후의 20년陳寅恪的最後二十年》이 모두 국내에서도 번역 출간되었습니다. 일독을 권합니다. 두 사람 모두 현대 중국의 저명한 사학자들인데, 이민족의 중원 지배와 관련해서 기존의 관점을 뛰어넘는 시각을 제시했습니다.

부사년이 《이하동서설》을 쓴 것은 1934년입니다. 영국과 독일에서 공부했던 부사년은 중국 실증사학의 태두로 불렸으나, 1931년 일본이 만주를 침략하자 큰 충격을 받고 역사학의 현실적 의미를 강조하기 시작했습니다. 부사년은 《이하동서설》에서 중국 고대 문명을 남북의 대결로 파악하던 전통적인 관념을 뒤집고 동서 간의 대립이라고 서술해 충격을 주었습니다. 즉, 동북에서 일어난 은나라와 산시성, 허난성 등지에서 일어난 하나라의 대립을 기본 축으로 중국 고대사를 설명한 것입니다. 그는 은나라를 고조선 계통으로 보고, 은나라의 본향을 발해만 일대라고 보면서 기자가 은나라가 망한 후 고조선으로 간 것을 '선왕이 살던 곳을 좇아간 것從先王居'으로 설명했습니다. 이는 기자가 고조선의 임금이 되어 미개한 조선 사람들을 개화시켰다는 중국과 국내 사대주의 학자들의 종래의 학설을 뒤집는 것입니다. 물론 부사년의 주장에도 어떤 측면에서는 중국 동북공정에서 이용할 부분이 있는 것도 사실이지만, 기자 이전에 선왕들의 나라가 있는 것으로 설명한 것은 뛰어난 통찰입니다. 그런 점에서 의의가 있습니다.

진인각은 관롱집단설關隴集團說을 주장해 중국은 물론 세계 학계에도 큰 영향을 미친 학자입니다. 관롱집단이란 5호 16국과 남북조 시대를 거치면서 탄생한 고대 중국의 지배 세력을 뜻하는데, 주로 선비족을 말합니다. 5호 16국 시대에 북방을 장악했던 여러 선비족이 남하해 관중關中 지방에서 결집한 것이 관롱집단이라는 것인데, 그렇게 보면 수나라를 세운 양견楊堅과 당나라를 세운 당 고조 이연李淵 등도 이에 해당합니다. 한마디로 수 · 당의 건국 세력도 한족이 아니라 선비족 계통이라는 것이니 중국인들과 세계인들의 충격이 큰 것은 당연했죠.

그런데 이 선비족은 고구려와 상당한 친연성을 가졌던 민족입니다. 선비족이 세운 북위는 낙양까지 점령하는데, 북위의 중흥 군주 효문제孝文帝(재위 471~499)의 황후는 고구려 출신 문소황후 고씨高氏였습니다. 그리고 그 아들이 북위의 세종 선무제宣武帝(재위 500~515)입니다. 현재 낙양 북망산에서 일반인에게 내부까지 공개하고 있는 유일한 황제 무덤이 바로 이 세종 선무제릉입니다. 저는 몇 년 전 낙양을 답사해 선무제릉과 문소황후릉을 참배했는데, 아마도 고구려의 후예가 목적의식을 갖고 문소황후릉을 찾은 최초의 기록이 아닐까 하는 생각도 들었습니다. 그때 낙양의 야시장에서 술 한 잔을 하면서 역사의 질긴 인연에 대해 감회에 젖었던 것이 기억에 남습니다.

진인각의 말에 따르면, 고대 하 · 은 · 주 시대를 일단 논외로 치면 중국사에서 한족이 세운 왕조는 한나라, 송나라, 명나라, 그리고 지금의 중화인민공화국 정도밖에 없는 셈입니다. 나머지는 모두 이민족 왕조였죠. 부사년은 1945년 북경대학의 학장 대리를 지내다가 장제스 정권을 따라 대만으로 가서 1949년부터 대만대학의 총장도 지냅니다. 대만대학이 현재 세계적인 대학으로 발돋움하는 데 큰 역할을 한 인물이죠. 그러다가 1950년 12월, 불과 쉰다섯의 나이에 뇌내출혈로 세상을 떠납니다.

국공내전이 중국공산당의 승리로 끝날 무렵, 부사년과 진인각은 국민당과 공산당 양쪽에서 서로 유치하려고 했습니다. 두 사람의 유치가 사상전에서 우위를 점하는 증거라고 본 것이죠. 부사년은 진인각에게 같이 대만으로 가자고 권했고, 진인각도 대만으로 가는 비행기를 탔지만, 비행기가 남경에 잠시 기착했을 때 내리고 말았습니다. 그 후 중산대中山大 교수와 중앙문사연구원 부관장 등을 역임하던 진인각은 문화대혁명 때 홍위병들의 핍박을 받다가 병사하고 맙니다. 학자는 전체주의 사회를 선택해서는 안 된다는 교훈을 말해주는데, 당시 마오쩌둥(毛澤東) 정권이 극도의 좌파 전체주의 사회였다면, 장제스 정권 또한 우파 전체주의 성향에서 크게 벗어나지 못하고 있었다는 점에서 선뜻 선택할 사회가 없었던 비판적 지식인의 비극이라고 봐야겠죠.

정도전이 이성계에게 바깥 이민족 사람으로 중원의 임금이 된 옛 사례를 논할 때는 아직 관롱집단에 대한 이야기를 모를 때이므로 요나라, 금나라, 원나라 등의 사례를 들었을 가능성이 큽니다. 이성계도 중원의 황제가 될 수 있다는 이야기입니다. 《태종실록》은 정도전이 남은과 요동정벌에 대해 깊게 교결했는데, "사졸이 이미 훈련되었고, 군량도 이미 갖추어졌으니 동명왕東明王(고구려 시조)의 옛 땅을 회복할 수 있는 때"라고 말했다고 전해주고 있습니다. 《태조실록》 재위 7년(1398) 8월 9일 조는 "정도전과 남은이 태조를 날마다 뵈면서 요동 공격을 권고하고 진도陣圖를 급하게 익혔다"라고 기록하고 있습니다. 진법陣法이라고도 하는 진도는 군사의 배치와 운용에 대해 그림과 함께 설명한 책입니다. 진도를 익힌다는 자체가 전쟁 준비를 하는 것입니다. 이제 신생 명나라와 신생 조선이 북방에서 크게 일전을 겨룰 때가 된 것입니다. 북원은 그 수명이 다했지만, 북방으로 쫓겨 간 몽골족 중에 이를 갈고 있는 부족들이 있습니다. 상황에 따라 이들이 가세할 수도 있습니다. 그러나 이때 뜻하지 않은 변수가 발생합니다. 이성계가 병석에 누운 것입니다.

🦟 왕자의 난과 정도전의 처단

왕자들은 자신들의 사병을 갖고 있었습니다. 반 조선 봉기가 일어날 경우 가장 앞장서서 진압에 나설 병력입니다. 그런데 진도를 익힌다는 것은 이 사병들을 정규 군사 체제로 편입하는 것을 의미했습니다. 사실상 사병 해체였습니다. 왕자들은 격렬하게 반발했지만, 태조 이성계의 명령이니 할 수 없이 따랐습니다. 그러던 태조 7년(1398) 8월 14일, 태조가 병석에 누운 것입니다. 이방원은 8월 26일, 전격적으로 군사를 일으킵니다. 정도전, 남은 등의 요동정벌파는 물론 세자 방석과 방번, 그리고 경순공주敬順公主의 남편 이제마저 살해했습니다. 그 유명한 1차 왕자의 난입니다.

운명의 그날 밤, 정도전은 자신에게 어떤 일이 일어날지 모르는 채 송현松峴 근처에 있던 남은의 첩 집에 모여서 술을 마시고 있었습니다. 《태조실록》은 정도전 등이 방원의 동복형제를 죽이려고 했기 때문에 방원이 살기 위해서 선제공격한 것이라고 적고 있지만, 이는 방원 측에서 자신들의 쿠데타를 합리화하기 위해 만든 말입니다. 실제로 이방원은 조준과 김사형金士衡 등에게 "정도전과 남은 등이 어린 서자庶子를 세자로 세우고 나의 동복형제들을 제거하려 하므로 내가 약자弱者로서 선수先手를 쓴 것"이라고 말했습니다.

그러나 비록 선제공격했다고 해도 소수파인 방원이 승리하기는 쉽지 않았습니다. 만약 이성계가 병석에 누운 상태가 아니었다면 성공할 가능성은 전무했습니다. 이성계가 병석에 누워 있었더라도 세자 방석이 조금만 더 역량이 있었으면 상황은 또 달라졌을 것입니다. 열흘 전에 여러 왕자들이 거느리고 있던 시위패侍衛牌를 모두 해산시켰기 때문에 방원이 동원할 수 있는 병력은 소수에 불과했습니다. 반면 세자는 모든 정규군을 동원할 수 있었습니다. 방석이 반격에 나섰다면 승리했을 가능성이 훨씬 컸습니다. 그날 밤 사람들이 선뜻 방원 편에 서지 않고 사태를 관망했던 것도 이 때문이었습니다.

방석은 성공한 부모 밑에서 온실 속의 화초로 자란 인물입니다. 반면 방원은 들판의 잡초로 자랐습니다. 목표가 섰으면 행동이 필요할 때 망설이지 않았습니다. 만일 이때 방원이 주저했다면 병석의 부친에게 칼을 겨누어야 했기 때문이었을 것입니다. 동시에 부친이 병석에 누워 있지 않은 한 자신의 쿠데타가 성공할 가능성은 전무하다는 사실도 잘 알고 있었습니다.

1차 왕자의 난을 기록한 《태조실록》을 보면 재미있는 구절이 많습니다. 이방원은 처남 민무구 형제와 측근 이숙번 등을 미리 대기시켜 놓고 대궐로 갔습니다. 대궐에서 세자 방석의 형 방번을 본 방원은 그를 불렀습니다. 방번은 머리를 긁으면서 머뭇거리고 대답하지 않다가 안으로 들어갔다고 《태조실록》은 전하고 있습니다. 이때 방번이 방원에게 왔으면 또 어떻게 되었을까요? 방원은 최소한 방번만이라도 살려서 부친의 노여움을 완화하려는 마음이 있었을 것입니다.

여기서 이성계의 입장으로 한번 돌아가봅시다. 자신이 병석에 누워 있는 틈을 타서 방원이 신덕왕후 강씨 소생의 두 아들과 사위까지 죽여버렸습니다. 늦둥이일수록 더 예쁜 법이죠. 얼마나 분노했겠습니까?

이방원의 묘호廟號가 태종인데, 당 태종 이세민李世民도 이방원과 비슷한 경력을 갖고 있습니다. 중국사에는 우리 역사의 '왕자의 난'만큼 유명한 '현무문玄武門의 변變'이 있습니다. 당 무덕武德 9년(626) 6월, 당 고조 이연의 둘째 아들 이세민이 형인 황태자 이건성李建成과 동생인 제왕齊王 이원길李元吉을 죽인 사건이죠. 지금의 서안西安인 장안성長安城 북문인 현무문 부근에서 발생했다고 해서 '현무문의 변'이라고 불립니다. 왕자의 난으로 이성계가 쫓겨난 것처럼 현무문의 변으로 당나라 개국시조 이연도 쫓겨났습니다. 차이가 있다면 이세민은 부친을 내쫓고 바로 즉위하는 데 반해, 이방원은 일단 생존 형제들 중에서 가장 연장인 방과(정종)에게 세자 자리와 왕위를 양보했다는 점입니다. 맏형이었던 진안대군 이방우는 태조 2년(1393) 세상을 떠난 상태였습니다.

이방과는 쿠데타 당일 소격전昭格殿에서 기도하고 자다가 변이 일어났다는 말을 듣고 성을 빠져나와 독음禿音마을 집에 숨었습니다. 소격전은 일종의 도교 사원인데, 여기에서 이성계의 쾌유를 비는 기도를 드리고 있었던 것입니다. 조선 초만 해도 유교는 불교뿐만 아니라 도교와도 공존했습니다. 역사학자이자 민속학자였던 이능화李能和는 "이성계가 잠룡이었을 때 함흥부에서 남쪽으로 40리 떨어진 도련포都連浦에서 태백금성太白金星에 제사 지냈으며, 조선의 왕위에 올라서는 천도에 대한 의문을 소격전에서 결정했다"라고 말했습니다. 이능화는 조선사편수회에 근무해서 친일파로 분류되지만, 한국의 민속에 깊은 관심을 갖고 많은 저술을 했던 인물입니다.

이성계가 태백금성에 제사 지내고 방과가 소격전에서 기도한 것처럼 조선 왕조가 처음부터 성리학 유일사상이었던 것은 아닙니다. 이때는 궁 안에 도교 사원도 공존했습니다. 이방과가 소격전에서 부친의 쾌유를 비는 기도를 올리다가 쿠데타를 맞이했다는 것은 그만큼 도교 신앙이 깊었음을 의미합니다. 이방과가 성 밖으로 도주했다는 것은 이방원의 쿠데타에 동조하지 않았다는 뜻입니다. 이방원은 일단 형인 방과를 세자로 내세워 이성계의 분노를 누그러뜨릴 시간을 법니다. 태조는 쿠데타 발생 10여 일 후인 9월 5일 "세자에게 왕위를 물려주고 마음을 편안히 먹고 병을 치료하고자 한다"면서 왕위에서 물러났습니다. 그나마 이복형제들을 죽인 방원이 아니라 쿠데타에 가담하지 않은 방과가 왕위에 오른 것을 위안 삼았습니다.

🐚 이성계의 분노

그러나 이성계는 슬픔과 분노를 억누를 수 없었습니다. 태조는 백운사白雲寺의 노승 신강信剛에게 "방번, 방석이 다 죽었다. 아무리 잊으려 해도 잊을 수가 없다"라고 탄식했습니다. 이성계는 자신의 원칙 없는 후계자 결정이 비극의 뿌리라는 사실을 인정했을까요? 이성계는 개경으로 돌아가서 시중 윤환에게 이렇게 말했습니다.

"내가 한양에 천도했다가 아내와 아들을 잃고 오늘 환도還都했으니, 실로 도성 사람에게 부끄럽다. 날이 밝지 않을 때만 출입해서 사람들이 보지 못하게 해야겠다."

이성계는 세평에 신경을 많이 쓰는 인물입니다. 그래서 토지 개혁도 당초 정도전이 구상한 대로 무상몰수에 무상분배라는 계구수전, 또는 계민수전計民授田 방식으로 수행하지 못하고 과전법으로 타협한 것입니다. 백관이 울면서 즉위하라고 청할 때 마지못한 듯 왕위에 올랐던 인물입니다. 그렇게 개국시조가 되어 한양으로 천도했는데, 자식들끼리 죽고 죽이는 살육전이 발생했으니 큰 창피를 느꼈을 것입니다. 누구에게 가장 창피했을까요? 물론 왕씨들이겠죠.

이성계의 아픔은 계속됩니다. 강씨 소생의 방번, 방석은 죽고, 경순공주는 남편 이제를 잃었습니다. 이 어린 공주 문제를 어떻게 처리해야 하는지 고민하지 않을 수 없었습니다. 이성계는 경순공주에게 여승이 되라고 권할 수밖에 없었습니다. 《정종실록》은 "경순공주가 머리 깎을 때 이슬 같은 눈물을 흘렸다"라고 전하고 있습니다. 개국

시조의 사랑받는 막내 공주가 비구니가 된 것입니다. 눈물 흘린 것이 어찌 경순공주뿐이겠습니까? 사람은 누구나 귀한 존재입니다. 누구나 귀한 집이나 부잣집에 태어나기를 바라겠지만, 그것이 꼭 좋은 것만은 아닙니다. 하늘은 한 사람에게 모든 것을 주는 법이 없습니다. 아무리 강한 권력과 많은 돈이 있어도 어찌지 못하는 일들이 세상에는 많습니다. 재벌가 자제들 중에 유독 자살이 많고 비명횡사가 많은 것도 그런 예 중 하나입니다. 특히 나라가 망할 때는 왕족이란 사실이 비극으로 가는 초청장이 됩니다.

명나라가 망할 때 의종毅宗 숭정제崇禎帝는 황후 주씨周氏와 귀비貴妃 원씨袁氏를 먼저 자살하게 했습니다. 혹시라도 이자성의 농민군에게 겁탈당할 것을 염려한 것이죠. 그러고는 칼을 들고 장평공주長平公主에게 가서 "네가 왜 내 집에서 태어났느냐?〔汝何故生吾家〕"라고 말하고는 왼쪽 팔을 끊었습니다. 피가 낭자하게 흐르자 차마 더 이상 내리치지 못하고, 동생인 소인공주昭仁公主를 찔러 죽였습니다. "네가 왜 내 집에서 태어났느냐"라는 말처럼 귀하고 귀한 집에 태어난 불행을 단적으로 말해주는 용어가 없습니다.

이때 경순공주가 출가한 사찰이 서울 동대문 밖에 있던 비구니 사찰 정업원淨業院인데, 당시에는 청룡사靑龍寺라고 했다고 합니다. 이성계는 독실한 불교 신자였습니다. 그는 성리학을 국가의 통치 이념으로 삼았지만, 그렇다고 불교를 배척한 것은 아니었습니다. 이성계는 개국 석 달 후인 재위 1년(1392) 10월, 무학대사 자초를 왕사로 삼았습니다. 유학을 표방하고 개국한 나라에서 불교의 승려가 왕사가 되는 진귀한 광경이 벌어진 것입니다. 그리고 그해 자신의 탄생일인

10월 11일, 사형과 유배형 이외의 죄를 모두 사면하고, 시좌궁時坐宮으로 승려 200명을 초청해서 공양했습니다. 그리고 왕사 자초를 청하여 선禪을 설법說法하게 했는데, 신덕왕후 강씨가 뒤에서 발을 드리우고 설법을 들었다고《태조실록》은 전하고 있습니다.

이성계뿐만 아니라 세자 책봉 때 이성계가 눈치를 봤다는 신덕왕후 강씨도 불교 신자였습니다. 실록은 또 "자초가 능히 종지宗旨를 해설하지 못하니, 중들 가운데 탄식하는 사람이 있었다"라고 덧붙였는데, 이는 성리학자들인 사관이 불교를 비판하기 위해 끼워 넣은 연문衍文, 즉 쓸데없는 글입니다.《태조실록》에는 이외에도 태조가 연복사演福寺를 비롯한 여러 사찰에서 승려들을 공양하는 기사나, 연복사에 오층탑을 쌓고《대장경大藏經》을 간수하게 하는 이야기들이 전해지고 있습니다.

요컨대, 이성계의 개인 신앙은 불교였습니다. 아마 집안 신앙도 불교나 도교였을 것입니다. 단지 국가 경영 이념이 성리학이었죠. 이성계는 불교의 폐단에 대해 시정하려 한 것이지, 불교 자체를 배척할 생각은 없었습니다. 태조는 재위 6년(1397) 7월, 각 사의 주지들이 법손法孫을 전하면서 사찰과 노비까지 서로 전수하는 것을 비판하면서 국초에 이 폐단을 고쳐야겠다고 말합니다. 그러나 이성계로서는 불교 자체를 금지하겠다는 생각은 꿈에도 하지 않았을 것입니다. 불교는 신앙의 종교이고, 유학은 치국의 도라고 생각했을 것입니다. 다시 말해, 태조는 내불외유內佛外儒의 불교 정책을 갖고 있었던 것입니다. 개인적으로는 불교지만 국가 경영적으로는 유교라는 말이지요.

태조의 이런 불교 정책은 유교와 불교의 공존을 추구했다는 점에서 현재도 경청할 가치가 있습니다. 서로 다른 사상을 포용하고 융합하는 것은 사회 안정에 핵심적인 요소입니다. 남이 나와 다르다는 점을 인정하고 그 다름을 소중히 여길 때, 남도 나를 인정하고 소중히 여기게 됩니다. 그래야 사회가 융합되고, 물리적으로 통합됩니다. 그러나 조선의 유학자들이 점차 불교를 탄압하고 유학을 유교로 승격시키면서 많은 비극이 발생하게 됩니다. 이성계는 졸지에 어린 두 아들과 사위를 저승으로 보내고, 막내 공주는 사찰로 보내야 했습니다. 이성계는 개인적 고통이 극심해서 개국한 것을 후회했을지도 모릅니다.

그런데 왕자의 난은 1차로 끝나지 않았습니다. 이번에는 동복同腹 형제들끼리 칼부림이 벌어지죠. 정종 2년(1400) 1월 28일, 2차 왕자의 난이 발생했습니다. 《정종실록》은 방간이 이성계에게 사람을 보내 거병 계획을 보고하자 "네가 정안(이방원)과 아비가 다르냐, 어미가 다르냐? 저 소 같은 위인이 어찌 이에 이르렀는가!"라고 꾸짖었다고 전합니다. 마치 이방원의 편을 든 것처럼 묘사했지만, 실제 그랬을 것이란 생각은 들지 않습니다. 이성계가 가장 미워한 자식은 방원이지 방간이 아닙니다. 그러나 2차 왕자의 난도 이방원이 승리했습니다. 이성계는 2차 왕자의 난 직후 세자 방원에게 "삼한에 귀가貴家, 대족大族이 많은데, 반드시 모두 비웃을 것이다. 나도 부끄럽게 여긴다"라고 힐난했습니다. 이때도 이성계는 남의 비평에 신경을 씁니다. 이상할 정도로 세평에 신경을 많이 씁니다.

2차 왕자의 난까지 발생하자 이성계는 견딜 수 없는 심정이 됩니다. 그래서 다시는 이런 일이 발생하지 않게 해야겠다고 생각합니다. 이성계는 장녀 경신공주의 사위 이저李佇에게 박포朴苞의 제거를 요청합니다. 이성계는 이저에게 "박포는 죽고도 남는 죄가 있다. 돌아가 네 임금에게 말하여 반드시 법을 시행해서 후에 올 것들을 경계하도록 하라"라고 말합니다. 박포가 방간을 꾀어서 2차 왕자의 난이 발생했다는 인식입니다. 그래서 개국 2등 공신이었던 박포는 사형에 처해집니다.

부귀영화의 보증수표라고 여겨졌던 개국공신들이 부귀영화는커녕 고종명하지도 못하고 비명에 갑니다. 여기서 개국공신들에 대해 잠시 살펴볼까요? 앞에서 말했듯이 공신에는 정공신과 원종공신이 있습니다. 정공신은 실제로 국가에 공이 있는 사람이고, 원종공신은 정공신을 따라서 공을 세웠거나 지지한 사람입니다. 태조 이성계 때는 크게 세 종류의 공신 책봉이 있었습니다. 개국공신과 원종공신, 회군공신입니다. 태조 때 개국공신은 네 차례에 걸쳐서 52명이 책봉되었고, 회군공신은 두 차례에 걸쳐서 56명이 책봉되었으며, 원종공신은 무려 열여섯 차례에 걸쳐서 1,396명이 책봉되었습니다. 원종공신은 정공신을 도운 사람들이지만, 그 외에 딱히 공이 없어도 지지세력을 확산하기 위해 내려주기도 했습니다.

공신들은 책봉되면 회맹會盟을 하고 황천후토皇天后土와 신령 등에게 맹약문盟約文을 올립니다. 자신들은 영원히 변치 않겠다는 맹약문입니다. 조선 개국공신들과 왕자들도 태조 1년(1392) 9월 28일 왕륜동王輪洞에서 회맹하고 맹약문을 발표했습니다. 맹약문에 "시작은 함께할 수 있지만 끝까지 함께하기는 어렵다고 고인들이 경계했다"라

🐑 개국공신

1등 공신

20명(정안군, 익안군, 회안군은 1398년 2월 15일에 정종에 의해 추가됨)

김사형金士衡, 김인찬金仁贊, 남은南闇, 남재南在, 배극렴裵克廉, 오몽을吳蒙乙, 이제李濟, 이화李和, 이지란李之蘭, 장사길張思吉, 정도전鄭道傳, 정탁鄭擢, 정총鄭摠, 정희계鄭熙啓, 조박趙璞, 조인옥趙仁沃, 조준趙浚, 정안군 이방원靖安君 李芳遠, 익안군 이방의益安君 李芳毅, 회안군 이방간懷安君 李芳幹

2등 공신

13명(조견은 1392년 9월에 추가, 황희석은 원종공신에서 승격)

박포朴苞, 유창劉敞, 윤호尹虎, 이민도李敏道, 장담張湛, 정용수鄭龍壽, 조기趙琦, 조견趙狷, 조반趙胖, 조온趙溫, 조영규趙英珪, 홍길민洪吉旼, 황희석黃希碩

3등 공신

22명(민여익, 임언충, 장사정, 한상경, 한충, 황거정은 1392년 9월 27일에 추가됨)

고여高呂, 김균金稛, 김로金輅, 민여익閔汝翼, 손흥종孫興宗, 심효생沈孝生, 안경공安景恭, 유원정柳爰廷, 오사충吳思忠, 이근李懃, 이백유李伯由, 이부李敷, 이서李舒, 이직李稷, 임언충任彦忠, 장사정張思靖, 장지화張至和, 조영무趙英茂, 한상경韓尙敬, 한충韓忠, 함부림咸傅霖, 황거정黃居正

는 구절이 있습니다. 자신들은 끝까지 의리를 버리지 말고 함께하자는 내용입니다. 그 외에도 맹약문에는 온갖 좋은 말이 다 있습니다.

"서로 교유할 때 신의로써 하고, 부귀를 다투어 서로 상하게 하지 말며, 이익 때문에 서로 시기하지 말자. (……) 과실이 있으면 바로잡아주고, 의심이 있으면 물어보고, 병이 있으면 서로 도와주고, 환란이 있으면 서로 구해주자. 우리 자손에 이르기까지 대대로 이 맹약을 지킬 것인데, 혹시 변함이 있으면 신神이 반드시 죄를 줄 것이다."

그러나 이런 맹약문은 왕자의 난으로 휴지 조각이 되었습니다. 1차 왕자의 난 때 1등 공신 정도전, 남은이 죽임을 당하고, 2차 왕자의 난 때 2등 공신 박포가 다시 죽임을 당했습니다. 그야말로 '권력 있는 곳에 다툼 있다'라는 말을 실천해 보인 셈입니다. 권력무상이 느껴지는 대목입니다.

5장

엇갈리는 부자의 길

🐚 아버지를 달래는 이방원

개국 군주에게만 천명이 필요한 것은 아닙니다. 왕조국가에서는 누구든지 왕이 되려면 천명이 필요하다고 생각했습니다. 적장자가 아닐 경우 부왕이 후계자로 지명해주는 것도 천명의 일종입니다. 그러나 부왕이 지명했다고 꼭 천명이 실현되는 것은 아닙니다. 방석처럼 불행한 운명에 처해지는 경우도 적지 않죠.

그런데 역으로 나라를 이끌 능력이 있는데도 부왕이 다른 인물을 지명했을 때는 어떻게 해야 할까요? 태종의 고민이 바로 이런 것이었습니다. 이방원은 흔히 무장으로 알고 있지만, 실제로는 우왕 9년(1383) 과거에 급제한 문인입니다. 이성계 집안 최초의 과거 급제자였죠. 이성계는 이방원의 과거 급제 소식을 듣고 "대궐 뜰에서 절하고 사례하여 감격한 나머지 눈물을 흘렸다"라고 전할 정도로 기뻐했습니다. 문벌사회 고려에서 이방원의 과거 급제는 변방 무장 출신 이성계의 변방 콤플렉스를 한 방에 날려주는 쾌거였습니다.《동각잡기》에는 신덕왕후 강씨가 방원의 글 읽는 소리를 듣고는 "왜 내게서 나오지 않았을까?"라고 한탄했다는 내용도 나옵니다.

여러 기록들은 대부분 이방원이 훌륭한 자질을 갖고 있었다고 말하고 있습니다. 실제로도 이방원은 훌륭한 군주의 자질을 갖고 있었습니다. 조선 개국에 가장 큰 공도 세웠습니다. 그러나 부왕은 이런 자신을 제쳐두고 어린 방석을 선택했습니다. 가장 뼈아픈 대목이었겠죠.

《태조실록》〈총서〉에 이런 내용이 있습니다. 이성계가 부인 강씨를 거느리고 공양왕에게 나가서 술잔을 올린 적이 있었습니다. 공양왕은 답례로 옷과 모자, 갓끈 등을 내려주었습니다. 이성계는 그 자리에서 이 옷을 입고 공양왕에게 절하며 사례해 공양왕을 기쁘게 했습니다. 이날 밤 이방원이 부친을 모시고 집으로 돌아오는 길에 이성계가 "갓끈은 진실로 진귀한 물건인데, 내가 장차 이를 네게 주겠다"라고 말했다는 것입니다.《태조실록》은 이성계가 마치 이방원을 후계자로 선정할 마음이 있었던 것 같은 분위기를 풍기고 있습니다. 그러나 "나중에 갓끈을 네게 주겠다"라고 말한 것을 후사로 삼을 것처럼 해석하는 것은 조금 과하다는 생각이 듭니다.

방원은 스스로 천명을 만들기로 했습니다. 과거 정몽주를 죽였을 때 이성계가 불효라면서 화를 내자 이방원은 "정몽주를 죽인 것이 곧 효도입니다"라고 반박했습니다. 이성계와 이방원은 효도에 대한 관점이 서로 달랐던 것처럼 천명에 대한 관점도 달랐습니다.

이방원이 천명을 만들기로 했다는 말은 결국 부친에게 칼을 겨눈다는 뜻입니다. 실제로 세자 방석 형제와 정도전 등을 죽인 것은 부왕에게 칼을 겨눈 것이었죠. 화가위국化家爲國이라는 말이 있습니다. 집안이 변해서 나라가 된다는 뜻으로, 한 집안이 왕위를 차지하는 것을 뜻합니다. 이성계는 물론 화가위국한 시조입니다. 그런 개국시조가 자신 대신 동생을 선택했습니다. 그래서 이방원은 부왕과 대립하면서 스스로 화가위국해야 했습니다. 그것은 많은 비난을 자초하는 길이었습니다. 얼마나 많은 비난이 쏟아지겠습니까? 유학자가 부친에게 칼을 들이댄 것입니다. 그러나 방원은 그 길을 선택했습니다. 그는 자신의 행위가 천명에 따른 것임을 입증해야 했습니다. 그래야 정당성이 확보됩니다. 방원이 즉위 후 행했던 수많은 일은 여기에 초점이 맞춰져 있었습니다.

창업創業과 수성守成은 다릅니다. 창업 군주 이성계가 선택한 수성의 후계자는 방석이었습니다. 만일 방석이 즉위했다면 조선은 어떻게 되었을까요? 정도전 등의 보필을 받아 발전해 나갔을까요? 이른바 왕권과 신권이 조화를 이루는 이상적인 왕조국가를 만들었을까요?

그것은 알 수 없지만, 방원은 방석으로는 수성이 어렵다고 보았습니다. 설혹 방석이 왕위에 오른다 해도 실권은 신하들이 갖고 있을 것이라고 본 것이죠. 그래서 방원은 왕자의 난으로 정권을 장악한 후 왕권 강화에 나섰습니다. 이방원은 이율배반적인 측면이 많은 인물입니다. 그만큼 괴로움도 많았던 인물이죠. 방원은 왕권 강화를 위해 국왕인 아버지에게 칼을 겨누어야 했습니다. 모순이죠. 또한 방원은 처가가 지녔던 사병을 빌려야 했습니다. 방원이 왕자의 난을 일으킬수 있었던 힘도, 왕자의 난에서 승리한 힘도 자신과 처가 민씨가 가졌던 사병이었습니다. 그러나 왕권 강화를 위해 사병은 혁파되어야 했습니다.

그래서 2차 왕자의 난 직후 사병 혁파에 나섰습니다. 정종 2년 (1400) 4월, 대사헌 권근 등이 "병권은 국가의 큰 권세이니 마땅히 통속統屬해야지, 흩어서 주장할 수 없습니다"라고 상소했습니다.《정종실록》은 세자 방원이 상소 당일 "여러 절제사가 거느리던 군마를 해산하여 모두 그 집으로 돌아가게 했다"라고 전하고 있습니다. 상소가 올라온 당일로 사병을 혁파했다는 뜻입니다. 방원의 특징은 결단력이고, 속전속결입니다. 군주의 중요한 자질이지요.《정종실록》은 "병권을 잃은 자들이 모두 원망하면서〔怏怏〕 밤낮으로 같이 모여서 격분하고 원망함이 많았다"라고 전하고 있습니다. 한마디로 배신당했다고 원망했다는 것입니다. 그러나 방원은 집권 후 권력 분배를 단호하게 거부합니다. 권력은 국왕 한 사람에게만 속해야 한다는 생각이었습니다.

이성계는 건국 후 고려 왕조 잔존 세력의 쿠데타를 방지하기 위해 여러 왕자와 공신들을 각 도의 절제사로 삼아서 군권을 장악하게 했습니다. 쿠데타를 방지하는 역할을 한 것이지만, 역으로 여러 왕자와 공신들의 사병 구실을 한 것입니다. 사병을 단숨에 혁파하자 사병을 가진 사람들이 반발한 것은 당연한 일이었습니다. 반발하는 인물 중에는 방원의 측근이자 정사 · 좌명 1등 공신인 조영무趙英茂도 끼어 있었습니다. 그러자 방원은 조영무를 황해도 황주로 유배 보냈습니다. 조야朝野는 깜짝 놀랐습니다. 설마 조영무까지 내칠 줄은 몰랐던 것입니다. 이방원의 개혁의 특징은 내부를 먼저 겨냥하는 데 있습니다. 개혁의 칼날을 내부로 견줍니다. 그래서 방원의 개혁은 힘이 있었고, 성공할 수 있었습니다.

해방 후 우리나라는 정권 반대 세력을 공격하는 것을 개혁이라고 포장해왔습니다. 정권 반대 세력을 제거하는 것이 개혁이라면 개혁같이 신나는 것이 어디 있겠습니까? 물론 때로는 그럴 때도 있습니다. 개혁 대상이 정권의 반대 세력일 뿐만 아니라 역사의 흐름을 거스르는 반역사적 세력일 경우죠. 이때는 정권 반대 세력을 제거하는 것이 개혁이 됩니다. 그러나 그런 경우는 별로 많지 않습니다. 개혁 대상은 정권 반대 세력보다는 정권 내부에 있을 가능성이 더 많습니다.

이성계는 창업 군주입니다. 그런 창업 군주에게 방원이 칼을 겨누었습니다. 이성계의 분노가 눈에 보이는 듯합니다. 이성계는 무인입니다. 모든 전투에서 승리했습니다. 그러나 아들과의 싸움에서는 졌습니다. 부끄러움과 분노가 뒤섞인 감정이 방원에게 향합니다. 정권을 장악한 방원의 가장 큰 문제는 부왕 이성계의 존재입니다. 이성계는 방원에게 불만이 많습니다. 조선 태조 이성계는 당 고조 이연과는 달랐습니다. 이연은 '현무문의 변'이 일어난 지 3일 만에 이세민을 태자로 삼고, 오래지 않아 황위도 물려주었습니다. 그리고 스스로 홍의궁弘義宮에 이거移去했습니다. 이연은 현무문의 변이 일어난 후 9년간 조용히 살았습니다. 현실을 인정한 것입니다.

그러나 이성계는 달랐습니다. 아들이 자신을 강제로 쫓아낸 것을 견딜 수 없어 했습니다. 이성계는 현실을 인정하지 않았습니다. 현재를 자꾸 과거로 되돌리려고 했습니다. 정종 2년(1400) 7월 세제世 弟 방원이 태상왕太上王이란 존호를 올리려고 하자 이성계는 조온趙溫, 조영무, 이무李茂 등의 처벌을 요구했습니다. 이들은 모두 1차 왕자의 난 때 방원을 도운 공신들입니다. 쿠데타로 정권을 장악한 세력에게 바로 그 성공한 쿠데타를 처벌하라고 요구한 것입니다. 이성계는 방 원에게 "군신의 대의大義를 돌보지 않고 오직 이익만 구하는 사람을 믿고 맡기면, 대위大位(왕위)를 누가 엿보지 않겠는가? 조선의 사직이 오래갈 수 있겠는가?"라고 일갈했습니다. 사헌부와 형조에서 "이무 등은 아무 죄가 없습니다"라고 반대했지만, 이성계의 요구를 묵살할 수 없었던 세자 방원은 이들을 지방으로 유배 보냈습니다. 방원은 그렇게 해서라도 아버지의 마음을 조금이라도 되돌리려고 노력했습 니다.

이방원이 이무와 조온 등을 귀양 보내자 마음이 조금 누그러진 이 성계는 정종과 세자 방원이 헌수하는 연회에 참석했습니다. 그러나 이성계는 계속 현재를 부정하고 과거에 살고 있었습니다. 연회에 참 석했으면 흔쾌히 즐겨야 하는데, 참석해서는 분위기를 냉각시킵니 다. 연회에서 이성계는 이런 시를 짓습니다.

"밝은 달이 발(簾)에 가득한데 나는 홀로 서 있도다(明月滿簾吾獨)."

그러고는 이방원에게 "네가 비록 급제했지만 이런 시구는 쉽게 짓 지 못할 것이다"라고 자랑합니다. '홀로 서 있다'라는 말은 외롭다 는 뜻이죠. 이성계는 또 "산하는 의구한데 인걸은 어디 있느뇨(山河依 舊人何在)"라는 시구를 짓고는 좌우를 돌아보며 "이 구절에는 깊은 뜻 이 있다"라고 말합니다. 인걸은 이방원에게 죽은 정도전과 남은 등을 뜻합니다. 정도전과 남은 등을 제거한 주역들이 주최한 연회에서 정도전과 남은 등을 기리는 내용의 시를 읊은 것입니다. 그러나 방원은 끊임없이 이성계를 달랩니다. 유교를 표방했으니 효도하는 모습을 보이지 않을 수 없습니다.

정종 2년(1400) 10월 11일, 방원은 이성계의 만 예순다섯 번째 탄생일에 큰 선물을 줍니다. 정도전과 남은의 당여黨與를 용서한 것입니다. 이방원은 정도전과 남은은 죽였지만 그 가족들에게까지 보복을 가하지는 않았습니다. 이 점이 수양대군 세력과 크게 다른 점입니다. 수양대군과 그 일당들은 단종을 지지하고 상왕 복위 운동을 기도했던 사람들의 처자까지 나누어 가졌지만, 이방원은 그렇게 하지 않았습니다. 정도전의 아들 정진은 왕자의 난 직후 전라도 수군으로 충군시켰지만, 이후 판한성부사를 거쳐 공조판서, 형조판서 같은 정2품 판서 자리까지 오르게 했습니다. 이방원과 정도전은 비록 가는 길은 달랐지만 서로를 인정했습니다. 패륜의 극치를 달렸던 수양대군 및 그 일당과는 격이 달랐습니다.

정도전과 남은의 당여를 용서한 조치로 이성계의 마음이 많이 풀어졌습니다. 그 직후 이성계는 경기도 양주에 있던 것으로 추정되는 신암사神巖寺에서 방번, 방석과 이제 등의 명복을 비는 큰 불사를 올리는데, 이 불사에 정종의 부인 덕비德妃와 방원의 부인 정빈貞嬪도 참석했습니다. 이 불사로 부자간의 원한 관계가 끝나는 것처럼 보였습니다.

🐾 깊어가는 이성계의 딜레마

그러나 그렇지 않았습니다. 방원은 왕자의 난 직후 세자 자리와 임금 자리를 형에게 사양했습니다. 그러나 이것이 임시 조치라는 사실은 누구나 다 압니다. 방원이 왕위에 오르는 것은 시간문제였습니다. 그래서 정종은 재위 2년(1400) 11월 11일, 방원에게 왕위를 물려주었습니다. 누구나 예상했던 예정된 수순입니다. 그러나 이성계는 이런 현실을 부정했습니다. 이성계는 다시 싸늘하게 돌아섭니다. 정종이 좌승지 이원李原을 보내 방원에게 양위讓位하겠다고 보고하자 이성계는 "하라고도 할 수 없고, 하지 말라고도 할 수 없다. 이미 선위했으니 다시 무슨 말을 하겠는가!"라고 냉소적으로 대답했습니다.

이성계는 딜레마에 빠졌습니다. 자신이 세운 왕조를 부인할 수 없다는 딜레마입니다. 이성계는 태종 1년(1401) 2월, 덕수궁에서 열린 명나라 사신을 위한 잔치에 참석했습니다. 뿐만 아니라 자신이 직접 태평관까지 가서 또 잔치를 베풀어주었습니다. 이성계가 명나라 사신을 직접 접대하는 문제는 중요했습니다. 《명사》〈조선 열전〉은 "건문建文 초에 단旦(이성계)이 표表를 올려서 연로하다는 이유로 왕위를 아들 방원에게 물려주었다고 하자 허락했다"라고 서술하고 있습니다. 《명사》는 정종이 아니라 이성계가 방원에게 직접 왕위를 물려주었다고 설명하고 있습니다. 건문은 명나라 2대 황제 주윤문朱允炆(재위 1399~1402)의 연호입니다. 명 성조成祖 영락제는 주윤문을 내쫓은 후 건문 4년(1402)을 홍무 35년으로 바꾸어버렸습니다. 명나라도 격심한 황위 계승 전쟁을 벌였으니 개국 초의 두 나라는 여러모로 닮았습니다.

명나라는 호시탐탐 조선을 손아귀에 넣으려고 합니다. 그런데 명나라 사신에게 이성계가 '왕위를 빼앗겼다'고 주장한다면 문제가 복잡해집니다. 물론 이성계가 그렇게 말한다고 해서 명나라에서 군사를 일으켜 태종을 내쫓고 이성계를 복위시키지는 못할 것입니다. 군사력도 군사력이지만 명나라는 이성계가 정도전과 손잡고 요동을 공격하려던 것을 저지한 인물이 방원이라는 사실을 잘 알고 있습니다. 그래서 방원의 왕위 계승을 곧바로 받아들였던 것입니다. 만일 이성계가 명나라에 '왕위를 빼앗겼다'고 주장한다면 명나라로서는 조선 내정에 간섭할 명분을 갖게 됩니다. 이성계는 그렇게 하고 싶지는 않았습니다. 어쨌든 자신이 문을 연 나라입니다. 그래서 이성계는 태종 즉위 직후 조선을 찾은 명나라 사신을 직접 접대해서 이 문제를 풀어준 것입니다.

그런데 명나라 사신을 직접 접대한 직후 이성계는 다른 요구를 합니다. 태종 1년(1401) 5월 태종이 헌수獻壽하자 이성계는 토산兔山으로 유배 간 방간을 불러올리라고 요구했습니다. 태종은 "이것이 신이 전부터 가지고 있던 마음"이라며 명령대로 하겠다고 답했습니다. 그러나 이는 이방원의 본심이 아닙니다. 결국 대간들이 반대한다는 이유로 방간은 서울로 돌아오지 못했습니다. 태종은 방간을 불러옴으로써 조야에 잘못된 신호를 보내고 싶지 않았습니다. 친동기이기 때문에 목숨을 건진 것만으로도 다행이라고 여겨야 한다고 생각했습니다. 이성계가 겉으로는 유화 제스처를 취했지만 속으로는 수많은 왕씨를 죽여버린 것과 마찬가지 상황입니다. 그러나 이성계는 방원이 방간을 불러들이지 않자 함흥으로 돌아가버렸습니다. 이성계는 여전히 현실을 인정하지 않았습니다. 결국 이성계는 반 태종 봉기에 직접 가담합니다.

🐚 반 태종 봉기에 가담한 이성계

태종 2년(1402) 11월 5일, 신덕왕후 강씨의 친척인 안변安邊부사 조사의趙思義가 강씨의 원수를 갚겠다며 군사를 일으켰습니다. 이를 '임오년의 변'이라고 합니다. 조선에서 임오년의 변은 두 번 있습니다. 하나는 태종 2년 임오년에 조사의가 일으킨 군사 봉기를 뜻하고, 또 하나는 사도세자가 집권 노론에 의해 뒤주에 갇혀 죽은 사건을 뜻합니다. 조사의가 군사를 일으킨 곳이 이성계 집안의 사적 기반이었던 동북면이라는 점은 의미심장합니다. 주목할 것은 이성계가 여기에 가담했다는 점입니다.

이방원은 이성계를 예우하는 관청으로 승녕부承寧府를 두었는데, 태상왕부라고도 했습니다. 《태종실록》은 승녕부 정용수鄭龍壽와 신효창申孝昌이 "태상왕을 호종해 동북면으로 가서 조사의의 역모에 참여했다"라고 기록하고 있습니다. 조사의가 안변부사 정도의 벼슬을 배경으로 군사를 일으킬 수 있었던 배경은 무엇일까요? 바로 동북면이 자신의 봉기를 지지할 것이라는 확신이 있었기 때문입니다. 그리고 그 확신은 이성계의 지지에 있었죠.

동북면에는 주로 여진족으로 이루어진 '가별치'가 있었습니다. 500호에 달하는 백성들로, 국가에 속하지 않고 이성계의 집안에 속해 있던 사병들입니다. 건국 후 이성계가 이방원에게 주었는데, 이방원이 이를 이방번에게 양보했다고 전해집니다. 주었다기보다는 관리를 맡겼던 것이겠죠. 만약의 경우 이성계 집안이 믿을 수 있는 최후의 보루 같은 존재인데, 이들이 조사의에게 가담한 것입니다. 조사의에게 가담했다기보다는 이성계에게 가담했다고 보아야겠죠. 태종은 이성계의 형 이원계李元桂의 아들 이천우李天祐를 진압하라고 보냈습니다. 같은 동북면 출신을 보낸 것이죠. 이천우는 기병을 이끌고 평안남도 맹주孟州에서 조사의와 싸우다 포위당했는데, 아들 이밀李密 등이 힘껏 싸워 겨우 빠져나왔습니다. 동북면 사람들이 이성계를 지지하고 있었다는 뜻이겠죠. 동북면도 동북면이지만 개국시조인 태조 이성계가 조사의에게 가담했으니 한양이 받은 충격은 대단했습니다.

함흥차사咸興差使라는 말이 있습니다. 저는 함흥차사가 이 조사의의 난 중에 생겨난 말이 아닐까 생각합니다. 조선 후기 이긍익李肯翊이 편찬한 《연려실기술燃藜室記述》에는 '태조의 함흥주필咸興駐蹕'이라는 항목이 있습니다. 태종에게 분노한 태조가 함흥으로 물러가 있자 태종은 계속 문안사를 보냈습니다. 문안사 중 살아서 돌아온 사람이 아무도 없어서 더 이상 누구도 가려고 하지 않는데, 잠저 때의 친구였던 박순朴淳(?~1402)이 가겠다고 자청했습니다.

박순은 새끼 딸린 어미 말을 타고 갔습니다. 함흥에 들어가서 새

本宮

宮在府南十五里雲田社 太祖潛龍
時舊宅而爲上王所居亦御馬因置
民屬二百戶遺重臣守之中遣檀曹卽
成廟置分內司 宣祖罷良屬置內奴
五百戶壬辰之亂舊宮盡爲康戌觀察
使韓公浚謙重建而自亂後減內奴二
百戶分差內司別生一人奉守知法云
宮有正殿奉 四王及 太祖神位殿
前有豐沛樓前有蓮池殿後六松乃
太祖手植松軒之巍以此也壬辰之燹
亦無恙而巋久枯朽其中一林蒼鬱猶
蔚也知昔殿內藏 聖祖冠服弓箭彙
鞍等物當兵亂之時不寫西京武庫之
劍亦可也

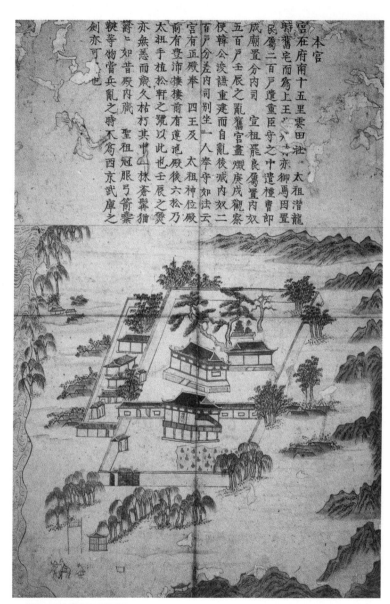

▲ '함흥내외십경도' 중 함흥본궁

끼 말을 매어놓고 어미 말을 타고 나아가니 어미 말이 머뭇거리면서 뒤를 보고 서로 부르며 울었습니다. 태조 이성계가 이를 보고 이상하게 여겨서 묻자 박순은 "새끼 말이 길 가는 데 방해가 되어서 묶어놓았더니 서로 떨어지기 싫어서 저러는 것입니다. 비록 미물이지만 지친의 정이 있는 듯합니다"라고 대답했습니다. 밤중에 박순과 이성계가 장기를 두는데, 쥐가 새끼를 안고 지붕에서 떨어져 죽을 지경이 되었지만 서로 놓지 않았습니다. 그것을 본 박순이 장기판을 제쳐두고 눈물을 흘리면서 귀경하자고 권하니 태조가 마침내 귀경을 약속했습니다.

박순은 즉각 하직하고 떠났는데, 이성계를 모시던 사람들이 쫓아가서 죽이자고 청했습니다. 이성계는 박순이 용흥강龍興江을 건넜을 것으로 짐작하고 "만약 강을 건넜으면 쫓지 말라"라고 말했는데, 박순이 중도에 병이 나서 지체하는 바람에 그제야 막 배에 오르다가 잡혀서 죽고 맙니다. 이런 것들이 함흥차사의 사례로 인용되는 것이지요. 그러나 《태종실록》에는 박순이 함주에 이르러 도순문사 박만朴蔓과 주군, 수령들에게 조사의를 따르지 말라고 교유하다가 피살되었다고 달리 전하고 있습니다.

이성계의 극심한 반 태종 감정은 조선에서 여러 이야기를 만들어냈습니다. 성석린成石璘의 자식들이 맹인이 된 이야기도 그중 하나입니다. 이성계의 옛 친구인 성석린도 이성계를 달래려고 함흥으로 갔습니다. 성석린이 백마를 타고 베옷 차림으로 지나다가 말에서 내려 과객처럼 밥을 짓는 시늉을 했더니 이성계가 내시에게 가보게 했습니다. 성석린이 "용무가 있어 지나가다가 날이 저물어 유숙하려 한다"라고 대답하자 태종이 보내지 않은 것으로 생각한 이성계가 기뻐하며 불러들였습니다.

그러나 성석린이 조용히 인륜에 대해 설명하자 이성계는 "너도 너의 임금을 위해서 나를 달래려고 온 것이냐!"라고 화를 냈습니다. 성석린은 "신이 만약 그래서 왔다면 신의 자손은 반드시 장님이 될 것입니다"라고 답했고, 태조는 이 말을 그대로 믿고 태종과 화해했는데, 훗날 성석린의 두 아들은 그의 말대로 눈이 멀고 맙니다. 아들 대에서 그치는 것이 아니라, 맏아들 성지도成至道와 그 아들, 손자까지 삼대가 눈이 멀었다는 야사가 전해집니다. 이성계와 이방원 부자의 불화 사건이 이런 많은 이야기를 만들어냈습니다.

비록 이성계가 가담했지만 옛날의 이성계가 아닙니다. 이미 이방원은 사병을 모두 해체해버린 뒤입니다. 조사의의 군사와 맞서 싸우기 위해 조선군 전체가 나설 수는 없었습니다. 조사의의 군사가 안주에 도착했을 때, 김천우金天祐란 인물이 조사의의 군사에게 잡혔습니다. 조사의의 군사가 정벌군의 숫자를 묻자 김천우는 "조영무는 동북면으로 향했고, 이천우 등은 맹주에 이르렀으며, 황주 등지로도 4만여 명이 나왔는데 어떻게 당하겠소?"라고 답했습니다. 그러자 조사의의 군사가 크게 두려워했는데, 그런 상황에서 밤중에 군막에 불을 지르고 소리치니 군사들이 놀라서 사방으로 흩어지면서 궤멸되고 말았습니다.

이렇게 조사의의 난은 진압되었지만, 이성계의 가담은 무수한 뒷말을 낳았고, 태종의 정통성에 큰 상처를 입혔습니다. 태종 평생의 고민이자 콤플렉스가 바로 이 부분이었습니다. 고려 우왕 때 과거에 급제한 이방원은 유학자입니다. 그런데 생부이자 국왕인 부왕에게 칼을 겨눠야 했고, 이 때문에 부왕 이성계는 자왕子王 이방원을 저주했습니다. 태종도 "내가 무인년(1차 왕자의 난) 가을 사직의 대계大計 때문에 부득이 거사한 후 부왕께서 항상 불평하는 마음을 품으셨다"라며 이런 사실을 인정했습니다. 그러나 태종은 자신의 즉위를 나라를 살리기 위한 불가피한 행위라고 생각했습니다. 정몽주 살해를 놓고 맞섰던 부자의 대립이 계속되는 것입니다.

건국에 가장 큰 공이 있는 이방원을 이성계는 후사로 선택하지 않았습니다. 부인 강씨의 부추김도 있었지만, 이방원의 냉혹한 성격을 좋아하지 않았을 가능성도 있습니다. 이방원은 신생 조선을 반석 위에 올려놓기 위해서는 자신과 같은 군주가 필요하다고 생각했습니다. 그래서 작게 보면 부친에게 불효한 것이지만, 크게 보면 조선을 건국한 태조에게 대효大孝의 길을 걷는 것이라고 자위했을 것입니다.

《중용》에 공자가 "순 임금은 진실로 대효이시다(舜其大孝也與)"라고 순 임금의 효도를 칭찬하는 말이 나옵니다. 순 임금의 부친 고수瞽瞍는 순이 어렸을 때 부인이 죽자 재혼했는데, 이 부인이 여러 차례 순을 죽이려고 했지만 순은 끝내 그들을 감화시켰습니다. 그래서 대효라고 불리는 것입니다. 맹자도 순 임금을 대효라고 칭찬했습니다. 그러면서 임금이 이런 대효를 실천하면 다른 백성들도 따라 한다고 말했습니다.《맹자》〈진심 상上〉 장에서 맹자는 순 임금과 고요皐陶의 사례를 들면서 효도에 대해 재미있게 설명했습니다.

도응桃應이란 인물이 맹자에게 "순 임금이 천자가 되었고 고요가 법관으로 있을 때 순의 부친 고수가 사람을 죽였다면 어떻게 했을까요?"라고 물었습니다. 맹자는 "체포할 따름이다"라고 답합니다. 도응이 "순 임금이 못하게 막지 않았을까요?"라고 묻자 맹자는 "순 임금이 어떻게 못하게 하겠는가? 고요가 그런 권한을 받았는데"라고 답했습니다.

도응이 "그러면 순 임금은 어떻게 했을까요?"라고 묻자 맹자는 "순 임금은 천하를 버리기를 헌 짚신처럼 할 것이므로 부친 고수를 업고 달아나 바닷가에 살면서 죽을 때까지 즐겁게 지내면서 천하를 잊을 것이다"라고 답했습니다.

桃應問曰, 舜爲天子, 皐陶爲士, 瞽瞍殺人, 則如之何? 孟子曰, 執之而已矣.
然則舜不禁與? 曰, 夫舜惡得而禁之, 夫有所受之也. 然則舜如之何? 曰, 舜
視棄天下, 猶棄敝蹝也, 竊負而逃, 遵海濱而處, 終身訴然樂, 而忘天下.

《맹자》〈진심 상〉

여기에서 '헌신짝(敝蹝)처럼 버린다'라는 속담이 나온 것입니다. 유교에서 떠받드는 순 임금은 이런 대효를 했습니다. 순의 대효는 무조건적인 효도입니다. 그러나 태종 이방원의 대효는 그런 효도의 길이 아닙니다. 그는 부왕에게 칼을 겨누었습니다. 이성계는 여기에 반발해 조사의의 난에 가담했습니다. 이런 상황에서 태종이 할 수 있는 최선의 행위는 무엇이었을까요? 자신의 행위가 패역悖逆이 아니라 천명에 따른 것임을 입증하는 것입니다. 그래서 결국에는 부왕 태조도 자신의 행위가 나라를 위한 것이었음을 인정하게 하는 것이죠. 진

정으로 수성에 매진한 임금으로 평가받는 것이 그가 할 수 있는 최
선이었습니다.

측근도 가리지 않는 피의 숙청

　태종의 공신 숙청은 이제 잘 알려져 있습니다. 한때는 피도 눈물
도 없는 공신 숙청이라고 비판도 많이 받았습니다. 국가 권력을 사적
인 관점에서 바라보던 때의 일이죠. 태종이 공신 숙청에 나선 계기
는 부인 원경왕후 민씨의 투기 때문이라고 알려져 있습니다. 재위 2
년(1402) 3월, 태종은 성균악정成均樂正 권홍權弘의 딸 권씨를 후궁으
로 맞아들이려 했습니다. 국왕이 후궁을 맞는 것은 공식적인 행사였
기에 혼인을 주관하는 가례색嘉禮色까지 설치했으나 뜻대로 되지 않
았습니다. 원경왕후 민씨가 태종의 옷을 잡으며 "제가 상감과 어려
움과 화란을 함께 겪으며 나라를 차지했는데, 어찌 저를 이렇게 잊을
수 있습니까?"라고 거칠게 항의했기 때문입니다. 태종은 원래 정식
으로 의식을 치르고 권씨를 후궁으로 맞아들이려 했지만, 이를 생략
하고 권씨를 쓸쓸히 별궁別宮으로 보내야 했습니다. 《태종실록》은 이
때 "상이 며칠 동안 정사를 보지 않았다"라고 전하고 있습니다. 태종
은 즉위 직후에도 경연청經筵廳에 나와서 10여 일 동안 거처한 적이
있었는데, 그 이유에 대해 "중궁中宮, 곧 왕비의 투기 때문"이라고 전
하고 있습니다.
　상하 지위를 막론하고 일부일처제가 확립된 지금의 시각으로는

이해하기 어렵지만, 왕조국가에서 국왕이 후궁을 두는 것은 '왕실의 안녕'이란 명분으로 합리화되는 합법적인 제도였습니다. 《경국대전 經國大典》 첫 부분은 내명부內命婦에 관한 내용인데, 내명부는 왕비의 지휘를 받는 여성들의 품계를 명시해놓은 것입니다. 크게 임금의 여인인 후궁과 궁궐에서 근무하는 궁녀로 나뉘는데, 정1품 빈嬪부터 종4품 숙원淑媛까지는 후궁이었고, 정5품 상궁부터 종9품까지는 궁녀였습니다. 왕비도 왕처럼 품계가 없는데, 이런 왕비에게 품계가 있는 후궁들은 투기의 대상이 아니라 통솔의 대상이었습니다.

원경왕후 민씨는 태종에게 "제가 상감과 어려움과 화란을 함께 겪으며 나라를 차지했는데"라고 말했습니다. 이방원이 화가위국해서 차지한 왕실은 전주 이씨와 여흥驪興 민씨閔氏의 공동 왕실이란 뜻입니다. 그렇게 따지면 이성계가 화가위국한 왕실은 전주 이씨와 곡산谷山 강씨의 공동 왕실이어야 했습니다. 뿐만 아니라 이숙번의 안성 이씨와 조영무의 한양 조씨도 공동 왕실이라고 주장할 수 있습니다.

태종의 즉위 과정을 되짚어보면 틀린 말만은 아니었습니다. 고려에서 여흥 민씨는 전주 이씨보다 명가였습니다. 충선왕이 즉위교서에서 왕실과 혼인할 수 있는 재상지종宰相之宗 15가문을 명기했는데, 여기에 들 정도였습니다. 이때 이성계 집안은 변방 원나라 세력의 일환이었을 때지요. 게다가 《태조실록》에 따르면, 1차 왕자의 난은 부인 민씨와 그 동생 민무질閔無疾 등이 방원에게 건의해 일어난 것입니다. 《태조실록》은 먼저 동생 민무질과 상의한 부인 민씨가 종 소근小斤을 급히 궁으로 보내 방원을 불렀고, 민무질, 민씨 부인, 이방원, 이렇게 셋이 '비밀리에 한참 이야기 나눈 후' 거사에 나섰다고 전하고 있습니다. 이성계가 사병들을 진법 훈련에 동원하면서 무기 환수령을 내렸을 때 무기를 몰래 감추었다가 내놓은 인물도 부인 민씨였습니다.

정종 2년(1400) 1월에 발생한 2차 왕자의 난 때도 "부인 민씨가 갑옷을 꺼내 입히고 대의에 의거해서 군사를 움직이게 했다"라고 《정종실록》은 전하고 있습니다. 1·2차 왕자의 난 때 처남 민무구閔無咎, 민무질이 모두 선봉에 서서 칼을 휘두르며 매형을 도왔고, 두 처남은 공신에 책봉되었습니다. 그래서 방원이 즉위하는 과정만 보면 부인 민씨가 태종의 왕위를 두 가문 공동의 것으로 생각한 것은 일견 당연해 보입니다. 그러나 이들이 다투는 것은 사적 소유물이 아니라 국가 권력입니다.

예나 지금이나 국가 권력이 승자의 사적 소유물로 전락할 수는 없습니다. 만약 그렇다면 백성들이 국가 권력에 복종할 이유가 없습니다. 세상은 투쟁의 현장으로 바뀌고, 권력 다툼은 일상이 될 수밖에 없을 것입니다. 그래서 임금의 즉위를 천명으로 합리화하는 것입니다. 천명을 받아 임금이 되었으면 하늘의 뜻에 따라 통치해야 합니다. 그러지 않고 사적 이익을 추구한다면 하늘은 천명을 거두어 다른 인물에게 내릴 것입니다. 그래서 일단 즉위한 이상 그의 즉위를 도왔던 모든 공신은 동지가 아니라 신하가 되는 것입니다. 그러나 민씨는 태종의 왕위를 공동 가문의 것으로 생각했고, 자신의 동생들을 태종의 동지로 생각했습니다. 태종은 즉위 초부터 이를 우려했습니다.

재위 원년(1401) 정월 초하루, 태종이 강안전康安殿 터에 거둥擧動해서 신하들의 하례를 받은 적이 있었습니다. 그런데 사헌부에서 상장군上將軍 이응李膺이 순서를 잃었다고 탄핵했습니다. 그런데 이 탄핵에 대한 태종의 반응이 엉뚱해 보입니다. "민무구가 사헌부를 사주했을 것이다"라는 것이기 때문입니다. 과거 이응이 민무구 등에 대한 임금의 총애가 너무 극진하다면서 억압해야 한다고 말했기 때문에 이응을 제거하기 위해 탄핵했다는 해석이었습니다.

태종은 민무구·무질 처남 형제에 대한 경계를 늦추지 않았습니다. 드디어 태종 7년(1407) 영의정부사領議政府事 이화 등이 민씨 형제의 죄를 청하는 상소를 올렸습니다. 이화는 태조 이성계의 이복동생이자 태종 이방원의 숙부였습니다. 과거 태종이 세자에게 양위하겠다고 선언한 적이 있었는데, 이때 민무구, 민무질의 행위에 문제가 있었다는 내용의 상소였습니다.

이방원은 즉위 내내 천재지변 때문에 큰 곤혹을 치렀습니다. 이방원은 이 천재지변을 천인감응설天人感應說로 해석하면서 괴로워했습니다. 하늘이 군주에게 천명을 내려 즉위시켰지만 군주가 하늘의 뜻대로 정치를 잘 수행하지 못하면 하늘이 천재지변을 내린다는 것이 천인감응설입니다. 기원전 2세기 때 인물인 한나라 동중서董仲舒의 이론인데, 임금이 정치를 잘하면 일기가 순조롭지만 그렇지 않으면 천재지변이 온다는 것이지요. 천인감응설은 유학자들이 하늘의 뜻을 빙자해 군주를 압박하는 역할도 했는데, 스스로 유학자를 자처했던 태종이었기에 여기에서 자유롭지 못했습니다. 부왕을 내쫓고 즉위했으니 하늘이 어찌 복을 내리겠느냐 하는 소리가 들리는 듯했겠지요. 그래서 태종은 천재지변이 있으면 자주 양위 소동을 벌였습니다. 물론 진짜 양위하겠다는 것이 아니라 하늘의 견책에 답한다는 의미도 있고, 신하들의 마음을 떠보는 의미도 있었습니다.

태종 6년(1406)에도 재변災變으로 태종이 양위를 선언한 적이 있었는데, 이때 '모든 신민이 애통해했으나 민무구 형제는 화색을 띠었다'는 것이 이화가 상소에서 민무구 형제를 비판한 내용이었습니다. 민씨 형제가 어린 세자를 끼고 집권하고 싶었기 때문에 속으로는 선위를 바랐다는 것이었습니다. 어린 세자를 끼고 정권을 장악하려는 것을 '협유집권挾幼執權'이라고 하는데, 이는 왕권을 넘보는 행위로서 중죄입니다. 아무런 물증이 없는 심증뿐인 혐의였으므로 두 형제는 당연히 반발했습니다.

그러자 이조참의 윤향尹向이 "태종이 양위하려고 할 때 민씨 형제가 비밀리에 내재추內宰樞를 선정했다"라고 폭로했습니다. 내재추는 고려 말기 5~6명의 대신이 국왕을 대신해 전권을 행사했던 기구였습니다. 그런데 두 형제를 제거하는 것은 사실 태종의 뜻이었습니다. 결국 형제는 태종 8년(1408) 10월, 지방으로 쫓겨나야 했습니다.

태종은 이때 처남들을 내쫓는 이유를 담은 교서를 발표했는데, 여러 이유를 들었지만 제 관점에서 가장 중요하게 보는 것은 "양인 수백 구口를 사천私賤(노비)으로 만들었다"라는 내용입니다. 민무구 형제가 자유민 수백 명을 자기 집안의 노비로 만들었다는 비판입니다. 고려 말 권세가들이 자유민인 양인을 노비로 만들었던 압량위천이 개국 초에 벌써 재연된 셈입니다. 압량위천은 고려를 멸망시킨 가장 중요한 요인 중 하나였는데, 이 문제가 개국 초에 다시 등장했다면 심각한 일입니다. 개혁을 표방하고 들어선 정권이 부패했을 때, 민심은 원래 그러려니 했던 부패 정권이 부패한 것보다 더욱 싸늘합니다.

상대적으로 더 큰 분노를 느끼는 것이지요.

태종 9년(1409)에는 우정승右政丞 이무가 민씨 형제를 옹호했다는 이유로 사형당합니다. 이무는 1차 왕자의 난 때 정도전 등이 남은의 첩의 집이 있는 송현에 모여 있다는 사실을 방원 측에 밀고해 정사 공신 2등에 책훈된 인물입니다. 《춘추春秋》에 나오는 "난역을 제거하려면 그 당여를 먼저 제거한다"라는 말의 의미처럼 먼저 사형시킨 것입니다. 민무구·무질 형제는 이런 공세 끝에 태종 10년(1410) 3월 제주 유배지에서 일종의 자살형인 자진自盡에 처해졌습니다. 자진이라고 해서 스스로 목숨을 끊는 것이 아니라 목숨을 끊어 죽으라는 명령이 내려진 것입니다.

5년 후인 태종 15년(1415)에는 민무구·무질 형제의 두 동생 무휼無恤·무회無悔 형제가 다시 옥사獄事에 연루됩니다. 두 처남을 평소 알고 지내던 전 황주목사 염치용廉致庸이 노비 소송에서 패하자 민씨 형제에게 "태종의 후궁 혜선옹주惠善翁主 홍씨와 영의정 하륜 등이 뇌물을 받았기 때문에" 패소했다고 하소연한 것이 발단입니다. 두 형제는 충녕忠寧대군, 즉 훗날의 세종에게 이 사실을 알렸고, 충녕은 기회를 봐서 부왕 태종에게 말했습니다. 태종이 "한낱 노비 소송에 임금을 연루시키는 법이 어디 있는가?"라고 불같이 화를 내면서 불똥은 두 형제에게 튀었고, 결국 유배형에 처해졌습니다.

그런데 느닷없이 세자 양녕이 이 사건에 개입하면서 두 외삼촌을 더욱 곤경으로 몰고 갑니다. 전해(1414)에 무휼·무회 형제가 자신에게 두 형이 억울하게 죽었다고 말했다고 폭로한 것입니다. 이때 세자 양녕은 여러 비리 사건이 잇따라 발각되면서 불안한 처지에 놓였는데, 이 사건이 발생하자 두 외삼촌을 희생양 삼아 빠져나가려 한 흔적이 보입니다.

여기에다가 태종 15년(1415) 겨울 '왕자 이비李褙의 참고慘苦 사건'이 터지면서 남은 민씨 형제는 더욱 곤경에 몰립니다. 태종은 6~7년 전 잠시 입궐했던 민씨 친정의 여종과 관계해 임신시켰던 적이 있습니다. 이 사실을 안 원경왕후가 여종과 갓난아이를 죽이려고 하다가 실패한 사건이 '왕자 이비의 참고 사건'입니다. 왕자의 이름이 이비이기 때문에 붙은 이름인데, 이 사건이 뒤늦게 밝혀지자 태종은 처가에 크게 화를 냈습니다. 이 사건에 분개한 태종이 민무휼 형제 사건을 재조사하게 했고, 형제가 세자에게 "무구·무질 형은 모반죄로 죽었으나 사실은 무죄입니다"라고 말한 사실이 드러나 그들 역시 사약을 마셔야 했습니다.

이로써 태종은 처남 넷을 죽여버린 것입니다. 원경왕후 민씨는 당초 세자 방원과 혼인한 것이 아니었습니다. 민씨가 방원과 혼인하던 우왕 8년(1382)만 해도 방원은 세자는커녕 왕자도 아니었습니다. 그저 변방 출신 무장의 아들에 불과했죠. 민씨로서는 화가위국한 결과 친정이 쑥대밭이 된 셈입니다. 그저 운명이라고 말해야 할까요?

외척뿐만 아니라 측근 중의 측근 이숙번도 숙청 대상에 올랐습니다. 이숙번은 1차 왕자의 난 때 정사공신 2등에 책봉되고, 태종 즉위에 공을 세워 좌명공신 1등에 책봉되었던 태종의 측근 중의 측근입니다. 조사의의 난 때도 도진무都鎭撫로서 진압에 나섰던 인물로, 태종은 재위 13년 그를 병조판서에 임명해 군권을 맡겼습니다.

태종 16년(1416) 우의정 자리가 비자 이숙번은 자신이 드디어 정승에 오를 차례라고 생각했습니다. 그런데 정작 우의정에 제배된 것은 박은朴訔이었습니다. 그러자 이숙번은 등청登廳을 거부하는 것으로 항의했는데, 때마침 가뭄이 들어 모두 근신하는 중이었습니다. 대간에서는 이숙번의 행위를 불경不敬이라고 연일 공격했고, 급기야 사형시켜야 한다고 주청했습니다.

다급해진 이숙번은 과거에 태종과 주고받았던 이야기를 끄집어내서 반전을 시도했습니다. 이숙번이 과거 태종에게 "신은 크게 우매하니 나중에 설령 죄를 지어도 성명性命을 보존케 하여주소서"라고 요청했던 적이 있습니다. 이 요청에 태종이 "종사宗社에 관계되지 않으면 어찌 보존해주지 않겠는가?"라고 답했다는 일화를 꺼내 든 것입니다. 이 때문에 이숙번은 겨우 목숨을 건졌지만, 이때 태종은 "전에 한 말은 종사에 관계되지 않는 일에 대하여만 말한 것이다"라고 덧붙였습니다. 만약 종사에 관계되면 죽일 수도 있다는 뜻입니다. 태종은 이숙번의 공신 직위를 폐하여 서인으로 삼고 연안延安으로 보냈다가 다시 함양으로 유배 보냈습니다. 그런데 이때 태종은 이숙번에게 살아생전에는 도성都城(서울)에 들어오지 말라고 명령했습니다. 정사에 개입할 생각을 말라는 것이지요.

태종이 네 처남을 죽이고, 측근 중의 측근 이숙번을 제거하는 것을 본 조야는 깜짝 놀랐습니다. 태종은 이숙번이 거듭 탄핵당할 때 "이숙번은 나와 두 번이나 사지死地를 같이 겪었다"라고 변호하기도 했습니다. 1·2차 왕자의 난 때 목숨 걸고 함께 싸웠다는 뜻이지요. 처남들, 특히 먼저 사형당한 민무구·무질은 말할 것도 없습니다. 이런 처남들과 공신들을 제거하는 것을 보고 떨지 않는 공신, 고관이 없었습니다. 공신들과 고관들은 권력을 남용하기는커녕 자리 보존에 전전긍긍해야 했습니다.

이들이 자신을 보존하는 방법은 법을 지키고 근신해서 문제의 소지를 만들지 않는 방법밖에 없습니다. 민무구·무질 형제의 죄를 반포하는 교서에 "양인 수백 구를 노비로 만들었다"라는 내용이 들어 있는데, 누가 감히 양민을 자기 집의 노비로 만들겠습니까? 조선은 태종의 피의 숙청으로 비로소 법이 지배하는 법의 나라가 되어갑니다.

신분제가 합법적이던 왕조 시대의 법은 지배층에게 유리하게 만들어져 있습니다. 그러나 그런 법이라도 지배층이 잘 지키기만 하면 백성들은 법의 테두리 내에서 편하게 살 수 있습니다. 그 어떤 법도 지배층이 마음대로 양인을 노비로 만들거나 양인의 땅을 마음대로 빼앗을 수 있게 허용하지는 않기 때문입니다. 태종의 피의 숙청으로 고관들은 법 외의 횡포를 자행할 생각을 못하게 되었습니다. 그러면 바로 대간에서 탄핵하게 되어 있기 때문이었죠. 비로소 법의 지배가 이루어진 것입니다. 그것이 태종이 피의 숙청을 통해 얻은 성과였습니다.

🦀 종부법을 제정하다

미국에서 조선 사회를 연구했던 제임스 버나드 팔레(James Bernard Palais(1934~2006)라는 분이 있었습니다. 그는 조선을 노비제 국가라고 규정해서 한국 사회에 큰 충격을 주었습니다. 팔레 교수는 조선시대를 연구해보니 인구의 상당 부분이 노비이고, 이런 노비가 생산의 주요 축을 담당하는 사회였다고 보았습니다. 그런 사회가 노비제 국가가 아니면 무엇이냐는 주장이죠. 그런데 한국 사람들은 조선시대를 어떤 사회라고 생각하고 있을까요? 현재 한국 사람들을 만나보면 99.999퍼센트가 자신이 양반의 후예라고 인식하고 있습니다. 그 많던 노비와 양인들은 다 어디 갔을까요? 저는 이를 '허위적 양반의식' 또는 '관념적 양반의식'이라고 봅니다. 자신의 조상이 양반이었다고 막연히 가정하는 것입니다. 문제는 양반의 관점에서 조선시대를 바라보는 것입니다. 자신의 선조가 양반이었을 것이라는 희망을 담아서 조선시대를 보니까 그 시대가 객관적으로 보이지 않는 것입니다.

저는 《정도전과 그의 시대》에서 정도전이 주도했던 조선 건국의 가장 큰 한계가 노비제도를 폐지하지 못한 것이라고 말씀드렸습니다. 자신이 양반의 후예라고 생각한다면 이 문제를 그리 중요하게 생각하지 않겠지만, 자신의 할아버지나 할머니가 노비라고 생각해보면 달리 보이게 됩니다. 자신의 할아버지, 할머니가 물건처럼 매매되던 노비였다고 생각하면 노비제도의 문제가 얼마나 심각한지 피부로와 닿을 것입니다.

역성혁명파는 토지 문제는 기존의 토지문서를 불태워버리는 혁명적 방법 끝에 과전법을 공포했지만, 노비 문제는 눈 감고 아웅 하는 정도에 그쳤습니다. 조선이 개창하던 1392년 인물추변도감人物推辨都監에서 양인과 천인이 서로 통혼하지 못하게 하고, 자신의 노비를 권세가의 집에 주거나 사찰에 바치는 것을 금지하고, 노비에 대한 매매를 금지한 것 정도가 역성혁명파가 노비 문제를 처리한 전향적 대책이었습니다. 역성혁명파들도 대부분 노비 소유주였기 때문에 노비 자체를 없앨 생각을 하지 않았던 것입니다. 그래서 조선이 개창되었지만 노비제도는 그대로 존속하고 있었습니다.

노비에는 관청에 속한 공노비公奴婢와 개인 소유의 사노비私奴婢, 두 종류가 있었습니다. 또한 주인과 함께 사는 솔거率居노비와 주인과 따로 사는 외거外居노비가 있었습니다. 외거노비는 1년에 정해진 만큼의 신공身貢만 바치면 되는 노비로, 솔거노비보다는 처지가 나았습니다. 그리고 개인 소유의 사노비가 공노비보다 훨씬 더 처지가 열악했습니다.

사노비는 여러 문제점을 갖고 있었습니다. 국가 차원에서는 사노비가 늘어날수록 세금원稅金源이 줄어든다는 문제가 있었습니다. 노비는 주인에 대해서만 납세의 의무를 집니다. 국가는 노비 수를 줄이고 세금을 납부하는 자영 농민의 수를 늘려야 했습니다.

노비제도의 가장 큰 문제는 무엇보다도 세습제였습니다. 한번 노비면 그 자손들까지 대대로 영원히 노비가 되어야 했습니다. 저는 조선사가 동아시아의 다른 외국사와 비교해서 가장 강하게 비판받아야 할 점이 바로 노비제도라고 생각합니다. 청나라 말기부터 중국의 지식인들은 선언적 의미지만 "진한秦漢 이래 노예는 없다"라고 말해 왔습니다. 진한까지는 전쟁 포로가 노예가 되었고, 당나라 때까지도 천인들이 살던 부곡이 존재했지만, 송나라 때 오면 법률상 사노비는 금지됩니다. 비록 관습적 노비는 광범위하게 존재했지만, 고려나 조선처럼 법률적으로 세습되는 노비제도는 사라졌다는 의미입니다. 일본도 부락민이라는 천민 집단이 있었고, 관습적으로는 노비가 존재했지만, 법제적 의미의 노비제도는 없었다고 보고 있습니다. 그러나 고려와 조선은 대대로 세습되는 가혹한 노비제도를 갖고 있었습니다.

조선의 노비제도에서 논란이 거셌던 부분은 양천교혼良賤交婚입니다. 양인과 천인이 혼인하는 것이 양천교혼인데, 이 경우 자식의 신분은 무엇이 되느냐가 관건입니다. 어머니의 신분을 따르는 것을 종모법從母法이라고 하고, 아버지의 신분을 따르는 것을 종부법從父法이라고 합니다.

신분제 사회인 조선에서는 모친의 신분이 높은 경우보다는 부친의 신분이 높은 경우가 대부분이었습니다. 그래서 양천교혼으로 낳은 자식이 부친의 신분을 따르게 하는 종부법을 채택하면 노비 숫자가 차차 줄어드는 반면, 종모법을 실시하면 노비 숫자가 점점 늘어나게 되어 있었습니다. 그래서 양반 사대부들은 한결같이 종모법을 주장했습니다. 신분적 특권을 배타적으로 유지하고, 노비 숫자를 계속 늘려 자신의 재산을 늘리려 한 속셈 때문이었습니다.

그런데 태종이 종모법을 종부법으로 바꾸려고 계획했습니다. 그러다가 재위 14년(1414) 예조판서 황희黃喜가 "아비가 양인이면 아들도 양인이니 종부법이 옳습니다"라고 말하자 "경의 말이 대단히 옳다"라면서 종부법으로 개정하려 했습니다. 물론 양반들의 반대가 들끓었지만, 태종은 결국 종부법으로 개정합니다. 이때 종부법으로 바꾸는 태종의 교서가 《태종실록》에 전해집니다.

하늘이 백성을 낼 때는 본래 천인(賤
口)이 없었다. 전조(고려)의 노비법은
양인과 천인이 서로 혼인하면 천한
것을 우선해 어미를 따라 천인으로
삼았으므로 천인의 숫자가 날로 증가
하고 양인의 숫자는 날로 감소했다.
영락永樂 12년(1414) 6월 28일 이후에
는 공사公私 여종이 양인에게 시집가
서 낳은 소생은 모두 종부법에 의거
해 양인으로 만들라.

《태종실록》 14년 6월 27일

▲ 황희 초상

　　양천교혼임에도 노비로 전락해
신음하던 백성들에게 태종의 이 교서는 그야말로 천음天音, 즉 하늘
의 음성이 울린 듯했습니다. 모친의 신분 때문에 눈물 흘리던 수많은
천인들이 구제받은 것은 물론이고, 양인의 숫자가 대폭 증가해 국가
재정도 튼튼해졌습니다.

🌼 사대부들의 반발

　　여종을 소유하고, 그 자녀들까지 모두 재산으로 갖고 있던 양반
사대부들은 종부법 개정에 큰 불만을 갖고 있었습니다. 그러나 상대

가 누굽니까? 혁명 동지이자 처남이었던 민무구·무질을 사형시킨 태종 이방원 아닙니까? 감히 불만을 토로할 대상이 아닙니다.

실제로 태종은 반상班常 제도 자체를 없애지는 못했지만, 이를 완화하려고 노력했던 군주입니다. 태종을 평가할 때는 이 점을 높이 사야 합니다. 신분제를 해체 내지는 완화하려고 했던 위민爲民의 군주가 태종입니다. 그 결과, 태종 때는 사회가 역동적이었습니다. 이런 역동성은 태종이 주도한 사회 변화였습니다. 또한 백성들 사이에서도 나라가 바뀌었는데 신분제는 왜 불변이냐는 불만도 깔려 있었을 것입니다. 그래서 태종은 능력만 있으면 신분을 크게 개의치 않았습니다. 한미한 출신의 박자청朴子靑을 정2품 공조판서에까지 등용한 것도 태종이고, 동래의 관노였던 장영실蔣英實을 특채한 인물도 태종입니다. 태종은 능력만 있으면 신분은 그리 중요하지 않다고 생각했던 임금입니다.

양반 사대부들은 태종 때는 종부법에 대해 이의를 제기하지 못하다가 세종이 즉위하자 집중적으로 문제를 제기하기 시작했습니다. 세종은 농민도 우대했지만 기본적으로 사대부 계급을 더 우대했던 군주였습니다. 드디어 재위 14년(1432) 3월, 세종의 입에서 종부법 재검토에 대한 언급이 나오기 시작합니다. 세종은 "내가 즉위한 이래 조종의 성헌成憲(법률)을 고치지 않으려고 마음먹었고, 부득이한 일이 있을 경우에만 몇 번 고친 일이 있다"면서 종부법에 대해 언급합니다. 즉, "공사의 여종이 양인 남편에게 시집가서 낳은 소생을 양인으로 삼는 일에 대해서는 대신들이 불가하다고 많이 이야기했으나 내가 따르지 않았다"라고 말합니다. 양천교혼으로 태어난 자식들이 양인이 되는 것이 불가하다는 벼슬아치들의 주장이 잇따랐다는 것입니다. 세종은 이런 주장을 따르지 않았다고 말했지만, 이를 언급했다는 것 자체가 종부법 개정의 물꼬를 튼 것입니다. 맹사성孟思誠, 권진權軫, 허조許稠 같은 대신들은 이구동성으로 종모법으로 환원해야 한다고 주장했습니다. 《세종실록》에 맹사성을 비롯한 대신들이 종모법 환원을 주장하는 논리가 적나라하게 나옵니다.

"천인 종모법은 또한 한 시대의 좋은 법규입니다. (……) 대개 천한 여인이 날마다 남편을 갈아치워서 행위가 금수와 같은데, 그 자식은 다만 어미가 있는 것만 알고 아비가 있는 것은 모르므로 종모법(수모지법隨母之法)이 생긴 것입니다. 지금 부친의 신분을 따라 양인이 되게 한 법을 혁파해서 어미를 좇아 천인이 되게 하는 법으로 환원하는 것이 상책입니다"(《세종실록》 14년 3월 15일).

이들은 "천한 여인은 행위가 금수와 같다"라고 말하고 있습니다. 사회의 구조적인 문제를 개인의 도덕성 문제로 돌리고 있는 것이지요. 구조적인 문제를 개인의 일탈로 돌리는 것은 예나 지금이나 부정한 지배층이 기득권을 유지하기 위한 호도 수단일 뿐입니다. 3년 전인 세종 11년(1429)에도 맹사성은 이 문제를 제기했는데, 이때도 천인 여성들의 정조 관념을 문제 삼았습니다. 여종들이 자신의 자식을 양인으로 만들기 위해 일부러 양인 남성과 간통하고는 "이 사람이 실은 이 아이의 아버지입니다"라고 말한다는 것입니다. 그래서 자신의 자식을 양인으로 만드니 윤리가 파괴된다는 것입니다. 자식만은 자신 같은 종으로 만들지 않으려는 어머니의 마음을 사실 관계도 불분명한 '간통'으로 매도함으로써 양반 사대부들의 경제적 이익을 극

대화하려는 것입니다.

맹사성의 거듭된 문제 제기에 세종은 태종 때 승지였던 전 판서 조말생趙末生을 불러 태종이 종부법으로 개정한 경위를 물어보았습니다. 조말생의 기억은 명확했습니다.

"지난 갑오년(태종 14년)에 신이 대언代言(승지)으로 있었는데, 하루는 태종께서 편전便殿에서 '아비를 따라 양민으로 삼는 법(종부위량법從父爲良法)을 세우고자 한다'고 말씀하셨습니다. 이숙번이 옳지 않다고 극력 말했으나 태종이 듣지 않으시고 신에게 법령 집필을 명하셨으며, 친히 하교下敎하여 법을 세우셨습니다"(《세종실록》 14년 3월 15일).

조말생의 회고로 종부법은 태종이 측근 이숙번의 강력한 반대를 무릅쓰고 제정한 법이라는 사실이 명확해졌습니다. 이숙번이 실각한 것은 태종의 측근으로서 태종이 만들고 싶었던 진짜 사회를 외면하고 양반 기득권 유지에 매진했기 때문이기도 합니다. 이로써 종부법이 태종의 강력한 의지라는 사실이 분명해졌습니다.

그러나 세종은 웬일인지 한발 후퇴합니다. 세종은 양천교혼을 법으로 금지하고, 불법, 즉 양천교혼으로 태어난 자식들은 모두 공노비로 만들자는 절충안을 제시했습니다. 3년 전에 맹사성이 종모법 환원을 주장한 논리 중 하나가 종부법을 계속 시행하다가는 공노비가 다 사라진다는 것이었습니다. 그래서 양천교혼으로 태어난 자식들을 공노비로 만들자는 절충안을 제시한 것입니다. 그러나 대신들이 종모법 환원을 주장하는 이유는 양천교혼으로 태어난 자식들을 공노비로 만들어 국가의 재정 기반을 튼튼하게 하자는 것이 아니었습니다. 이들의 목적은 이들을 사노비로 만들어 자신들의 재산을 늘리는

데 있었습니다. 그래서 공노비로 만들자는 세종의 제안을 반대합니다.

"만약 그런 법을 세운다면 사비私婢(개인의 여종)는 자녀가 속공屬公 (공노비)되는 것을 즐거워해서 모두 양인을 남편으로 얻어 그 자녀를 다 공천公賤(공노비)이 되게 할 것이니, 100년이 지나지 않아서 사천私 賤(사노비)은 거의 없어질 것입니다"(《세종실록》14년 3월 25일).

이로써 종모법 환원을 주장하는 맹사성 등의 속뜻이 분명해졌습 니다. 처음에는 종부법을 계속 시행하다가는 공노비가 다 사라질 것 이니 종모법으로 환원해야 한다고 주장하다가 양천교혼으로 태어난 자식들을 공노비로 만들자고 제안하자 또 반대합니다. 그렇게 하면 공노비만 늘고 사노비는 줄어들 것이라는 논리입니다. 종모법 환원 주장의 속내가 국가가 아니라 사대부가의 재산을 늘리는 사私에 있 다는 이야기입니다.

아쉬운 것은 세종의 대응입니다. 이때 세종이 조종의 성헌은 고칠 수 없다고 못 박았다면 이후 조선 역사는 많은 부분이 달라졌을 것 입니다. 그러면 신분보다는 능력이 대접받는 보다 역동적인 사회가 되었을 것입니다. 그러나 세종은 양반 사대부들의 편을 들어서 종모 법으로 환원했습니다. 세종은 재위 기간 중에 잘한 정책도 많습니다 만, 이 부분은 크게 잘못한 것입니다.

방송 프로그램을 보면 세종의 선정善政을 이야기하는 도중에 관청 소속의 여자 종에게 100일의 출산 휴가를 더 주었으며, 그 남편에게 도 30일간의 출산 휴가를 주었다고 감탄하는 장면이 가끔 등장합니 다. 출산 휴가 몇 배 더 주는 것보다 그들의 신분을 양인으로 만들어 주는 것이 수백 배 더 인권에 가까운 것입니다. 세종이 조종의 성헌은 고칠 수 없다고 일축했다면 이후 조선은 신분제가 크게 완화되고, 사회가 크게 발전했을 것입니다.

세종은 왕비인 소헌왕후 심씨의 어머니 안씨와 그 자녀들을 꽤 오랫동안 천인으로 두었습니다. 장인 심온沈溫이 태종에게 사형당했기 때문입니다. 아버지 태종이 한 것을 고칠 수 없다는 이유에서였죠. 세종은 재위 8년(1426)에야 그들을 천인들의 호족인 천안賤案에서 빼주었습니다. 왕비의 모친과 친동기들을 천안에서 삭제하는 것은 왕조국가에서 누구도 반대할 수 없었던 문제입니다. 국왕의 장모이자 국모의 친어머니 아닙니까? 그럼에도 부왕이 한 것을 경솔하게 고칠 수 없다고 재위 8년까지 노비로 두었던 세종입니다. "내가 부왕의 조치를 바꿀 수 없어서 왕비의 모친과 친동기까지 천인으로 두었는데, 어찌 조종의 성헌인 종부법을 종모법으로 바꾸겠는가?"라고 했으면 조선의 신분제는 크게 완화되었을 것입니다. 종부법을 종모법으로 환원해놓고 공노비들에게 출산 휴가를 조금 더 준 것을 가지고 선정이라고 할 수는 없습니다. 역사 문제를 볼 때 항상 구조를 먼저 보아야 하는 이유가 여기에 있습니다.

6장

새로운 시대의 시작

🐲 악역의 눈물

태종 8년(1408) 5월 24일, 태조 이성계가 별전에서 세상을 떠났습니다. 향년 만 일흔셋이었으니 원나라 변방에서 태어나 한 나라의 개국시조가 되고, 자식에게 강제로 쫓겨난 임금치고는 장수한 셈입니다. 《태종실록》은 태상왕 이성계의 사인을 갑자기 얻은 풍질風疾이라고 전하고 있는데(《태종실록》 8년 1월 19일), 발병 넉 달 만에 승하한 것입니다. 이성계가 위독하자 태종은 광연루廣延樓 아래에서 자면서 직접 수라상과 약을 살폈습니다. 부왕이 위독해지자 태종은 재빨리 달려와 청심원을 드렸지만, 이성계는 삼키지 못하고 눈을 떠 두 번 쳐다보고는 승하하고 말았습니다. 태종이 땅을 치면서 발을 구르고 울부짖는 소리가 밖에까지 들렸다고 《태종실록》은 전하고 있습니다.

이성계의 죽음으로 부자 사이가 정리된 것입니다. 아니 한 시대가 정리된 것입니다. 태종에게 부왕 이성계는 양날의 검이었습니다. 조사의의 난이 평정된 후에야 이성계는 한양으로 돌아와 거처했습니다. 이성계의 귀경에 맞춰서 살곶이 다리에 대한 야사가 만들어집니다. 살곶이 다리를 한자로 전곶교箭串橋라고 하는데, '화살 전箭' 자가 들어간 이유가 있습니다.

무학대사 등의 청으로 이성계가 함흥에서 돌아오자 태종이 중랑천 하류 한강가에 천막을 치고 맞이했습니다. 함흥에서 돌아오던 이성계는 이방원을 보자 활을 쏘았습니다. 화살은 태종을 맞히지 못하고 땅에 떨어졌는데, 그 자리를 화살이 꽂힌 곳이라고 해서 살곶이 다리라고 불렀다는 것입니다. 얼마나 사실을 반영한 야사인지는 모르겠지만, 이성계가 아들 방원을 향해 활을 쏘지는 못했을 것입니다. 다만 죽이고 싶어 했던 것은 사실일 것입니다. 그런 마음이 야사를 만든 것이겠죠. 그러나 조사의의 난에까지 가담했다가 한양으로 돌아온 이상, 현실을 받아들일 수밖에 없었을 것입니다.

귀환 후 태조는 과거같이 막무가내로 태종을 압박하거나 조롱하지 않습니다. 재위 6년(1406) 8월 태종이 전위傳位 소동을 벌이자 "나라를 전하는 것은 국가 대사인데 내게 고하지 않는 것이 옳겠는가? (……) 내가 죽기 전에는 다시 이런 말을 듣고 싶지 않다"《태종실록》6년 8월 30일)라고 말할 정도로 태종의 체제를 인정하지 않을 수 없었습니다. 이제 조선 왕실이 태종의 등극으로 새로운 국면으로 접어들었음을 인정한 측면도 있을 것입니다.

이성계가 풍질로 드러눕자 태종은 극진하게 간호했습니다. 태종은 심지어 연비燃臂까지 했습니다. 연비란 불가에서 수계受戒할 때 향이나 삼베 심지로 왼쪽 팔의 살갗을 태우는 것입니다. 태조의 와병이 심해지자 태종은 지신사 황희에게 "부처를 섬기는 것이 비례非禮지만, 불인지심不忍之心, 즉 참을 수 없는 마음을 스스로 막을 수 없다"면서 승려를 모아서 기도하고자 한다고 의견을 물었습니다.

유연성이 뛰어났던 황희는 "부모를 위해 병을 구하는 것이니 해롭지 않습니다"라고 찬성했습니다. 그래서 승려 100여 명을 모아 병을 낫게 해주기를 바라는 약사정근藥師精勤을 행했습니다. 그리고 태종 자신이 병을 주관하는 약사상藥師像 앞에 어의를 벗어 바치고 스스로 팔뚝을 사르는 연비를 행했습니다. 자신이 사실은 효자라는 사실을 과시하기 위한 정치적 제스처라고만 볼 수 없을 것입니다.

뜨거운 향이 살갗을 타고 내려갈 때 태종은 무슨 생각을 했을까요? 태종은 유독 부모나 동기, 친족 간에 악업을 많이 쌓은 군왕입니다. 한 인간으로 태어나 형제들을 죽이고, 아버지에게 칼을 겨누었던 것 자체를 자기 인생의 업業이라고 생각했을까요? 어떤 것은 스스로 자초한 것이지만, 어떤 것은 운명이라고 자위했을까요?

태종은 부인 원경왕후 민씨가 위독할 때도 연비를 행했습니다. 태종 13년(1413) 5월 부인이 위독하자 세자 양녕에게 향을 피우게 하고 연비했습니다. 민무구·무질이 사형당한 지 3년 후의 일입니다. 태종이 연비하자 세자 이하 나머지 왕자들도 모두 연비했습니다. 부인의 친동기 둘을 사형시키고, 그 부인의 쾌차를 위해 연비하는 남편. 태종은 보통의 상식으로는 이해하기 힘든 임금입니다. 자신의 친동기 둘을 죽인 남편이 자신의 병구완을 위해 연비했다는 말을 들은 원경왕후 민씨의 심정은 어땠을까요? 이때는 연비 덕분인지 민씨의 병에도 차도가 있었습니다. 기뻐한 태종은 왕실의 원찰顯刹인 회암사에 전지 100결과 미두米豆 200석을 내려주었습니다.

원경왕후 민씨가 세상을 떠난 것은 그로부터 7년 후인 세종 2년 (1420) 7월 10일입니다. 이때는 태종이 상왕으로 있을 때입니다. 이때 부인도 부친 이성계처럼 별전에서 투병하고 있었습니다. 그 사이 태종은 두 명의 처남을 더 죽여서 모두 네 명의 처남을 죽였습니다. 이번에는 민씨가 가망이 없어 보이자 태종은 이렇게 말합니다.

"대비의 병이 이미 위태롭다. 전일에 점쟁이가 해가 없다고 했는데 이제 이와 같으니, 점이란 것은 진실로 믿을 것이 못 된다."

그날 오시午時(오전 11시~오후 1시)에 대비 원경왕후 민씨는 세상을 떠나고 말았습니다. 우왕 8년(1382) 만 열일곱의 나이로 자신보다 두 살 어린 방원과 혼인한 민씨는 남편을 도와 화가위국했지만, 그 대가는 친정이 쑥대밭이 되는 것으로 돌아왔습니다. 이를 보면 권력 좋다고 쫓아다닐 것이 아니란 생각이 절로 듭니다.

폭군과 성군 사이

태종은 권력의 냉혹함을 누구보다 잘 아는 군주였습니다. 또한 군주로서 자신이 해야 할 일이 무엇인지 정확히 알았던 군주였습니다. 하늘이 자신에게 천명을 내렸다면 그것은 악역을 하라고 내린 천명이라고 생각했던 군주였습니다. 태종은 누구나 걷기 싫어하는 악역이 자신의 역할이라는 사실을 잘 알고 있었습니다. 그리고 그 길을 묵묵히 걸어갔습니다. 그러는 과정에서 부친에게 칼을 겨누었고, 부인과 원수가 되었으며, 맏아들도 버렸습니다. 그러나 그 누구 못지않게 성군이 되기를 바랐던 군주가 태종이라고 저는 생각합니다. 태종은 세종 못지않은 성군의 자질을 갖고 있었습니다. 또한 태평성대를 만들려고 누구보다 노력했던 군주였습니다.

그리고 실제로도 그의 치세 동안 백성들은 태평성대였습니다. 그가 얼마나 성군이 되기를 바랐는지, 또 이를 백성들이 얼마나 알아주었는지는 태종우太宗雨 고사가 잘 말해줍니다. 태종이 세상을 떠난 음력 5월 10일에 내리는 비가 태종우입니다. 조선의 민간 풍습을 기록한 홍석모洪錫謨(1781~1850)의 《동국세시기東國歲時記》에 나오는 일화입니다. 홍석모는 "태종이 임종할 때 세종에게 '가뭄이 극심한데 내가 죽어서라도 알게 된다면 이날에는 반드시 비가 오게 하리라'라고 말했는데, 훗날 과연 그렇게 되었다"라고 말하고 있습니다. 《동국세시기》뿐만 아니라 조선 중기 박동량朴東亮(1569~1635)의 《기재사초寄齋史草》를 비롯한 여러 문적에 태종우에 대한 이야기가 나옵니다. 조선 중기 문신 정경세鄭經世(1563~1633)의 《우복집愚伏集》에는 이런 글이 있습니다.

"동산洞山에서 자고 새벽에 일어나니 크게 가물었는데, 때마침 반가운 비가 왔다. 금년은 봄부터 여름까지 비가 오지 않고 더 심했는데, 5월 10일 감로수 같은 비가 새벽부터 밤까지 내렸다. 이 나라의 민간에서 소위 말하는 태종우다."

정경세는 "느낀 바가 있어서 그 기쁜 뜻을 적는다"라고 덧붙이고 있습니다. 호국대룡護國大龍이 되어 죽어서도 신라를 지키겠다고 한 문무왕과 같은 비장한 애국심이 느껴지는 대목입니다. 그러나 정작 태종우 고사는《태종실록》에도《세종실록》에도 나오지 않습니다.

실록에는 조선 후기에 편찬된《경종실록》의 경종 3년(1723) 5월 12일 조에 등장합니다. 약방제조藥房提調 이태좌李台佐가 "이달 10일은 태종대왕의 기신忌辰, 즉 제삿날인데, 예부터 이날 비가 많이 와서 '태종우'라고 일렀습니다"라고 말하는 장면이 나옵니다.《태종실록》에도《세종실록》에도 나오지 않는 태종우 기사가 조선 중·후기 들어서 등장한다는 것은 무슨 뜻일까요? 백성들이 만든 것이라고 저는 해석합니다. 태종 임금 시절은 공신이나 인척, 고위 벼슬아치들은 괴로웠는지 몰라도 백성들에게는 호시절이었습니다. 공신, 인척, 고위 벼슬아치 할 것 없이 태종 때는 죄를 지으면 곧바로 처벌받았습니다. 감히 백성들의 재산을 갈취할 생각을 하지 못했습니다.

현재 우리 사회도 준법을 많이 이야기합니다. 그러나 그 대책을 보면 늘 경범죄처럼 일반 서민들이 처벌 대상입니다. 일반 서민이 아니라 고위직의 불법과 탈법을 무관용으로 처벌하면 준법은 저절로 지켜집니다. 힘없는 백성들이 무슨 재주로 국법을 범하고도 무사하겠습니까? 윗물이 맑으면 아랫물은 저절로 맑아지고, 윗물이 흐리면 아랫물은 흐릴 수밖에 없습니다.

태종 때 자주 가뭄이 들었습니다. 천인감응설에 신경 쓰는 태종은 피를 토하고 싶은 심정이었습니다. 가뭄까지 자신이 책임질 수밖에 없다고 생각했습니다. 그래서 태종은 재위 16년(1416) 5월 19일 기우제를 준비하는 예조와 사헌부, 사간원에 전지傳旨를 보냈습니다. 그

전지에 피 끓는 자기 회한이 담겨 있습니다.

"가뭄이 든 이유를 깊이 생각해보니 다른 까닭이 아니라 무인년戊寅年, 경진년庚辰年, 임오년壬午年 사건이 부자와 형제의 도리에 어긋났기 때문이다."

무인년(1398, 태조 7년)은 1차 왕자의 난이 발생한 해이고, 경진년(1400, 경종 2년)은 2차 왕자의 난이 발생한 해입니다. 임오년(1402, 태종 2년)은 상왕으로 쫓겨난 태조가 조사의의 난에 가담한 해입니다. 이런 난들이 부자와 형제의 도리에 어긋났기 때문에 하늘이 벌을 내린다는 자책입니다. 그런데 1·2차 왕자의 난은 그렇다 치고 조사의의 난은 왜 언급했을까요? 저는 이 난이 조사의가 주도하고 이성계가 가담한 것이 아니라 이성계가 조사의에게 지시했을 가능성도 있다고 생각합니다. 실록에 이성계가 주도했다고 쓸 수 없기 때문에 조사의가 먼저 일으키고 이성계가 가담한 것처럼 서술한 것일 수도 있지 않을까요? 그렇다면 이것은 이성계가 이방원에게 직접 칼을 겨눈 사건이 됩니다. 왕조국가에서 국왕은 만인의 사표師表가 되어야 합니다. 그런 국왕이 이복 동기를 죽이고, 친동기와 부왕을 내쫓았습니다. 그 결과 부왕이 자신에게 직접 칼을 겨누는 사건이 발생했습니다. 이때 태종은 전지에 이런 말을 덧붙입니다.

"그러나 이 또한 하늘이 시켜서天使 한 일이지, 내가 즐거워서 한 일이 아니다."

태종은 거듭된 악역을 하늘이 시킨 것이라고 말하고 있습니다. 자기변명에 불과한 것일까요? 그런 측면도 없지는 않겠지만, 꼭 그렇지만은 않을 것이라고 저는 생각합니다. 태종의 자책에 신하들이 황공해서 어쩔 줄 모릅니다. 신하들은 "그 일은 하늘의 명령에 응한 것이어서 사람들이 따랐던 것입니다. 어찌 하늘의 마음에 부합하지 않을 수 있겠습니까?(是乃應天順人也, 何不合天心之有)"라고 태종을 달랩니다. 역시 조선은 천인감응설의 나라라는 사실을 알 수 있습니다. 천인감응설은 비과학적일지는 몰라도 절대군주의 전횡을 제어하는 데 큰 역할을 합니다.

태종은 또 역사에 밝았습니다. 《태종실록》을 읽어보면 "요堯나라 역사를 우虞나라 사관이 편수했고, 순舜나라 역사를 하夏나라 사관이 편수했다"거나 "공자가 《춘추》를 편수한 것이 정공定公 · 애공哀公의 세상에 있었던 일"이라고 말하는 등 태종이 역사에 해박한 지식을 갖고 있었다는 사실을 알 수 있습니다. 그런 태종은 갓 개창된 왕조에는 악역이 필요하다는 사실을 잘 알고 있었을 것입니다. 그래서 그 길을 걸었는데, 하늘은 마치 자신의 뜻과는 다르다는 듯이 잇단 가뭄을 내리고 있습니다. 재위 15년 6월에도 가뭄이 심하자 태종은 육선肉饍, 즉 고기반찬을 거두고 술을 끊었습니다. 그리고 승정원과 육조에 자신이 잘못한 점을 솔직히 말해달라고 당부합니다. 자신이 행실을 고치면 비가 올 것이라고 생각한 것입니다. 이런 점에서 태종은 거의 수도승처럼 임금 노릇을 한 군주입니다. 하늘의 재변을 자신의 정치의 결과로 돌리는 군주이니 그렇게 하지 않을 도리가 없습니다.

성색聲色이란 말이 있습니다. 가무와 여색을 뜻하는 말인데, 태종은 재위 3년(1403) 시강侍講 김첨金瞻이 수隋 양제가 망한 원인이 성색 때문이었다고 하자 "그렇다! 성색은 실로 천하를 망치는 근본이다"

라고 동조하기도 했습니다. 후궁을 들이는 문제로 왕비 민씨와 다툼을 벌인 것을 볼 때 태종은 꽤 여색을 즐겼을 것으로 짐작됩니다. 물론 후궁을 여럿 둔 것은 사실이지만, 후궁들이 일체 정사에 간여하지 못하게 했습니다. 말년에 총애하던 숙공궁주淑恭宮主의 부친 김점金漸이 평안도 관찰사 시절 수뢰 혐의로 수사를 받자 "탐오貪汚한 사람의 딸을 궁중에 둘 수 없다"면서 출궁시킨 후 다시는 들이지 않았을 정도로 철저하게 관리했습니다.

물론 태종이 잘못한 점도 있습니다. 상왕 시절 수강궁의 시녀 장미薔薇의 사례가 그 하나입니다. 태종은 50이 넘은 후에는 잠을 잘 못 잤다고 합니다. 세종에게 왕위를 물려준 세종 즉위년(1418) 12월에 태종은 수강궁에서 시녀 장미에게 무릎을 두들기게 했습니다. 그러다가 장미의 안마가 마음에 들지 않아서 조금 꾸짖어주고 잠이 들었다가 장미가 갑자기 조심성 없이 두들겨서 잠이 깼답니다. 이유를 물으니 "꾸짖기에 화가 나서 조심성 없이 두드렸다"라고 답했습니다. 태종은 장미를 궁 밖으로 쫓았는데, 2년 후인 세종 2년(1420) 시녀 소비小婢가 소헌왕후 심씨의 옷을 찢은 사건이 발생하자 "시녀들을 엄하게 경계하지 않을 수 없다"면서 다시 이 사건을 언급했습니다. 두 궁녀를 어떻게 처리했는지는 더 이상 기록에 없지만, 대신들이 "장미와 소비가 범한 죄는 다 반역으로 논해 사형에 처해야 한다"라고 주청했으니 아마도 사형당했을 것입니다. 이런 처사들은 소 잡는 칼로 닭을 잡은 우도할계牛刀割鷄 같은 사건이죠.

태종이 수행한 악역은 공신이나 고위직의 불법과 전횡을 처벌할 때 의미가 있는 것이지 아무 힘 없는 궁녀들을 대상으로 할 때는 그야말로 악행惡行에 지나지 않는 것입니다. 사실 하늘은 아무 힘 없는 한 사람을 죽일 때 더 크게 분노하는 법입니다.

🦟 하늘이 시켜서 한 일이다

이방원은 조선을 개국하기 위해, 왕위에 오르기 위해, 또 왕조를 반석 위에 올려놓기 위해 수많은 악역을 수행했습니다. 그중에는 부친이 사랑하던 동생들을 죽이고, 부친에게 칼을 겨누고, 친처남들에게 사약을 내린 일도 있습니다. 이방원은 이런 악역 끝에 즉위할 수 있었고, 왕조를 반석 위에 올려놓을 수 있었습니다. 태종은 자신이 수행한 악역의 의미와 이렇게 차지한 왕위의 의미를 장남이 알기를 바랐습니다. 그래서 태종은 재위 5년(1405) 8월, 세자 이제李禔(양녕대군)에게 "고대 은나라의 걸왕桀王과 주나라의 주왕紂王이 백성에게 버림받은 독부獨夫가 된 이유를 아느냐?"라고 질문했습니다. '독부'란 일부一夫와 같은 말인데,《맹자》〈양혜왕梁惠王 하〉에 나오는 일화입니다.

> 양혜왕, 즉 제나라의 선왕이 맹자에게 "탕왕이 걸왕을 내쫓고 무왕이 주왕을 정벌했다는데 그런 일이 있었습니까?"라고 묻자, 맹자가 "옛 책에 전해지고 있습니다"라고 대답했습니다. 그러자 양혜왕이 "신하가 그 임금을 시해하는 것이 옳습니까?"라고 재차 물었습니다. 맹자는 "인仁을 해치는 자를 적賊이라고 하고, 의義를 해치는 자를 잔殘이라고 이르는데, 이런 잔적殘賊은 일부라고 합니

다. 저는 일부를 베었다는 말은 들었어도 임금을 시해했다는 말은
듣지 못했습니다"라고 답했습니다.

齊宣王問曰, 湯放桀, 武王伐紂, 有諸. 孟子對曰, 於傳有之. 曰臣弑其君, 可
乎? 曰, 賊仁者, 謂之賊, 賊義者, 謂之殘, 殘賊之人, 謂之一夫, 聞誅一夫紂
矣, 未聞弑君也.

《맹자》〈양혜왕 하〉

인의를 해친 자는 임금이 아니라 일부, 즉 독부일 뿐이어서 죽여
도 된다는 말이니 군주 입장에서 가슴이 서늘한 말이 아닐 수 없습
니다. 세자 이제는 이때만 하더라도 이 질문에 대해 "인심을 잃었기
때문입니다"라고 답할 정도로 영특했습니다. 태종은 "나와 네가 인
심을 잃으면 하루아침도 이 자리에 있지 못할 것이니 어찌 소홀히
할 수 있겠느냐?"라고 훈계했습니다. 태종은 단순한 독재자가 아닙
니다. 피의 숙청으로 공신들의 원망을 샀지만, 태종우 고사가 말해주
듯이 백성들의 인심을 얻었습니다. 고려가 멸망한 이유가 가난한 백
성들의 토지를 빼앗고 그들의 생활을 나락으로 떨어뜨렸기 때문이
라는 사실을 잘 알고 있던 군주였습니다.

태종은 무예도 강했지만, 우왕 때 과거에 급제한 문사답게 부단하
게 독서했습니다. 예나 지금이나 성공한 군주, 성공하는 리더의 공통
적인 특징 중 하나는 부단한 독서입니다.《태종실록》2년(1402) 6월
조는 "상이 매일 청심정淸心亭(개경 수창궁 후원)에 나가서 독서하는데,
덥거나 비가 오거나 그치지 않았다"라고 설명하고 있습니다. 태종 3
년 9월 조는 "상이 배우기를 좋아하여 게으르지 않았으며, 독서하는

엄한 과정을 세웠다"라고 전하고 있습니다. 독서와 사색은 리더가 시대를 읽고 미래를 예측할 수 있게 해주는 유일한 수단입니다. 태종은 그래서 특히 역사서와 경서를 열심히 읽었습니다. 역사서에는 현실 정치에 응용 가능한 사례들이, 경서에는 유교국가 조선의 통치 철학이 담겨 있기 때문입니다.

그래서 태종은 사왕嗣王(후계 임금)도 독서가여야 한다고 생각했습니다. 또한 사왕은 행운아라고 생각했습니다. 자신처럼 숱한 난관을 겪고, 악역을 할 필요 없이 왕도王道만 익히면 되기 때문입니다. 이를 위해 일찍이 재위 2년(1402) 아홉 살의 원자 이제를 교육하는 경승부敬承府를 설치하고, 왕도를 가르쳤습니다. 그러나 세자 이제는 부왕과 달랐습니다. 부왕의 고민을 알지 못했습니다. 조선 초의 문신 성현成俔이 《용재총화慵齋叢話》에서 "세자는 성색에 빠져 학업에 힘쓰지 않았다"라고 비판하고 있는 것처럼 세자는 독서보다는 잡기를 더 좋아했습니다. 태종은 교육하면 나아질 것이라고 생각해서 교육하고 또 교육했습니다. 태종은 재위 7년(1407) 열네 살의 세자 양녕을 숙빈淑嬪 김씨와 혼인시키며 그 장인 김한로金漢老에게 이렇게 경계했습니다.

"경卿은 멀리는 방석의 장인 심효생沈孝生을 본받지 말고, 가까이는 나의 처가인 민씨를 경계하여 조심하고 또 조심하라."

태종은 김한로에게 "나는 호랑이가 새끼를 키우는 것처럼 세자를 엄하게 키우려 한다"라고 덧붙였습니다. 임금이 차기 군주를 '호랑이가 새끼를 키우는 것처럼 엄하게 키우려 한다'고 말한 것은 의미심장합니다. 현재 대한민국의 이른바 사회 지도층들이 새겨들어야 할 말입니다. 귀한 집 자식일수록 엄하게 키워야 합니다. 남보다

출발선이 빠른 것에 대해 미안한 마음을 갖고 세상을 바라보게 해야 합니다. 그래야 사회 통합이 됩니다.

🦁 어긋나는 양녕과의 관계

그러나 세자는 태종의 기대에 어긋났습니다. 독서보다는 잡기를 좋아했습니다. 《용재총화》에는 이에 대한 일화가 더 나옵니다. 임금이 신하들과 학문을 논하고 정책을 토론하는 것이 경연經筵이라면, 세자가 스승인 사부師傅나 빈객賓客들과 공부하는 것은 서연書筵이라고 합니다. 양녕은 서연에서 빈객과 마주 앉아 있으면서도 사방을 두리번거렸다고 합니다. 뜰에 새 잡는 틀을 만들어놓고 새가 틀에 걸리는지에 더 관심이 있었다는 이야기입니다. 그러다 새가 틀에 걸리면 달려가서 잡았다고 합니다. 세자시강원世子侍講院의 빈객 이래李來는 세자라도 봐주지 않는 깐깐한 스승이었습니다. 이래가 세자 양녕과 공부 때문에 다툰 숱한 일화가 전해지는데, 심지어 세자가 "계성군雞城君(이래)을 보면 머리가 아프고 마음이 괴로워지며 꿈속에서라도 보면 오한이 난다"라고 했다는 말까지 전해지고 있습니다.

그런데 이래는 이래대로 괴로웠습니다. 태종 15년(1415) 무렵부터 세자의 비행은 덮어둘 수 없는 지경에 이릅니다. 태종은 그해 세자전世子殿에 잡인들이 들락거린다는 말을 듣고 세자의 사부 이래와 변계량 등을 불러서 "경 등은 이미 재상이 되었는데 무엇을 꺼려 세자를 바른 길로 보도輔導하지 못하는가!"라고 꾸짖었습니다. 이미 재상이 되었으니 벼슬이 오를 만큼 다 올랐는데 왜 미래권력에 줄 서느냐는 질책입니다. 이래는 이 말에 자존심이 크게 상했습니다. 그래서 세자에게 가서 흐느끼며 질책했는데, 그 말 중에 "전하의 아들이 저하邸下뿐인 줄 아십니까?"《태종실록》 15년 1월 28일)라는 말이 있었습니다. 저는 이 기록을 보고 깜짝 놀랐습니다. 세자 양녕은 자신의 부친이 어떤 인물인지 몰랐지만, 이래는 자신이 모시는 군왕이 어떤 인물인지 정확히 알고 있었던 것입니다. 세자가 외아들이라면 어쩔 수 없겠지만 그렇지 않다면 갈아치울 수 있는 인물이 태종이라는 것을 이래는 알고 있었습니다.

태종 재위 15년(1415) 세자가 어울려 놀던 기생 초궁장楚宮粧은 상왕 정종의 옛 여인이었습니다. 그래서 태종이 여인을 내쫓았는데, 세자는 백부의 여자였다는 사실이 밝혀진 다음에도 구종수具宗秀라는 인물의 사가까지 쫓아다니며 초궁장과 어울렸습니다. 양녕에 대해 남아 있는 사료들이 대부분 세종의 관점에서 쓰였기에 양녕에게 불리한 것은 사실이지만, 실록이 없는 사실을 창작해서 쓰지는 않습니다. 다만 사관이 내용을 부풀리는 경우가 있기에 일정한 사료 비판이 필요합니다.

이런 기록들로 양녕을 분석해보면, 한번 빠지면 자제하지 못하는 성격인 것처럼 보입니다. 백부의 옛 여인과 계속 어울리는 문제도 심각했지만, 세자를 벼랑으로 몰고 간 것은 전 중추中樞 곽선郭璇의 첩 어리於里 문제였습니다.

지금의 전라도 순창인 적성현積城縣에 살던 어리는 친족을 만나러 상경해서 곽선의 양자이던 전 판관判官 이승李昪의 집에 머물렀습니다다. 그런데 음악가인 악공樂工 이오방李五方이 어리가 뛰어난 미모와 재예才藝를 갖고 있다고 세자에게 일러주었습니다. 세자는 이승의 집으로 쳐들어가 어리를 세자궁으로 납치해 왔습니다. 조선에서 사대부는 1처 1첩을 둘 수 있습니다. 처는 물론 첩도 유부녀입니다. 양아버지의 첩을 빼앗긴 이승이 고소하겠다고 하자 세자는 사람을 보내 "내가 한 일을 사헌부에 고할 것인가, 형조에 고할 것인가? 어느 곳에 고할 것인가?"라고 힐난했습니다. 권력 남용에 대한 문제의식조차 없었던 것입니다.

심지어 권력을 탐하는 무리들과 사적 관계까지 맺었습니다. 민무구 형제를 옹호하다 사형당한 이무의 인친姻親 구종수의 집에 가서 악공 이오방과 장기 명인을 뜻하는 박혁인博奕人 방복생方福生과 함께 여러 기생들과 어울려 놀 때 생긴 일입니다. 구종수 형제 등이 "저하께서는 길이 저희를 사반私伴, 즉 사적인 부하로 삼아주십시오"라고 요청하자 세자는 허락의 증표로 옷까지 벗어주었습니다. 한마디로 공사 구분을 못했습니다. 이를 안 태종이 구종수 등을 귀양 보낸 후 목을 베었지만, 세자는 변하지 않았습니다. 태종이 세자가 어리를 납치한 사실을 알고 돌려보낸 후에도 세자는 어리를 포기하지 않았습니다. 세자는 장모 전씨를 시켜 어리를 몰래 세자궁으로 다시 데려왔습니다. 더 이상 참을 수 없다고 생각한 태종은 재위 18년(1418) 5월 10일 세자를 구전舊殿으로 쫓아냈습니다. 이것이 마지막 경고였습니다. 그러나 세자는 태종에게 되레 수서手書를 보내 항의했습니다. 그런데 항의의 내용이 기가 막힙니다.

전하의 시녀는 다 궁중에 들이는데, 어찌 그것이 다 신중하게 생
각하여 들인 것이겠습니까? 가이加伊(어리)를 내보내고자 하시나
(……) 이 첩 하나를 금하다가 잃는 것이 많을 것이요, 얻는 것이
적을 것입니다.

《태종실록》 18년 5월 30일

　태종의 시녀는 유부녀인 남의 첩이 아닙니다. 세자가 여염의 처녀
를 가까이 했으면 내쫓지 않았을 것이란 점에서 비교 자체가 잘못되
었습니다. 세자는 이 수서에서 태종의 아킬레스건까지 건드렸습니
다. 조사의의 난 때 태조를 동북면까지 모셔 갔던 신효창은 왜 죽이
지 않으면서 자신의 장인 김한로는 처벌하느냐고 따진 것입니다. 태
조 이성계와 자신의 장인을 비교해서 따진 셈입니다. 왕조국가에서
개국시조와 자신의 장인을 수평으로 놓고 비교할 수는 없습니다. 그
것도 사위의 여색 행위를 돕기 위해 불법으로 남의 첩을 몰래 들였던
장인과 태조 이성계를 비교할 수는 없습니다. 자신의 선조들이 어떤
고생을 겪고 이 자리까지 이르렀는지를 전혀 모르는 일부 재벌 3세들
의 일탈 행위를 보는 것 같습니다. 또한 부왕이 왜 숱한 비난을 받아
가면서 외척을 숙청했는지는 알지 못한 채 외척을 옹호하고 나선 것
입니다. 태종은 정승들을 불러 세자가 보낸 수서를 보여주었습니다.
　"세자가 여러 날 동안 불효하였으나 집안의 부끄러움을 바깥에 드
러낼 수 없어서 항상 그 잘못을 덮어두면서 오직 그 잘못을 깨달아
뉘우치기를 바랐는데, 이제 도리어 원망하며 싫어함이 이 지경에 이
르렀으니 내가 어찌 감히 숨기겠는가?"

태종이 수서를 보여주었다는 것은 폐위하겠다는 뜻입니다. 태종이 폐위 의사를 밝히자 의정부와 삼공신三功臣을 비롯한 대부분의 신료들은 즉각 동조 상소를 올렸습니다. 세자 폐위에 반대한 인물은 "세자의 문제는 사냥을 좋아하기 때문에 생긴 매와 개(鷹犬)의 문제에 지나지 않는다"라고 옹호한 황희를 비롯해 극소수뿐이었습니다. 신하들 사이에서는 양녕은 물론 양녕의 아들을 대신 세워서도 안 된다는 공감대가 형성되어 있었습니다. 자칫 나중에 피바람이 불 수 있기 때문입니다.

🐉 양녕을 폐위하다

양녕을 폐위하기로 결심한 태종은 신하들에게 효령孝寧과 충녕 중 누가 적당한지 물었습니다. 양녕의 아들까지 배제했으므로 신하들은 더 이상 바랄 것이 없었습니다. 그래서 신하들은 "이는 아랫사람이 말할 수 없는 일입니다"라며 효령과 충녕 중 한 명을 선택하라는 요청을 사양하고 선택권을 다시 태종에게 넘겼습니다.

그래서 태종이 직접 선정했습니다.

> 충녕은 천성이 총명하고 민첩하며 자못 학문을 좋아하여 몹시 추운 때나 더운 때도 밤새 독서하므로 나는 그가 병이 날까 두려워 야간 독서를 금지했으나 나의 큰 책册은 모두 청하여 가져갔다.
>
> 《태종실록》 18년 6월 3일

태종이 충녕을 선택한 이유는 독서가였기 때문입니다. 태종은 개국은 말 위에서 하지만 수성은 도서관에서 해야 한다고 생각했던 군주입니다. 양녕이 말 위의 사람이라면 충녕은 책상 위의 사람입니다. 그래서 태종은 독서인이라는 이유로 충녕을 선택한 것입니다. 영의정부사領議政府事 유정현柳廷顯 등은 일제히 일어나 절하면서 "신 등이 어진 사람을 고르자고 한 것[擇賢]도 충녕대군을 가리킨 것입니다"라고 하례했습니다.

태종이 충녕을 선택한 또 하나의 이유는 뜻밖에도 충녕이 술을 조금 마실 줄 알아서 명 사신을 접대할 수 있다는 것이었습니다. 저는 여말선초, 즉 고려 말 조선 초에 발생했던 여러 정국의 향배에 동아시아 국제 관계가 생각보다 중요했다고 여러 차례 말씀드렸는데, 여기에서 다시 확인된 셈입니다.

태종이 후사의 조건으로 술 마시는 능력을 꼽은 데는 이유가 있었습니다. 명나라 성조 영락제는 태종 6년(1406) 무려 80만 대군을 동원해 안남安南(베트남)을 침략해서 갓 건국한 호조胡朝의 개국 군주 호꾸이 리[胡季犛:Hồ Quý Ly](1336~1407)와 그 아들을 납치해 왔습니다. 이렇게 영락제는 갓 건국한 안남의 호조를 멸망시키고 내사內史 정승鄭昇을 사신으로 보내 이 사실을 알렸습니다. 조선도 자칫하면 호조처럼 무너뜨릴 수 있다는 경고를 담고 있는 셈입니다. 그래서 태종은 명과의 우호 관계가 국체 보존의 핵심 과제라고 생각했던 것입니다. 그래서 술을 전혀 못하는 효령은 곤란하다고 생각했습니다.

세자를 교체한 후 태종의 전격적인 행보는 계속됩니다. 두 달 후인 8월 8일에 왕위까지 충녕에게 물려준 것입니다. 태종은 경회루

아래로 내려와 지신사知申事(도승지) 이명덕李明德 등에게 양위의 이유
를 말하는데, 이 양위의 변에는 음미할만한 내용들이 많습니다.

> 내가 왕위에 있은 지 이미 18년이다. 비록 덕망은 없었지만, 의義
> 가 아닌 일을 하지는 않았다. 그러나 위로는 하늘의 뜻에 보답하
> 지 못해서 여러 번 물난리와 가뭄과 해충의 재앙이 이르렀다. 또
> 묵은 병이 있는데 근래 더욱 심해지니 이에 세자에게 전위하려 한
> 다. 아버지가 아들에게 전위하는 것은 천하 고금에 늘 있던 일이
> 니 신하들이 의논하고 간쟁할 일이 아니다. 임신년(1392, 정몽주 격
> 살과 조선 개창)과 무인년(1차 왕자의 난)의 일은 모두 경들이 아는 바
> 다. 그중 무인년의 일은 죽음을 면하고 살려고 한 일이었다. 이제
> 돌이켜 생각하니 사직을 정하는 것이 어찌 사람의 힘으로 되었겠
> 는가? 실로 하늘이 정한 것이다. 나의 관상이나 생김은 임금의 상
> 이 아니다. 위의威儀나 동정動靜도 모두 임금에 적합하지 않다. 무
> 일無逸(게으르지 않은 것)로써 상고해보면 혹 재위 10년이나 20년이
> 다. 20년간 나라를 누렸으면 오랫동안 왕 노릇 한 것이니 나는 나
> 라를 누린 지 오래인 것이다.
>
> 《태종실록》 18년 8월 8일

태종은 자신이 행했던 악역을 모두 천명의 결과라고 말했습니다.
자신이 왕의 관상은 아니지만 국왕이 된 것은 모두 하늘이 시켰다는
것입니다. 게으르지 않게 왕 노릇 할 수 있는 기간은 10~20년인데
20년 가까이 왕 노릇 했으니 이제 그만할 때가 되었다는 것입니다.

그러고는 또 태조 이성계의 이야기를 꺼냅니다.

> 그사이 태조께서 아주 귀여워하시던 두 아들을 잃고 상심하시던 것을 생각했다. 비록 내 몸은 나라의 주인 되는 영예에 있었어도 어버이를 뵙지 못했고, 혹은 백관들을 거느리고 전殿에 나아갔다가도 들어가 뵙지 못하고 돌아 나왔다. 그럴 때마다 왕위를 헌신짝처럼 버리고 필마를 타고 관원 한 명만 거느리고 조석으로 아버지를 모셔서(昏定晨省) 내 마음을 나타내고 싶었다.
>
> 《태종실록》18년 8월 8일

태종은 과거에도 세자에게 전위하려고 했지만 신하들의 반대 때문에 못했으나 이제는 결행하겠다는 것입니다. 역시 태종의 가슴속 깊은 곳에는 개국 군주 이성계에게 용납받지 못한 전력이 가장 큰 한으로 남아 있습니다. 왕이 되고 싶어서 왕이 된 것이 아니라는 가장 큰 변명이 왕위를 스스로 내놓는 것 외에 무엇이 있겠습니까? 대리청정을 시켜도 되었을 일을 굳이 양위까지 한 것은 이 때문이었습니다. 신하들이 전위를 말리자 "18년 동안 호랑이를 탔으니 이미 족하다"라면서 양위를 강행했습니다. 태종은 권력을 호랑이 등에 탄 것으로 여겼습니다. 중요하고도 무서운 말입니다. 국가 권력을 꿀단지로 여기다가 정권이 바뀌면 감옥에 가는 사람들이 얼마나 많습니까? 옆에서 보면 뻔히 눈에 보이는데도 혼자만 모르고 꿀에 취해 있습니다. 권력은 잡으러 굴에 들어가는 순간만 호랑이 굴에 들어간 것이 아니라 권력을 장악한 기간 내내 호랑이 등에 올라타 있는 것입니다.

　태종은 양위의 변에서 '회안군(이방간) 부자와 양녕'에 대해서도 언급했습니다. 한때 왕위를 꿈꿨던 이방간 부자가 살아 있고, 한때 세자였던 양녕이 살아 있습니다. 자칫하면 천명이 이들에게 넘어갈지 모릅니다. 그래서 태종은 자신이 살아 있을 때 충녕에게 왕위 수업을 시키고 싶었던 것입니다. 왕권 행사의 노하우와 국가 경영의 요체를 몸소 알려주고 싶었던 것입니다.

　이제 태종은 18년간 올라타고 있던 호랑이 등에서 내려왔다고 생각했습니다. 그러나 그렇게 되지는 못했습니다. 권력이란 호랑이 등에 올라탄 것이라는 사실을 모르는 사람들이 아직도 많았기 때문입니다.

🦂 아직도 남은 악역들

　앞에서 태종이 세종을 선택한 이유 중 하나가 술 마시는 능력이었다면서 명나라와 안남의 사례를 설명했는데, 조금 더 자세하게 이야기하겠습니다. 조선 정종 1년(1399) 명나라에서는 황위 계승 전쟁이 벌어졌습니다. 명 태조 주원장의 4남인 연왕燕王 주체朱棣가 조카인 혜제惠帝를 축출하기 위해 군사를 일으킨 것입니다. 숙질叔姪의 난이라고 할 수 있는데, 양측이 서로 수십만 명에 달하는 군사를 동원해서 죽고 죽였으니 조선에서 발생한 왕자의 난은 댈 것도 아닙니다.

　정도전이 살아 있었다면 이 혼란기를 이용해 북벌을 단행했을 개연성도 있습니다. 분열되어 있는 상대처럼 공략하기 쉬운 대상도 없습니다. 이런 내전이 3년간 지속되었는데, 태종 2년(1402)에야 연왕 주체가 승리해서 제위에 오르니, 그가 바로 영락제라 불리는 성조입니다. 조선의 유학자들은 명나라를 무조건 높였지만 명나라의 열여섯 황제 중에 시조 주원장과 영락제 두 명을 빼고는 그럴듯한 군주가 거의 없었다고 저는 생각합니다.

영락제는 국제적으로도 유명한 황제입니다. 환관 정화鄭和에게 62척의 대선단과 2만 7,800여 명의 대군을 주어 대항해를 시킨 것이 유명합니다. 이때 정화는 베트남과 인도네시아, 말레이시아를 거쳐 인도와 이란, 사우디아라비아 및 아프리카 지역까지 항해했습니다. 환관인 정화가 이런 역할을 할 수 있었던 것은 중국의 왕권이 얼마나 강한가를 말해주는 사례입니다. 반면 태종 · 세종 때를 제외하면 조선은 신권이 강했습니다. 조선에서는 환관이 사대부들을 제치고 대선단의 총사령관이 되는 일은 있을 수가 없었습니다. 조선시대 내내 환관들은 사대부들의 위세에 눌려 살았습니다. 반면 중국은 황제와 지근거리에 있는 환관들의 권력이 강했습니다.

영락제는 세 차례나 몽골을 친정했는데, "적 1,000명을 죽이고, 아군 800명을 잃은〔殺敵一千, 自損八百〕" 격렬한 전투였습니다. 그런데 이런 것들보다 조선을 경악시킨 것은 안남 정벌이었습니다. 지금도 베트남과 중국은 사이가 좋지 않습니다. 냉전 시대에는 같은 사회주의권이었음에도 전쟁을 치를 정도로 사이가 좋지 않았습니다.

안남은 서기 1226년 태종 트란 찬〔陳昺:Trần Cảnh〕이 진조陳朝를 개창했습니다. 이때 건중建中이라는 연호를 써서 독자적인 나라임을 나타냈습니다. 그런데 조선이 개창된 지 8년 후인 서기 1400년에 호 꾸이 리가 진조의 마지막 황제 트란 안(陳炵:Trần An)을 내쫓고 호조를 개창했습니다. 그러자 영락제는 진조를 다시 세운다는 명분 아래, 1406년 정이장군征夷將軍 주능朱能에게 80만 대군을 주어 안남을 공격했습니다. 주능은 안남으로 쳐들어가 개국시조 호 꾸이 리 부자를 북경으로 납치해 왔습니다. 영락제는 안남에 쳐들어갈 때는 "진씨 자손 중에서 현자를 세우겠다"라고 말했으나, 막상 전쟁에서 이기자 '호씨가 진씨를 모두 죽여서 계승할 사람이 없다'는 이유로 진조를 다시 세우지 않고 직할지로 삼아버렸습니다.

신생 조선에게 안남 사례는 큰 공포였습니다. 자칫하면 조선도 안남처럼 명나라와 직접 충돌할 수 있었기 때문입니다. 그래서 어전회의를 열어서 안남 사태를 논의했는데, 그 대책에 대해 태종은 "나는 한편으로는 지성으로 섬기고, 한편으로는 성을 튼튼히 하고 군량을 저축하는 것이 급선무라고 생각한다"(《태종실록》 7년 4월 8일)라고 말했습니다.

이런 점에서 태종이 기틀을 잡아놓은 조선 초기의 사대주의는 인조반정 이후 조선 후기의 사대주의와는 성격이 다릅니다. 명나라를 지성으로 섬기는 것은 마찬가지지만, 태종의 사대주의는 만일을 대비하여 군비를 튼튼히 하는 것이 우선입니다. 그래서 명나라에 사대해 분쟁을 예방하는 것을 제1로 삼지만, 그래도 불가피하게 충돌할 경우에는 명나라와 결전하겠다는 것입니다. 그래서 군비를 튼튼히 하겠다는 것입니다. 무조건 명나라를 임금의 나라로 섬기던 조선 후기 유학자들의 사대주의와는 성격이 다른 실리적 사대주의입니다.

비록 왕자의 난을 일으켜 요동정벌을 저지한 것은 아쉽지만, 이는 나름대로 동아시아 평화 체제 구축의 혜안이라고 볼 수 있습니다. 전쟁을 잊어서는 안 되지만, 평화를 우선하는 것이 국가 경영의 대원칙이 되어야 합니다. 태종은 명나라와의 분쟁을 예방하는 것을 외교의 최우선 순위로 두었습니다.

왕위를 물려주었어도 태종의 악역은 계속됩니다. 당초 왕위가 교체되었다는 사실을 알리는 사은주문사謝恩奏聞使로 선정된 인물은 신의왕후 한씨의 친척 한장수韓長壽였습니다. 그러나 태종은 세종 즉위년(1418) 8월 사은주문사를 한장수에서 세종의 장인 심온으로 교체했습니다. 세자 교체 직후 왕위까지 물려준 데 대해 명나라가 의혹을 품을 수 있었기 때문에 심온으로 바꾼 것입니다. 심온이 세종의 장인일 뿐만 아니라 명나라 환관태감 황엄黃儼과 친한 사이였기 때문입니다. 게다가 그 직후인 그해 9월 태종은 "심온은 임금의 장인으로 그 존귀함이 비할 데가 없다"면서 영의정부사로 승진시켜주었습니다. 이때 심온의 나이 44세에 불과했는데 수상이 되었으니 고속 출세한 것입니다.

그런데 이는 심온에게 일종의 시험기입니다. 불과 한 달 전에 태종은 왕위를 호랑이 등에 탄 것이라고 말했습니다. 왕위뿐이겠습니까? 영의정도, 판서도 사실은 호랑이 등에 탄 것입니다. 그러나 44세의 나이에 국왕의 장인이자 영의정부사에 오른 심온은 이런 사실을 간과했습니다. 태종이 사은주문사 한장수를 심온으로 교체했을 때는 이유가 있는 것입니다. 높은 자리에 올리고 신임을 줄수록 스스로 근신하고, 스스로 낮은 자리에 임하라는 것이 태종의 뜻입니다. 그러나 심온은 명나라로 가면서 거창한 전별식을 거행했습니다.

《세종실록》은 이 전별식에 대해 "심온은 임금의 장인으로 나이 50이 못 되어 순서를 뛰어넘어 수상에 오르니, 영광과 세도가 혁혁하여 이날 전송 나온 사람으로 장안이 거의 비게 되었다"라고 전하고 있습니다. 권력을 호랑이 등에 탄 것으로 여기지 않고 꿀단지로 여기고 있는 자세가 엿보입니다.《연려실기술》은 "상왕이 그 소문을 듣고 기뻐하지 않았다"라고 전하고 있습니다. 신하에게 쏠린 권력을 구경하고 있을 태종이 아닙니다.

심온이 명나라로 떠나기 보름 전인 8월 25일 발생한 '병조참판 강상인姜尙仁의 옥사'가 뒤늦게 심온 제거에 이용되었습니다. 상왕 태종은 양위 후에도 "군국軍國의 중요한 일은 내가 친히 청단하겠다"면서 군사권은 보유하고 있었습니다. 사실 세종은 즉위는 했지만 군사권은 없는 허수아비 왕에 불과했습니다. 왕조국가에는 '호령은 한 군데서 나와야 한다'라는 말이 있습니다. 왕은 둘이지만 호령이 어디에서 나오느냐가 누가 진짜 왕인가를 가리는 기준입니다. 호령은 당연히 상왕 태종에게서 나옵니다.

그런데 병조참판 강상인이 군사에 관한 일을 세종에게만 보고한 것이 발단이 되었습니다. 태종에게만 보고하든지 둘 다 보고했어야 하는데 강상인은 세종에게만 보고한 것입니다. 태종은 "내가 군사 문제에 대해 듣는 것이 사직社稷에 무엇이 나쁘겠느냐?"《세종실록》즉위년 8월 25일)라면서 강상인과 병조 낭청郎廳 등을 의금부에 하옥해 국문했습니다. 이들은 모두 "군권을 세종에게 돌리려는 뜻이 아니라 사리를 잘 살피지 못한 탓"이라고 변명했습니다. 그래서 태종도 강상인 등을 대역죄로 몰지는 않고, 함경도 단천端川의 관노官奴로 떨어뜨리는 것으로 일단락 지었습니다.

그러나 심온의 전별식 사건이 발생하자 태종은 이 사건을 재조사하게 했습니다. 임금의 경호 부대를 관할하는 동지총제同知摠制 심정沈泟이 심온의 동생이었기 때문입니다. 당여를 대라는 심한 추궁을 받은 강상인은 "날짜는 기억하지 못하지만 (……) 날이 저물 무렵 심온의 집에 가서 '군사는 마땅히 한곳으로 돌아가야 한다'고 했더니 심온도 '옳다'고 했습니다"(《세종실록》 즉위년 11월 22일)라고 자백했습니다. 여기에서 말하는 '한곳'은 세종을 뜻하는 것입니다. 드디어 태종이 원하는 심온의 이름이 나온 것입니다. 그러나 강상인은 관련자들과의 대질심문에서 "고초를 견디지 못했을 뿐 실상은 모두 무함誣陷이었다"라며 고문에 의한 자백이라고 부인했습니다. 그러나 이런 사건의 경우 한번 자백하면 끝입니다. 강상인은 심온이 귀국하기 전 수레에 올라 "나는 실상 죄가 없는데, 매〔箠楚〕를 견디지 못해 죽는다"라고 외치며 능지처참당했습니다. 귀국길에 압록강에서 체포된 심온은 관련자 대질을 요청했지만, "이미 황천객이 되었으니 어찌 만나겠느냐?"라는 태종의 싸늘한 답변과 함께 사약을 마셔야 했습니다.

심온은 충녕이 세자가 된 직후, "지금 사대부들이 나를 보면 모두 은근慇懃한 뜻을 보내니 심히 두렵습니다. 마땅히 손님을 사절하고 조용히 여생을 보내야겠습니다"라고 세종에게 말한 적이 있었습니다. 세종에게 이 말을 들은 태종은 심온의 처사를 옳게 여겼다고 《세종실록》은 전하고 있습니다. 어쩌면 이런 말 때문에 태종은 안심하고 심온에게 영의정부사 자리를 제시하고 사신으로 발탁했을 것입니다. 그러나 심온은 불과 몇 달 전의 다짐을 잊고 장안이 떠들썩하게 전별식을 치렀던 것입니다.

세종은 이 사건에 연루되어 자신도 폐위될까 두려워했습니다. 그러나 태종은 세종을 제거하기 위해서가 아니라 세종의 입지를 튼튼하게 만들어주기 위해 이 사건을 일으킨 것입니다. 태종은 좌의정 박은에게 "나의 여생은 많지 않고 본 것은 많으므로 이런 대간大姦은 제거하는 것이 마땅하다고 생각하게 되었다"라고 말했습니다. 살날이 많지 않으므로 죽기 전에 왕권을 위협하는 요소를 제거해주겠다는 뜻입니다. 심온은 사실 억울하다고 볼 수 있습니다. 심온은 죽을 때 가족들에게 "대대로 박씨와는 혼인하지 말라"라고 유언했다고 합니다. 좌의정 박은이 자신을 변호해주지 않았다는 원망입니다. 그러나 이 사건의 단초를 제공한 것은 심온의 떠들썩한 전별식이었고, 이를 제거하려는 태종의 의지였습니다. 심온도 양녕의 장인 김한로처럼 자신이 사돈을 맺은 인물이 누구인지 몰랐던 것입니다.

🐾 세종 르네상스를 잉태하다

태종은 마치 죽을 날을 받아놓기라도 한 것처럼 노하우 전수에 매진합니다. 왜구 문제 해결도 그 하나입니다. 고려 말 극심하던 왜구는 조선이 건국되어 안정을 찾아가자 점차 수그러들었습니다. 그러나 세종 즉위년(1418) 대마도주對馬島主 소 사다시게(宗貞茂)가 죽고, 그 아들 소 사다모리(宗貞盛)가 계승하면서 통제력이 느슨해지자 왜구가

▲ **태종 헌릉** 서울시 서초구 내곡동 소재

다시 창궐했습니다. 급기야 세종 1년(1419) 5월, 왜선 39척이 비인현
庇仁縣을 습격해 만호 김성길金成吉 부자를 전사시켰습니다.

격분한 태종은 세종과 대신들을 불러 '허술한 틈을 타서 대마도
를 치는 것'에 대해 의견을 구했습니다. 이때 병조판서 조말생만이
선제공격에 동조하고, 나머지는 '적이 공격하는 것을 기다려서 치
는 것이 좋다'는 방어전을 제시했습니다. 태종은 "만일 물리치지 못
하고 항상 침노만 받는다면 한나라가 흉노에게 욕을 당한 것과 무엇
이 다르겠는가?"(《세종실록》 1년 5월 14일)라면서 대마도 정벌을 결정
했습니다. 태종은 신민臣民에게 고하는 글에서 "대마도는 본래 우리
나라 땅인데, 궁벽하게 막혀 있고, 또 좁고 누추하므로 왜놈이 거류
하게 두었던 것이다"라면서 대마도를 원래 우리나라 땅이라고 말했

습니다.

드디어 태종은 대마도 정벌군을 출진시켰는데, 이것이 기해동정己亥東征입니다. 그해 6월 19일 삼군도체찰사三軍都體察使 이종무李從茂는 227척의 병선에 1만 7,000여 명의 군사를 이끌고 거제도를 떠나 대마도를 공격했습니다. 대마도 정벌군은 7월 3일 귀환할 때까지 격렬한 전투를 치렀습니다. 태종은 왜구를 뿌리 뽑을 때까지 몇 번이고 대마도를 정벌하려 했습니다. 그러자 재정벌이 논의되는 와중인 9월 20일 대마도주 소 사다모리가 예조판서에게 항복하기를 비는 신서信書를 바쳤습니다. 그 결과, "기해동정 이후 왜구들이 천위天威에 굴복하여 감히 포학暴虐을 부리지 못했다"라는《세종실록》의 기록처럼 왜구는 크게 위축되었습니다. 이렇게 태종은 왜구를 정벌해 바다를 안정시켰습니다.

앞에서 설명한 것처럼 태종은 무조건적인 친명 사대주의자가 아닙니다. 세종 3년(1421) 허물어진 도성都城의 수축修築 문제가 등장했습니다. 도성을 수축하려면 백성들을 동원해야 하는데, 그러면 원망이 쌓이게 됩니다. 이를 걱정한 상왕 태종은 눈물을 흘리며 "도성을 수축하지 않을 수 없는데, 큰 역사가 일어나면 사람들이 반드시 원망할 것이다. 그러나 잠시 수고함이 없이 오래 편안할 수 없는 것이니, 내가 수고를 맡고 편안함을 주상에게 물려주는 것이 좋지 않은가?"(《세종실록》 3년 10월 13일)라고 말했습니다. 악역은 자신이 맡고 그 공은 후계자에게 돌리겠다는 뜻입니다. 지금 남산을 둘러싸고 있는 서울 도성은 상왕 태종이 쌓은 것입니다. 이 도성은 왜 쌓은 것일까요? 바로 명나라의 침략에 대비해서 쌓은 것입니다. 한편으로는 명나라에 사대했지만, 한편으로는 명나라와 전쟁을 상정하고 성을 쌓은 것입니다. 외교에는 영원한 우방도, 영원한 적도 없다는 교훈을 가르쳐 준 셈입니다.

그러나 파란만장하던 태종의 시대도 역사 속으로 저물 때가 되었습니다. 태종은 세종 4년(1422) 4월 말경 병석에 누웠습니다. 세종은 고기반찬을 들지 않고, 경기도 광주에 가 있던 양녕대군을 불러서 병간호를 하게 했습니다. 이때 세종은 태종을 간호하면서 약품과 음식을 모두 직접 받들어 올리고, 병환이 심할 때는 밤새 간호하면서 옷을 벗고 자지 않을 정도로 정성을 다했습니다. 그리고 전국의 죄수들을 석방시켰습니다. 태종은 조금 차도가 있는 듯했지만 끝내 회복하지 못하고, 그해 5월 10일 연화방蓮花坊 신궁新宮에서 만 쉰다섯의 나이로 파란만장하던 인생의 종지부를 찍었습니다.

태종처럼 파란만장하고 복잡다단했던 삶을 산 군주를 찾기도 쉽지 않습니다. 대유 정몽주를 격살해 개국의 전기를 마련하고, 왕자의 난을 일으켜 부왕을 쫓아냈으며, 네 처남을 비롯한 공신들을 가혹하게 숙청해 법이 지배하는 나라를 만들었습니다. 그 과정에서 온갖 비난과 저주를 들어야 했습니다. 그러나 태종의 이런 악역을 통해 신생 조선 왕실은 반석 위에 서게 되었습니다. 태종의 죽음과 함께 피로 얼룩졌던 한 시대가 막을 내렸습니다. 그런 토대 위에서 세종 르네상스라고 불리는 문화의 시대가 만개할 준비를 하고 있었습니다. 세종 르네상스는 태종이 뿌린 피를 거름 삼아 피어난 꽃입니다.

태조 이성계의 일생

- **충숙왕 4년(1335)** 함경도 영흥에서 이자춘의 차남으로 출생하다.

- **공민왕 5년(1356)** 아버지와 함께 고려 조정에 첫선을 보이다.

- **공민왕 10년(1361)** 반란을 일으킨 독로강만호 박의를 토벌해, 고려로 귀화한 뒤 첫 전공을 세우다.

- **공민왕 11년(1362)** 원나라의 나하추가 함경도 홍원洪原으로 침입하자 함흥평야에서 이를 격파하다.

- **공민왕 12년(1363)** 3월 홍건적으로부터 개경을 수복하는 데 세운 공으로 익대공신 1등이 되다.

- **공민왕 13년(1364)** 원나라 연경에 있던 최유崔濡가 충선왕의 셋째 아들 덕흥군德興君을 추대하고 1만 명의 군대로 평안도에 침입하여 공민왕을 폐하려 하자 최영과 함께 이들을 대파하다.

- **공민왕 17년(1368)** 동북면원수, 문하성지사에 임명되다.

- **공민왕 21년(1372)** 화령부윤이 되다.

- **우왕 3년(1377)** 왜구가 개경을 위협할 때 서강부원수로서 이를 격퇴하다.

- **우왕 6년(1380)** 양광 · 전라 · 경상도순찰사로 운봉에서 왜구를 소탕하다.

- **우왕 8년(1382)** 동북면도지휘사가 되다.

- **우왕 9년(1383)** 이지란과 함께 함경도에 침입한 호바투의 군대를 격퇴하다.

- **우왕 10년(1384)** 동북면도원수, 문하찬성사가 되다.

- **우왕 11년(1385)** 함주에 침입한 왜구를 격퇴하다.

- **우왕 14년 · 창왕 원년(1388)** 명의 철령위 설치 문제로 요동정벌이 결정되자 출정을 반대했으나 거절당하다. 우군도통사右軍都統使가 되어 군사를 이끌고 북진하다가 위화도에서 회군하여 최영 등을 제거하고 우왕을 폐한 후 창왕을 세웠으며, 수시중으로 도총중외제군사都摠中外諸軍事가 되어 막강한 권력을 장악하다.

- **창왕 2년 · 공양왕 원년(1389)** 정도전 등과 함께 창왕을 폐위하고, 공양왕을 즉위시키다.

- **공양왕 2년(1390)** 삼사영사로 승진하다.

- **공양왕 3년(1391)** 삼군도총제사로서 조준 등과 함께 구신舊臣들의 반대를 물리치고 전제 개혁(과전법)을 단행하다.

- **공양왕 4년 · 태조 원년(1392)** 정몽주를 제거, 그해 7월 공양왕을 양위시키고, 스스로 새 왕조의 태조가 되다.

- **태조 3년(1394)** 수도를 한양으로 천도하다.

- **태조 7년 · 정종 원년(1398)** 1차 왕자의 난이 일어나자 방과芳果에게 선위한 뒤 상왕上王이 되다.

- **정종 3년 · 태종 원년(1400)** 이방원이 즉위하자 태상왕이 되다.

- **태종 3년(1402)** 왕자들의 권력 다툼에서 빚어진 심뇌로 동북면에 가서 오랫동안 머물다가 돌아오다. 조사의의 난에 가담해 이방원 축출을 시도했으나 실패하다.

- **태종 9년(1408)** 사망하여 건원릉에 묻히다.

태종 이방원의 일생

- **공민왕 16년(1367)** 함흥에서 태조의 다섯째 아들로 태어나다.

- **우왕 9년(1383)** 문과에 급제하다.

- **창왕 원년(1388)** 정사 이색의 서장관書狀官으로 명나라에 다녀오다.

- **공양왕 4년(1392)** 3월 이성계의 낙마 사건을 계기로 정몽주를 중심으로 한 고려의 중신들이 이성계파의 인물들을 유배 보내는 등 반격을 시도하자 수하를 동원하여 정몽주를 살해함으로써 대세를 만회하고, 이성계를 왕으로 추대하는 데 크게 기여하다.

- **태조 7년(1398)** 정도전, 남은 등을 제거하고, 정치적 실권을 장악하다(1차 왕자의 난). 이후 정종을 즉위시키고 정사공신 1등이 되었으며, 개국공신에 추록되다.

- **정종 2년(1400)** 동복 형제인 방간이 주동이 된 2차 왕자의 난을 진압하고 세자로 책봉되다. 11월에 정종이 양위의 형식으로 물러나자 왕위에 오르다.

- **태종 1년(1401)** 의정부서사제議政府署事制를 육조직계제六曹直啓制로 개정하여 육조를 국왕의 산하에 두다.

- **태종 3년(1403)** 주자소를 설치하여 계미자癸未字를 주조하다.

- **태종 5년(1405)** 전국의 토지를 다시 양전量田하여 120만 결의 토지를 확보하다. 사전에 대한 국가의 지배를 강화하여 공신전에도 10분의 1의 세를 내게 했으며, 공신전의 전수를 제한하고 수신전·휼양전의 액수를 감하다.

- **태종 6년(1406)** 사원 혁파를 단행하고, 이로써 얻어진 노비와 전토를 국고에 환속시키다.

- **태종 7년(1407)** 처남 민무구·무질 형제를 사사하다.

- **태종 9년(1409)** 민무구와 연계지어 이무, 윤목尹穆, 유기柳沂 등의 목을 베다.

- **태종 13년(1413)** 즉위 이후의 개혁 사업을 총괄하여《경제육전經濟六典》을 재편찬, 《원집상절元集詳節》과《속집상절續集詳節》두 권을 완성하다.

- **태종 14년(1414)** 종모법을 종부법으로 개정하다. 정도전이 편찬한《고려사》를 하륜을 시켜 개찬하게 했으며, 권근, 하륜에게《편년삼국사編年三國史》를 편찬하게 하다.

- **태종 16년(1416)** 처남인 민무휼·무회 형제를 사사하고, 이숙번을 축출하다.

- **태종 17년(1417)** 서운관에 소장된 각종 비기도참서를 소각하다.

- **태종 18년·세종 원년(1418)** 충녕대군을 세자로 책봉하여 2개월 후 선위하다. 장인 심온이 옥사하다.

- **세종 4년(1422)** 4월 말 병석에 누워 5월 10일 세상을 떠나다.